国際連盟

国際機構の普遍性と地域性

帯谷俊輔——[著]

東京大学出版会

THE LEAGUE OF NATIONS
Universalism and Regionalism in
an International Organization
Shunsuke OBIYA
University of Tokyo Press, 2019
ISBN978-4-13-036274-0

目次

序章

問題関心

国際連盟についてはどのようなイメージが抱かれているだろうか。やはり「失敗」といった従来の印象が強いものだと思われる[1]。集団安全保障そのものへの批判は措きつつ、そうした「失敗」イメージと国際連合の正統性を高める必要性が結合し、連盟（以降、国際連盟の略語として「連盟」を用いる）の失敗と、それが「教訓」として国連（以降、国際連合の略語として「国連」を用いる）の創設過程において生かされたことが強調される。連盟における「戦争違法化」や集団安全保障の欠陥を克服したのが国連というストーリーである。断絶こそが国連の正統性を保証しているのである[2]。

一方で後述するように、学術研究において連盟を単なる失敗とみなす見解は大幅に修正されつつある。アヘン規制や保健衛生事業、技術協力などを始めとした社会経済領域の活動、文化（知的）交流、ダンツィヒやザールラントなどの領域管理、委任統治など植民地や帝国に関する制度・規範などが主要な研究対象として挙げられる。こうした研究動向の背景には、領域管理研究に顕著なようにポスト冷戦期の国連の活発化への関心を歴史に重ねた面が存在した[3]。

しかし、二〇〇〇年代以降にイラク戦争、シリア内戦、ウクライナ危機などで国連の機能不全が叫ばれるようになると、国連の危機を表現するうえで連盟の失敗のアナロジーが用いられる状況が現れている[4]。国連の機能不全が政治や安全保障に関連するだけに、近年の社会経済や文化領域に関する連盟研究の進展がこのような連盟と国連の関係についての言説に影響を与えているとは言い難い。また、結局のところ一九三〇年代における満洲事変、エチオピア戦争、スペイン内戦、ラインラント進駐を始めとしたドイツの現状変更、日中戦争など一連の連盟の「失敗」を前提とする限り、連盟と切断しなければ国連の正統性は掘り崩されかねないのである。

しかしながら、名著『満州事変とは何だったのか——国際連盟と外交政策の限界』でクリストファー・ソーン（Christopher Thorne）が論じたように、満洲事変における連盟の問題は集団安全保障体制そのものにあり、よく言及されるアメリカの非加盟などは副次的なものであった。集団安全保障を機能させるために重要なのは主要国の意図や主要国間の協調であり、死活的利益が掛かった場合にいかなる犠牲でも払って挑戦する覚悟を持った大国に対抗する場合に、こうした条件はなかなか整わない。少なくとも連盟規約が国連憲章に代わるだけで達成されるようなものではない。ソーンが満洲事変とスエズ危機やハンガリー動乱の類似性を示唆したことから見ても、おそらくそうした批判意識が存在していた。満洲事変で連盟が直面した問題を常任理事国の関わる紛争への対応の困難と言い換えれば、まさに近年の国連もそうした問題に悩まされ続けている(5)。

ここで強調したいのは、連盟における課題は多くの点で国連にも引き継がれたという視点である。近年の連盟研究、特に社会・経済・文化領域についての研究は、国連における成功の起源を連盟期に探るという意味で継続性を前提としているものが多い(6)。ただし、その反対に、課題、難題として継承されながら未だ解決されていない問題群も存在する。本書の検討対象の一つである普遍的国際機構としての連盟・国連と地域機構の関係もそのなかに含まれるだろう。国連創設の神話や冷戦終結直後のユーフォリアに安易に立ち戻らず、連盟が国連に代わっても、国連のガヴァナンスを制約した冷戦が終わっても模索が続き、おそらくは一義的解を見出すことが不可能な問題を取り上げ、課題の継続性にも向き合うことが、再び国際機構が危機を迎えつつある今こそ必要なのではなかろうか。幸いにも、機能不全の可能性を抱えているとはいえ、連盟の約二〇年という期間をも遥かに超えて存続する国連が連盟のように加盟国脱退の連鎖で瓦解するような事態は起こらないだろう。そうした国連の組織存続のしぶとさを信頼したうえで、連盟における経験が簡単には解き得ない難題に直面する際の一助となることを本書は目指したい。

課題設定

本来モンロー主義の要件であったものを規約に挿入することをもって始まった国際連盟の歴史は、理論的で実効を伴わない普遍主義（universalism）から実際的で運用しうる地域主義への逃避が幾度も試みられたことを実証している。(7)

E・H・カー（E. H. Carr）は一九四五年の『ナショナリズムの発展（*Nationalism and After*）』でこのように普遍主義の限界と地域主義の時代の到来を宣言した。カーにおける国連への懐疑を共有するかはともかくとして、管見の限り連盟についてはその普遍主義の破綻という前提が問われてこなかった。(8)ただし、ここで忘れられているのは普遍主義もまた連盟期を通じて成長してきたのではないかという視点である。そもそも、普遍的国際機構としての国際連盟の「普遍性」が先行研究で正面から取り上げられたことは管見の限り存在しない。それにもかかわらず普遍主義の失敗が前提とされているわけである。(9)

まずは連盟事務局の認識からこの問題を考えてみよう。一九二七年にエリック・ドラモンド（Eric Drummond, イギリス）連盟事務総長は次のように記している。

私の考えでは、基本点、例えば連盟の普遍性（universality of the League）を強調するために我々ができることを全てすべきだと確信している。連盟を今までヨーロッパの政治問題が占めてきたことは事実であるが、これは単なる特定の一時的な歴史的条件の結果に過ぎず、何年か後には、その重要な政治的活動が現在のヨーロッパと等しく当然に太平洋でも行われるかもしれない。[10]

これは「普遍性（universality）」が連盟の基軸だとみなされていたこと、またそれが内実を伴っておらず連盟の活動がヨーロッパ偏重であり、いずれヨーロッパ以外の地域に拡大しなければならないと考えられていたことを示している。二回のハーグ平和会議、パリ講和会議と国際会議が重ねられるなかで非ヨーロッパ諸国の参加が定着して第一次世界大戦期までに「普遍的国際社会（universal international society）」が成立したことを前提に普遍的国際機構としての国際連盟が創設されたにもかかわらず、一九二〇年代の連盟は未だヨーロッパ偏重的性格が色濃かった。[11]こうした認識が加盟国の側にも抱かれており、ドラモンドと一九二四年六月に会談した中華民国北京政府の元国務院総理である梁士詒は、連盟が専らヨーロッパの戦後処理問題を解決しているに過ぎず、本来の「宗旨」である「五大陸平等主義（五洲平等主義）」は大事件があっても未だ適用を見ていないと批判している。[12]日本、中国を始めとしたアジアの国家、さらには約二〇カ国近くのラテンアメリカ諸国、リベリアやエチオピアといったアフリカの国家を加盟国として抱えながら、その活動はほぼヨーロッパでしか行われていないという実態が、連盟の克服しなければならない課題だったのである。

しかしながら、一九二〇年代末に至って明確な変化が訪れた。東アジアの場合には第二章で触れる中国技術協力事業が始動し、ラテンアメリカについては第四章で扱うチャコ紛争（パラグアイ＝ボリビア紛争）に連盟が関与することになる。例えば前者については国際連盟保健委員会委員長であるトーヴァル・マドセン（Thorvald Madsen, デンマーク）が明確に宣言したように、「コレハ只ニ国際連盟ノ目的トスル普遍性ヘノ顕著ナル一進展ヲ意味スルノミナラス又国際連盟カ専ラ欧羅巴諸国ノ連盟タルニ止マラスシテ之レヲ構成スル各連盟国ニ平等ノ利益ヲ賦与スル世界主義的組織ナルコトヲ証明スルモノナリ」(13)という意義が付与されていた。

こうした意義付けを行っていたのは連盟事務局員や連盟の諸機関に集うテクノクラートに限られたものではなく、日本政府も技術協力のような対中事業についてはいくらか懸念を抱きつつも、「連盟による全ての試みが目的とすべき普遍性の観点」(芳澤謙吉理事会理事・駐仏大使)から賛成したのである。(14)連盟の普遍性という規範は加盟国のレベルでも共有され、政策決定にも影響を与えていた。この日本のケースのように、たとえ積極的な推進者でなくともそうした規範の存在によって反対に踏み込めないという役割もあった。第四章で明らかにする、ラテンアメリカにおける連盟の活動に対するイギリスの態度に及ぼした影響は、まさにそのような例であろう。

こうした文脈の延長線上に満洲事変に対する連盟の介入も位置付けられる。一九三三年にパン・アメリカ会議向けに連盟事務局員たちが作成したパンフレットで、「連盟の普遍性」を象徴するものとして挙げられているのは満洲事変やチャコ紛争であった。(15)これらは連盟創設後、約一〇年間に亘りほぼ関与しなかった地域における紛争であり、連盟の介入自体が一つの達成だという捉え方が存在していたことを示すものだろう。

連盟の権威が衰退を続ける一九三〇年代後半になってもそれに抗うように、「ヨーロッパの加盟国には連盟の注意をヨーロッパの平和維持に集中させようとする傾向があるが、現実の平和は不可分であり、また効果的に維持されるためには普遍的でなければならない」(中国の顧維鈞駐仏大使)という規範意識が持続していた。(16)極東の紛争であれ米州の紛争であれ部分的な問題ではなく世界全体の平和と直結すると考えられているならば、連盟が関与を完全に回避するのは難しかった。

満洲事変、(17)チャコ紛争(18)とも従来は単なる連盟の「失敗」として扱われてきた。確かに前者については日本の侵略の既成事実化を止められず、後者についても最終的に調停によって停戦、平和条約締結を実現したのは連盟ではなかった。その意味で「失敗」という評価を全面的に覆すことはできない[19]。しかしながら、この視点だけでは普遍的国際機構の発展史における両紛争の意義は明らかにならないだろう。

ジュネーヴという場所で、東欧やラテンアメリカの中小国も含めて極東の紛争の審議を行ったこと、さらには東アジアとラテンアメリカの紛争がほぼ同時に審議されていたことが、両紛争の調停に与えた影響は決して小さなものではない[20]。まさにそれこそが連盟という普遍的国際機構の持つ意味であって、決して「失敗」の一言で済ませて等閑視してよいものではない。

そのため、本書では普遍的国際機構としての国際連盟の性格を検討の対象とする。普遍的機構であるはずの連盟がなぜ一九二〇年代末に至るまでヨーロッパ以外の地域にほとんど関わることがなかったのか、そしてなぜ一九二〇年代末から一九三〇年代初頭にかけて大々的な介入を行うようになったのか、というのが一つ目の主要な関心である。

さらに普遍主義の挫折と地域主義の台頭という歴史観において見逃されがちなのは、双方が戦間期において相互に刺激を与えながら並行的に発展してきたという点である。連盟の普遍性は最初から内実を伴っていたわけではなく、第五章で見るように、地域主義は国際連盟という世界初の本格的国際機構に刺激されて制度化・組織化への道を歩み始めた。そして双方ともに組織化が進むと両者の間で関係を設定する必要が認識されるようになる。

連盟のガヴァナンスが実質的にヨーロッパにとどまっている限りは、ヨーロッパにおいては既存の連盟の優位を前提としたうえで地域機構との関係を設定することも可能であったし、他地域の地域機構とは没交渉でも問題なかった。しかしながら一九二〇年代末からラテンアメリカに本格的に関与し始めると、没交渉であることが不可能なのはもちろん、パン・アメリカ会議やパン・アメリカ連合が既に存在を確立していたため連盟の優位を前提にはできなくなった。普遍性に内実が備わった結果として地域機構・地域的枠組みと対峙する必要が生じたのである。

こうした問題関心に基づく場合、地域主義の一つとしてモンロー主義に言及した連盟規約第二一条[21]を規約制定過程に遡って検討するのが常道かもしれない。あくまで設立条約に則るのは国際機構研究の取るべき一つの方法である。ただし、第四、五章で後述するように、規約第二一条から連盟と地域機構の関係を明確に規律する解釈が確立されることはなかった。第二一条以外にも連盟規約からは連盟と地域機構の関係を析出することはできず、実際の紛争調停など実践のなかで関係設定が模索されたのである。これについては、事例ごとに具体的なあり方を詳細に検討しなければならない。普遍的国際機構たる連盟と地域機構の関係の態様を明らかにすることを本書の二つ目の目的とする。

先行研究

これまで連盟の普遍的国際機構としての側面に関心が集まらなかったのは、連盟研究の進展の在り方（または進展が遅れたこと）と関係がある。包括的な国際連盟史の研究として長らく参照されてきたのは、連盟事務局に長く務めたフランシス〔フランク〕・ポール・ウォルターズ（Francis［Frank］Paul Walters, イギリス）による通史『国際連盟史（*A History of the League of Nations*）』であった[22]。また、ジェイムズ・バロス（James Barros）によるドラモンドとジョセフ・アヴノル（Joseph Avenol, フランス）の両連盟事務総長の伝記的研究もまた、国際連盟の通史として読むことができる[23]。

ウォルターズの『国際連盟史』やバロスの伝記的諸研究が事典的な包括性を誇る一方で、広い文脈において連盟イメージを決定してきたのはこれらの通史ではなく、連盟に「危機」をもたらした個別紛争の研究であろう。最も高名なのはクリストファー・ソーンの『満州事変とは何だったのか』である。この満洲事変研究の名著を中心に、エチオピア戦争や、一九三〇年代の「危機」の前兆としてのコルフ島事件などが扱われてきた[24]。

また、それと同等に連盟史について参照されてきたのは、個別の国家の連盟外交研究である。日本やイギリス、アメリカ、ドイツなど主要国については一九七〇年代に基礎的研究というべき成果が出版されている[25]。例えば日本において、近年まで連盟と言えばまず参照されるのが海野芳郎の研究であったように、各国における連盟理解にこれらの成果が寄与しているところは大きいだろう。

このように近年までの連盟研究は包括的な通史と各国の連盟政策研究、個別の紛争研究に大きく分けられ、そもそも研究が少なかったこともあってその橋渡しをするものが無かった。ウォルターズやバロスの包括的研究は、あえて「事典的」という言葉を用いたように、細部に亘るだけかえって連盟の性格が見えにくくなっている面がある。一国の連盟外交史だけでは当然連盟の全体像が分からない。そして個別の紛争における連盟研究では、一事例から連盟の性格を析出するだけに時間の経過に伴う変化は見えない。連盟創設時から規約などに孕まれていた欠点が一九三〇年代の「危機」によって露呈したというストーリーになりやすく、一九二〇年代については看過される傾向にある。ひいては連盟のイメージも、創設におけるウッドロー・ウィルソン（Woodrow Wilson）米大統領らの苦心と一九三〇年代の「危機」による瓦解で構成されることになる。

一九九〇年代以降、冷戦の終焉による国連の活発化によってその前身たる連盟に対する関心も深まった。例えばカンボジアやコソヴォ、東ティモールといった国連による領域管理の前例探求が連盟にも及んでいるのは、その代表的例であろう。[26] さらには一国の連盟外交史も、中国やシャム（タイ）、カナダ、ニュージーランド、インドなど、主要国や欧米に限られず研究が豊富になりつつある。[27] そのほか地域史における連盟の役割を明らかにする試みもラテンアメリカに関してなされるようになっている。[28]

一方で、政治史はこのような進展のなかでは傍流に置かれている。もちろん等松春夫やスーザン・ピーダーセン（Susan Pedersen）の委任統治に関する優れた業績や、先述のものも含めた一国の連盟外交史や思想史的側面からの通史の業績はある。[29] ただし、社会経済領域の研究が連盟のイメージを塗り替えているのに比較すれば、政治史研究はそれぞれが独立した貢献をなしている感がある。

中国、シャム、ニュージーランドなどの国家やラテンアメリカという地域と連盟の関係についての研究が刊行されて明らかになったのは、従来の想定以上にヨーロッパを超えた広範な領域に連盟が影響を及ぼしていたことである。もちろん個別の国家や地域の事情を把握したうえでのことだが、この事実を一国史や地域史のみならず国際関係史・国際機構史の文脈で捉え直すためには、普遍的国際機構としての連盟という視点が必要になるだろう。本書は、政治史からそれを行おうとする試みである。

方法

本書はマルチ・アーカイヴァル・アプローチに依り、国際的地位や地理的位置の異なる複数の国家、そして連盟事務局を主体として扱う。国際連盟の意思決定過程では最も発言力を持っていたはずのイギリスですら、単独の影響力には限界があった。国際機構の意思決定についての一般論としてのみならず、ラテンアメリカ関連の問題においてイギリスは連盟尊重と対米協調の狭間で立ち往生する事態もしばしばであり、連盟が取った行動の推進力は他のところに求められることも多い。また、加盟国を無視して連盟事務局だけ見ていても不十分なのは言うまでも無いだろう。少なくとも連盟における意思決定を明らかにするうえでは、諸加盟国、そして調整などを通じて影響力を持ち得た事務局といった多様な主体の意向と利害を明らかにしなければならない。

とはいえ国際連盟においては、一九二六年九月の時点で一四カ国の理事国が発言権を持ち得るのであり、それどころか総会に委託された場合に発言の機会は全加盟国にまで拡大される。だが、現実的に全ての加盟国や理事国の国家の外交文書を閲覧するのは不可能である。たとえ実行できたとしても視点が拡散しすぎてしまうだろう。そこで一定程度加盟国の多様性を反映したうえで重点的に検討するアクターを限定する。

まずはイギリスである。(30) 影響力に限界があったとはいえ国際連盟における最有力の大国であり、同時にヨーロッパの列強でもあった。国際連盟の柱としてその権威を守らねばならない立場であると同時に、グローバル・パワーとして世界中の事柄に利害と一定程度の責任を持っていた。他のヨーロッパ列強が第一次世界大戦の結果としての衰退によって事実上グローバル・パワーの座から降り（もちろんイギリス自体も衰退から逃れ得ていないが）、アメリカがその国力に見合うだけの権力を行使する意思を持たない以上、国際秩序全体の維持という関心と国際連盟の尊重、そして自国の利益を調和させるために苦心する点でイギリスに及ぶ国はなかったと言ってよい。

続いて日本である。[31] 非ヨーロッパ唯一の大国・常任理事国としての地位から、連盟の普遍性に対するその態度はアンビヴァレントなものであった。常任理事国のなかでは劣位にありヨーロッパの中小国からの突き上げにも遭いやすく、[32] その地位を盤石化させるうえでは唯一の非ヨーロッパの常任理事国という立場を生かしつつ、普遍性の論理に訴えることに効果があった。一方で、普遍性が前面に立ち現れた結果として、連盟が日中間の紛争に介入するのは望ましくなかった。こうしたジレンマに直面していた日本は、普遍的国際機構としての連盟の支持者にも敵対者にもなり得る存在だった。また、日本政治外交史において一九三〇年代の地域主義への傾斜は指摘されるものの、一九二〇年代についてはそれほど明らかになっておらず、さらには一九三〇年代の地域主義についても、連盟や他の列強の介入排除の論理として以外の意義付けは検討されていない。本書では、日中直接交渉の正当化の論理としての地域主義と地域機構創設のような多国間協議の制度化・機構化を伴う地域主義を区別しつつ分析する。[33]

非ヨーロッパの中小国として扱うのは中国である。[34] 列強の圧迫に対する防波堤、国権回復の促進、国家建設支援などの役割を連盟に求めるうえで、普遍性の論理に訴えるインセンティヴを持つのが中国であった。一方で、列強の利益を代弁する機関としての連盟に対する、ナショナリズムによる警戒心は根強く存在していた。さらには国民国家の建設途上で内戦や分裂状況にあるが故に代表権問題を抱え、国際管理の可能性に直面するなど「完成」した国民国家とは異なる状況に置かれており、連盟がヨーロッパとは別種の課題に向き合う必要性をもたらしたのが中国であったと言える。非ヨーロッパの中小国として普遍性の論理に基づき連盟を招き寄せる一方で、それを恐れる心理や阻害する国内要因をも持っていた点で詳細な検討を必要とするだろう。

もちろん、東アジアのみならずラテンアメリカ諸国の意思も探らねばならない。しかしながら筆者の言語能力の限界に加え、ブラジルが一九二六年に脱退し、アルゼンチンが一九二〇年以降一九三三年まで事実上不参加の状態にあり、さらには地域大国であるこの二国よりは若干劣位なウルグアイ及びチリ、そのほか中小国と言うべき多数の国家による多層的秩序をなすこの地域で、連盟期を通じて追うべき代表的主体を選び出すのは困難である。本書は連盟文書や他国の外交文書から読み取れる多様なラテンアメリカ諸国の意向や利害を押さえていく[35]。ラテンアメリカ諸国も普遍性の論理に依拠して連盟の関与を求める声が強い一方で、地域機構や地域的枠組みを発展させる必要性を同時に認識しており、必ずしもその行動は単純ではなかった。

続いて国際連盟事務局である[36]。バロスのドラモンド伝のタイトル『権限無き地位（*Office without Power*）』に象徴されるように、連盟事務局や連盟事務総長が強力な指導力を発揮できたわけではない。ただし、理事国の意向が割れているときの調整や連盟規約上の取り扱いが曖昧な事態の解釈などで、事務局が影響力を及ぼす事態はしばしば見られた[37]。また、事務局やテクノクラートが主導権を持てる社会・経済・文化領域の活動は必ずしも政治と分離できるわけではなく、その回路を通じて事務局が政治的目標を達成しようとしていたのである。このように事務局が一定程度の権限とそれに結びついた政治性を備えていたため、各国は自国籍の職員を通じた影響力の行使を図っていた[38]。

これらの主体の動向を検討するために、各国の外交文書を始めとした行政文書、国際連盟文書、私文書を用いる。非加盟国ではあるがアメリカについても適宜取り上げている[39]。実のところアメリカの意向が連盟の意思決定過程に直接的な影響を与えた局面は、それほど多くない。ただしアメリカが連盟以外の多国間枠組みにコミットした結果として、その枠組みと連盟の間で、管轄権をめぐって競合が激化する事態が発生した。そのため実際の紛争における連盟と地域機構・地域的枠組みの関係に焦点を当てた第三章と第四章では、アメリカの意向についても詳細に分析する。これら多様な主体の動向を把握することで多面的、多層的な分析を行う。

構成

本書は以下の構成を取る。

第一章は国際連盟理事会の拡大問題を扱う。連盟理事会の構成におけるヨーロッパ偏重は、その活動地域の偏りとも結び付けられて批判の対象となっていた。対策として連盟理事会の拡大が繰り返し行われ、地域配分制が導入されることになる。まさに制度・機構面において連盟の普遍性が問われた事例であり、最初に取り上げる。さらにこうした制度的改革が連盟のガヴァナンスに影響したのであり、その点が第二章以降で検討される。

第二章は東アジアにおける連盟のガヴァナンスの実態として、連盟創設から中国技術協力、満洲事変に至るまでの中国の諸問題が連盟に提起される動きと、満洲事変まではそれが実現しなかった理由について探る。その理由が判明すれば、連盟が一九二〇年代の中国の内戦や数々の対外紛争を静観しながら、満洲事変には大々的に介入したことの説明が可能であろう。そもそもこうした問題意識自体持たれるのが稀であるが、こうした連盟の態度の変化がおそらくは日本における連盟への反発をより強くした要因でもあり[40]、あらためて検討したい。

第三章では、アジア太平洋地域で萌芽しつつあった地域的枠組みや不戦条約の制度化・機構化の試みと連盟の関係について明らかにする。アジア太平洋では、アメリカが連盟に非加盟である以上、国際秩序や地域秩序の制度化・機構化もまた連盟以外で試みた方がよいとの考え方が根強く存在した。アジア太平洋は当時から米州ほど制度化・機構化が進んでいなかったため、その点について比較することで地域の特性も明らかになるだろう。

第四章では、ラテンアメリカの紛争に対する連盟の介入のケース・スタディとして、チャコ紛争（パラグアイ＝ボリビア紛争）を扱う。チャコ紛争は連盟がラテンアメリカで介入を行った最初の紛争であり、また数年単位で連盟と地域的枠組みが管轄権をめぐり緊張関係にあった。本章ではまず、一九二〇年代末まで連盟がラテンアメリカの紛争に関与しなかった原因を探る。そして一九二八年末のチャコ紛争における武力衝突勃発に際して連盟理事会が決議を発し、一九三三年にはチャコ委員会を組織して派遣するなど調停の主導権を握るまでに至る経緯を分析する。さらにはパン・アメリカ会議及びパン・アメリカ連合を始めとした地域主義の制度化・組織化が進んでいた米州においては、連盟とこうした地域機構・地域的枠組みとの関係設定が課題であり、連盟がチャコ紛争に介入するうえでどのような関係が取り結ばれたのかを明らかにする。実際の活動における最初期の普遍＝地域機構関係の例として取り扱うことができるであろう。

続いて、第五章では連盟期を通じて行われた連盟と地域機構の関係をモデル化する試みを分析する。一九二〇年代においてもこうした作業は行われたが、満洲事変やチャコ紛争が契機となって一九三〇年代にはより喫緊の課題として意識された。実際の紛争の展開とその教訓が制度・機構に反映されようとしたのだと言える。こうした経験とそこで構築されたモデルが、一九三〇年代の連盟改革論とその周辺の議論を経て整理されたうえであらためて国連期に引き継がれたのであり、現代の普遍＝地域機構関係を考える一助となるだろう。

第一章が制度・機構、第二～四章が東アジア・アジア太平洋やラテンアメリカを対象としたケース・スタディであり、第五章で制度・機構に戻る構成となる。制度・機構の変化が実際のガヴァナンスに影響を及ぼし、そこで得た経験が再び制度・機構に還流される過程を検討する。

終章では、国連と地域機構の関係について国連憲章が空洞化しており、それが冷戦後の国連平和維持活動（ＰＫＯ）の活発化などに伴って再定義を迫られている現状を踏まえつつ、連盟期の経験の現代的意義を考察したい。

第一章　国際連盟理事会改革における「普遍」と「地域」

はじめに

国際連盟理事会の構成は連盟の存続期間を通じて何度も変更された。大国中心の運営だったパリ講和会議を受けて理事会もその性格を受け継いでいたのに対して、中小国から断続的に不満が噴出しており、これに対応する過程で理事会の改革を余儀なくされたためである。そして、大国と小国の対立と微妙に重なり合いながらヨーロッパと非ヨーロッパというもう一つの対立構図が存在した。日本を例外として大国偏重はヨーロッパ偏重を意味し、それは連盟の活動のヨーロッパ偏重と相乗して非ヨーロッパ諸国の不満を掻き立てた。連盟が普遍的国際機構を謳う以上、ヨーロッパ偏重の状態を放置することは不可能であり、何らかの改善が要求される。理事会改革は連盟が普遍的国際機構としての内実を備える契機となった。

一方で、ヨーロッパへの対抗意識が、アジア、ラテンアメリカという地域の自覚を高めることになる。普遍的国際機構もまた地域意識が生成される経路の一つなのである。理事会改革が「普遍」の実現、そして「地域」の形成という一見相反する動向をそれぞれ導き出す過程を本章は明らかにする。

先行研究は主にドイツの常任理事国化をめぐる紛糾を扱うもの、そして各国の連盟外交史から記述するものに分かれる(1)。本章では中国やラテンアメリカ諸国の要求とそれを受け止める大国側の対応の双方を扱い、さらにドイツを始めとした常任理事国問題のみならず非常任理事国の増員にも焦点を当てる。これにより、理事会改革に対する世界的な関心の拡がりと後の連盟の進路に与えた影響を明らかにできるだろう。

一　国際連盟創設から一度目の理事会拡大まで

国際連盟の創設過程

国際連盟の執行機関として理事会が設置されることは早い段階から想定されていたが、その構成については大国のみで構成するか、もしくは小国も含めるか、構想は大きく二つの案に分岐していた。世界大戦では大国の軍事力が物を言ったのであり、それを背景にした大国の発言力は頂点に達していた。そのことはパリ講和会議において米英仏伊日の五大国、特に米英仏三大国の首脳、ウッドロー・ウィルソン、デイヴィッド・ロイド・ジョージ（David Lloyd George）、ジョルジュ・クレマンソー（Georges Clemenceau）が絶大な影響力を持ったことからも明らかである。この大国優位を連盟理事会に移植して固定化しようとするのが、後述する大国のみの理事会案であったと言える。

理事会構成については各種草案も割れており、代表的なところでは南アフリカの首相ヤン・スマッツ（Jan Smuts）による案が、米英仏伊日及び民主化と安定を遂げた後のドイツを常任理事国として想定する一方、非常任理事国を四カ国設けてそのうち二カ国を「中級国（intermediate Powers）」から、残り二カ国を小国から選出するべきだとしていた。ウィルソン案も基本的にスマッツ案を踏襲している。しかし、イギリス代表団のロバート・セシル（Robert Cecil, 一九二三年からセシル子爵〔Viscount Cecil of Chelwood〕）の案は米英仏伊日、もしくはこの五国に認定された大国に構成員を限定していた。そして、セシルとアメリカ代表団の法律顧問デイヴィッド・ハンター・ミラー（David

Hunter Miller）による英米間の調整で、理事会の構成についてはセシル案が採用された。さらにイギリス代表団の法律顧問セシル・ハースト（Cecil Hurst）による修正の結果、一九一九年一月二五日に設置された国際連盟規約委員会に提出された原案であるいわゆるハースト＝ミラー案もやはり五大国のみの構成を取るのみならず、アド・ホックな招請以外の理事国の追加可能性を後退させていた(2)。

これに連盟規約委員会で反対したのが中国やブラジルを始めとした中小国であった。特に前者については、パリ講和会議における顧維鈞の活躍の一つとしてよく知られている。中小国の要求によって原案が覆され、理事会に米英仏伊日の常任理事国五カ国（米は加盟せず脱落する）に加えて、総会により選出される非常任理事国四カ国が設けられることになった。連盟規約委員会は五大国の代表二名ずつ、中小国は当初五カ国、後にそれに四カ国を加えた九カ国の代表一人ずつの計一九名から構成されており、結果として大国の代表が数値上過半数を占めたとはいえ、大国主導の貫徹への抵抗は強かったのである。ただし、中小国九カ国も中国とブラジル以外全てヨーロッパ諸国から選出されており、ヨーロッパ偏重は否定しがたかった。パリ講和会議は世界中の国家が参戦した大戦の講和会議でありながら、ヨーロッパ以外の地域の存在感はかなり小さかったのである(3)。

初期総会における中小国の活発化

パリ講和会議日本次席全権代表の牧野伸顕が表現したように、「五大国ノ主宰」「五国ノ協調」こそが「国際組織ノ根本」だとする立場からすれば、連盟においても五大国＝常任理事国優位が当然継続することとなる。ただし同時に牧野は、講和会議が連盟規約に関する議論に限っては中立国の意見を求め、さらに連盟規約案の公表を行うなど「世界ノ輿論」を重視しており、創設された連盟も「健全ナル世界ノ輿論」に基づいて運営されると述べている。大国主導のパリ講和会議において、連盟問題に関してはその相対化の要素を見出していたのである(4)。

実際に創設された連盟において「世界ノ健全ナル輿論」が表出される場は、まずは連盟総会となるであろう。連盟総会は加盟国全てが参加できる場であり、加盟国の三分の一以上を占めるラテンアメリカ諸国を始めとした非ヨーロッパ諸国が大きな発言力を持つことができる。(5)

一九二〇年の第一回連盟総会は、パリ講和会議以来の大国主導への反発が噴出する場となった。アルゼンチンが常任理事国廃止など抜本的な連盟改革を求めて拒否され、以降は事実上連盟から離脱する（正式な脱退はせず）。顧維鈞ら中国代表も、連盟は「数大国」の牛耳る機関であり、「連盟において中小国の望んでいたことは、ほとんど一つの希望も実現しなかった」と強い不満を漏らしていた。(6)

エリック・ドラモンド連盟事務総長は、アメリカの非加盟がヨーロッパやラテンアメリカの小国の動揺を招いているところ、さらに連盟が大国中心だとの印象を与えれば、脱退でなくとも分担金未納や総会及び委員会への不参加など事実上の加盟国の離脱に発展するのを懸念していた。早くも第一回総会後の時点で、中小国対策の必要性が自覚されていたのである。(7)

ここで注目すべきは、大国側の日本代表も中小国の反発を受けて、「連盟会議（総会及ビ理事会）ハ講和会議等トハ趣ヲ異ニシ」ており、「各種ノ文明又ハ思想ヲ代表スルヲ理想トシ従テ五大国主義ノ如キハ連盟ノ空気ト相容レズ」と観察していたことである。(8)「五大国主義」による運営は持続不可能で「各種ノ文明又ハ思想」を反映させなければならない。

実際に第一回総会における顧維鈞ら中国代表の不満の矛先は、ラテンアメリカ諸国一五カ国によるスペイン語の公用語化要求がイタリアの反対で頓挫したことに向けられていた。単なる大国と小国の対立構図ではなく、言語のような文化要因、そして文化を共有する地域が、日本以外の大国が所属するヨーロッパに対する反発にも媒介されながら意識されるのである。ヨーロッパ対非ヨーロッパ地域という対立軸は、大国対中小国の構図と重なり合いながら前景化していく。

顧維鈞らは非常任理事国選挙についても「種族、言語（種族文言）」によって団結する傾向を看取していた。中国もまた自国単独ではなく団結することで非常任理事国選出を目指さねばならない[9]。中国にとって地域や文化要因を強調したうえで自らをアジアの代表として位置付けることが、非常任理事国選出への近道となる。中国は既にパリ講和会議の際に、非常任理事国の選出に当たっては大陸（「洲」）の配分を考慮するように求めていた。それが第一回総会において、より精緻化・前面化される。総会の第一委員会で顧維鈞は、「全世界の加盟国が理事会において力を合わせ協力するという原則」に依り、地理的条件や文化要因を共有している「大陸による公平な分配（按洲公平分配）」を主張したのである。いわゆる「分洲主義」であるが、これによって具体的には非常任理事国をヨーロッパ及び米州に三、アジアなど欧州と米州以外の地域へ一という分配を求めた。これは希望条項として第一委員会及び総会を通過し、中国自身も非常任理事国当選に成功した[10]。

ただし問題となるのは、その大陸や地域がどれだけ凝集性を伴うのかという点であろう。中国自身が数少ないアジアの構成国のうち最有力な日本と山東半島返還問題（第二章第一節を参照）で激しい対立関係にあったように、ある地域を構成する国々が利害を共有しているとは限らないのである。実際のところ、第一回総会が開始される前の時点で日本の内田康哉外相は中国の理事会入りには消極的であった。しかし、最終的に日本代表は第一回総会で中国の「地理的分配論」を、総会副議長や専門機関委員の選挙における「地方的考慮」の延長線上に捉えて支持した。日本も常任理事国とはいえ、非ヨーロッパ地域の大国として総会や各種委員会で「地方的考慮」を主張する立場にあるからだろう。実際に一九二二年（第三回）総会において、日本は連盟総会副議長立候補の正当性をアジアへの「地方的分配」に求めていた（結果は落選）。内心中国の非常任理事国当選を快く思わないところもあったが、他の連盟機関の選挙において日本もアジアの代表として振る舞う必要がある以上は、中国の非常任理事国選出を支援しなければならなかった。中国政府が第一回総会における日本の支援への礼状で「同じ大陸の誼（同洲之誼）」について言及しているように、選挙こそが地域の連帯を形成するのである[11]。

こうした作用は、ラテンアメリカにおいてより大きかった。元々パン・アメリカ会議、パン・アメリカ連合のような地域機構が存在していたものの、五年に一度開催されるパン・アメリカ会議よりも頻度のはるかに高い連盟において非常任理事国選出などにつき協議を重ねることで、地域の紐帯はさらに強化された。こうした非公式協議を制度化して連盟内に地域ブロックを形成する動きも、一九二三年や一九二九年には持ち上がっていたという[12]。

一九二二年総会における理事会拡大の実現

中小国対策の必要、地域ブロックの形成という事態にいち早く対応したのが連盟の最有力国たるイギリスとフランスであった。一九二二年総会に向けイギリス代表としてジュネーヴに赴いたアーサー・バルフォア（Arthur Balfour）枢密院議長は、「非常任理事国のいくつかの増員は不可避だという世論」を感じ取り、現地主導で自ら増員を打ち出した。理事会に対し、このままでは「共通の利益によって集団を形成する傾向のある様々な国家の間で、非常任理事国の公平な分配を保障することが大変難しい」として、非常任理事国の四から六への増員を提起したのである[13]。

元々連盟創設以前のスマッツ案の段階で、南米やバルカン・南スラヴ、北欧諸国が地域代表としての非常任理事国席を要求してくる可能性は考慮されていたが、結局は大国、中級国、小国という国力の大小による格付けと大国に有利な権力分布の調整が優先された。その結果としての非常任理事国の四という数字は、スマッツも認めていたように各地域や国家のグループに配分を実行するには少なすぎたのである[14]。非常任理事国増員は、中小国の大国に対する不満を和らげるだけではなく、地域グループへの非常任理事国の配分を容易にすることができるだろう。

バルフォアは現行の非常任理事国四カ国のうちスペイン、ベルギー、ブラジルを再選させ、残り三カ国を小協商、スカンディナヴィア、ラテンアメリカから追加することを構想している。これによって北東欧やラテンアメリカの代表性を確保することが意図された。ただしアジアに関しては、「現在中国に政府が存在するとはとても言えない」ため再選を支援せず、アジアが日本及び植民地を持つイギリスによってのみ代表される状態はやむを得ないとした(15)。

これに対し、自らの常任理事国としての特権性を希釈したくない日本は元来理事会の拡大には反対であった。しかし「大勢」順応の観点からも、そして総会や各種委員会では自らをも利する地域配分の論理に則っている点からも、強いて反対はせず賛成に回った。同時に、「地方的考慮」が日本の主義ではあっても、現在の状況では中国の再選に固執できないとしてバルフォアの配分案にも異議を唱えていない(16)。非ヨーロッパ地域の大国である日本は、大国対小国の対立構図では前者に、ヨーロッパ対非ヨーロッパでは後者に属する。この二つの立場はときに矛盾するのだが、日本は提案の主体が英仏だったこともあって非ヨーロッパ諸国の利益を図る決定を下したのであった。一方で、第一回総会以来の中国支持がそれほど強固なものではなかったことも間違いない。

非常任理事国の六カ国への増員は、理事会の提議を受けて連盟総会第一委員会で審議されたが、中国、ルーマニア、ポーランド、ポルトガル、チリ、ベルギー、ギリシャなどの賛成により「様々な政治的集団及び文化の諸形態が理事会において代表されるため」と理由付けられて通過し、総会本会議でも可決された。同時に中国は、第一委員会の非常任理事国選挙規則の審議で、ヨーロッパから三カ国、米州から二カ国、アジア及びその他の大陸から一カ国と非常任理事国を地理的に分配することを提案した。日本はこれに原則賛成しペルシャ（イラン）やインドもこれを支持したが、反対論が強く、漠然とした文言に改められたうえで今回も希望条項にとどめられた(17)。

総会における非常任理事国選挙の結果、当選したのはブラジル、ベルギー、スペイン、ウルグアイ、スウェーデン、中国であった。ウルグアイが新たに当選し、再選が危ぶまれていた中国も辛くも選出されたことで、ラテンアメリカ二、アジア二（常任理事国日本を含む）と理事会における地域バランスは改善された(18)。非常任理事国増員と地域配分が組み合わされた成果であろう。ひとまず中小国、非ヨーロッパ諸国の不満は緩和された。連盟が普遍的国際機構であるという前提に立つ以上、それら諸国のヨーロッパ中心という批判は放置し得ず、普遍性に一定程度内実を備えさせる必要があった。

一方で、こうした地域配分制の定着には、ドラモンド連盟事務総長が予め警鐘を鳴らしていた。例えばヨーロッパへの地域配分が連盟におけるヨーロッパ小委員会の設立に結び付けば、アジアや米州の地域理事会の形成にまで波及し、連盟をバラバラにしかねないとの懸念を記している(19)。地域配分の慣行化が、地域を代表する非常任理事国の選出をめぐる協議などを通じて地域意識の定着や地域の連帯をもたらす可能性がある以上、地域主義の高揚が結果として連盟の分割につながる恐れがあった。

地域配分を通じた連盟理事会の普遍化という試みは、そもそも地域配分そのものが地域の存在を前提としているため、地域を構成する諸国の凝集力をむしろ強めるものでもあった。二つの方向性を対立させずに連盟の普遍性を達成できるのかという問題は、その後も問われ続けることになる。

二　常任理事国増員問題の浮上

常任理事国要求の活発化と対応の分岐

非常任理事国増員と地域配分制の導入は、非常任理事国への当選自体が目標であるような国家の多くを満足させるものであった。一方で、非常任理事国の席を安定的に確保している国家は、そこから一歩進んで常任理事国の座を求めていた。一九二〇年から一九二六年まで非常任理事国であり続けたのは、ブラジル、スペイン、ベルギーの三国であるが、そのうちブラジルとスペインが常任理事国となることを希望していた。その要求は一九二一年秋の理事会で既に議論されており、このときスペインは八カ国の理事国のうち七カ国の賛成を得ることに成功した。大国はスペインのみに常任理事国となる権利を認めたのである。しかし、自らの要求を拒否されたブラジルはスペインのみが常任理事国になることを認めず断固反対したため、否決された。この事実上の拒否権行使は大統領のイニシアティヴによってなされた決断であり、常任理事国への固執がブラジル外交に埋め込まれることになった[20]。

その後も両国は常任理事国入りの希望を捨てなかった。支持を求められた日本は一九二四年八月、スペインに常任理事国増員には原則反対であるが、英仏伊の異議が無ければ好意的に考慮することを伝えている[21]。一方、ドイツの連盟加盟と常任理事国入りについて異議は無い旨表明した[22]。

注目すべきは、ブラジルが自らを常任理事国にふさわしいと位置付ける論理であった。ブラジルは、ヨーロッパ、アジアには常任理事国が存在しているにもかかわらず、米州からは一カ国も出ていないことを挙げて自らの希望を正当化した[23]。

日本は一九二五年七月に、非加盟国のトルコが常任理事国入りを希望して日本に援助を求めたのに対し、ドイツ以外の増員はそもそも困難だが、仮に増員するなら「両米大陸ヨリ一人ノ常任理事ナキ今日誠ニ理由アリ」としてブラジルをまず優先することを明らかにしている。非ヨーロッパ地域の大国としての日本の地域配分の論理への鋭敏さが、ブラジル支援の決定をもたらしたのである[24]。

一九二五年一二月一日にドイツの連盟加盟を発効の条件としたロカルノ条約が正式調印され、ドイツが一九二六年二月八日に連盟加盟を申請すると、三月八日に特別総会が開かれることとなった[25]。この機会を捉えて、常任理事国を目指す国が候補者として名乗り出てくる。有力候補国だとみなされていたのは、スペイン、ブラジル、ポーランドであった。

一九二六年一月、出淵勝次外務事務次官は駐日イタリア大使館参事官に、「従来連盟各種機関ノ構成ニ関シテハ連盟国ノ地理的地位及文化ノ系統等ヲ標準トシ右機関ノ「メンバー」ヲ連盟国間ニ成ルヘク公平ニ分配スルノ原則既ニ確立シ居レリ」として、現在の常任理事国四カ国のうち三カ国がヨーロッパであり、さらにドイツがそれに加わる情勢であることに鑑みると、ブラジルの希望に考慮を加えることが「先決問題」であると伝えた(26)。日本外務省は、常任理事国増員問題を連盟の普遍性に関わる問題として捉える視点を強く持っていた。

この点、イギリスは優先順位が全く異なっていた。一九二五年一一月の時点で、イギリスはオースティン・チェンバレン（Austen Chamberlain）外相のイニシアティヴにより、ドイツのほかはスペインに対してのみ常任理事選出を支援する方針を打ち出していたのである。ブラジルの要求については、他は全てスペイン語圏のラテンアメリカ諸国が唯一ポルトガル語を公用語とするブラジルを代表として認めるのか、それよりはブラジル以外にラテンアメリカから非常任理事国が二カ国選出される方を望むのではないかという疑問が示された。また、ポーランドの常任理事国化を認めれば他国から同様の要求が続出し、さらには理事会において反ドイツ・ブロックを形成しているとみなされることを懸念していた。

一応、ブラジルとラテンアメリカ諸国についてはいくつか対策が練られた。①アメリカの加盟までブラジルを暫定的常任理事国とする、②ブラジル、チリ、アルゼンチンで一つの常任理事国席を輪番する、③ラテンアメリカ諸国にブラジル問題を任せてしまう、というものであった。②、③については、ブラジル一国が常任理事国となるよりもその利益を均霑することで、ラテンアメリカ諸国の幅広い支持を集めつつブラジルの要求を封じ込めようとしていたと言える。イギリス政府は閣議の結果、理事会拡大問題に関してはチェンバレン外相に「フリーハンド」を与えるという決定を下した(27)。

チェンバレンはポーランドを強く推すフランスへの配慮から、そして自らが固執するスペインの常任理事国化をポーランド支持のフランスに阻止されないためにも、ポーランドの常任理事国入りをも認める方針に転換する。これにはウィリアム・ティレル（William Tyrell）外務事務次官の強い支持があった。しかしチェンバレン自身、イギリスの世論がドイツ以外の常任理事国増員に反対であることは十分認識していた。それまで常任理事国は「世界中に利害を持つ国家」に与えられる資格だと考えられており、特にポーランドの常任理事国化には閣内でも強い異議が呈された。一旦は「フリーハンド」を与えられながら、国内的支持を受けない方針を強行しようとしたことが、チェンバレンのイニシアティヴを後退させていく。閣内の異論に直面したチェンバレンは自ら「フリーハンド」を返上してもう一度閣議で決定を仰ぐが、ドイツ以外ではスペインの常任理事国入りのみを認める方針の下で、チェンバレンのみならず、それまで幾度も連盟代表を務め連盟支持者としても名高いランカスター公領相セシル子爵と連名で状況に合わせて判断する権限が与えられた(28)。

このときのチェンバレン案にはヨーロッパ国際政治の力学のみに注意が向いている嫌いがあった。ブラジルを疎外したうえでスペインとポーランドの常任理事国化を図るという優先順位にそれがよく表れている。ロカルノ条約をまとめた直後であり、その合意を壊さないためにはある程度やむを得ないことではあった。しかしながら、連盟の普遍性、地域配分といった視点無くして連盟の運営ができないのはバルフォアが既に証明したことでもあった。この課題には、チェンバレンの後退で権限を共有するに至ったセシルが取り組むことになった。その過程において、この時点で既に看取されていたブラジルと他のラテンアメリカ諸国の利害の対立は、後のセシル案において大きな意味を持つのである。

非常任理事国増員問題との連動と「欧州問題」の前景化

こうした大国と同様に重要だったのは、非常任理事国を経験した、現職国も含む非常任理事国層の動向である。スペインやブラジル、非常任理事国の経験も無いポーランドが常任理事国入りに名乗りを上げたことは、非常任理事国層を刺激した。一九二二年総会で選出されて以来の非常任理事国であったスウェーデンは「国際連盟ノ根本的組織及其善良ナル機能擁護ノ為メ独力最後迄反対スルノ決意」であり、常任理事国増員に対して最も強硬な反対国であった[29]。連盟創設から継続して非常任理事国であったベルギーも、ドイツ以外の常任理事国の増員にはスウェーデンと同じく「絶対ニ反対」であり、その他の候補国についてはドイツと協議することを唱えていた[30]。

三年に亘って非常任理事国を務めた後に、一九二三年の総会以来落選を続けていた中国は、理事国増員問題に関してアジアの存在が忘れられていることを指摘し、自らの常任理事国入りに日本の支援を求めた。これに対して、日本は実現可能性が乏しいとして非常任理事国としての当選に力を注ぐことを勧めている。中国は内々の意向打診にとどまらず、理事会に向けて公式に常任理事国化を要求した。中国もまた、「アジア大陸の大部分を占める」自国の常任理事国入りが「全世界の国家を適切に代表する機構としての連盟の有効性を増す」ことを要求の根拠の一つとしていた[31]。非常任理事国層が、自らも常任理事国を目指す国と常任理事国増員に反対する国に分化し、そして全会一致原則に立つ以上は後者の動向が重要になってくる。

特別総会とそれに合わせた理事会開催が近づき、各国の動向も次第に明らかになった。それに対し、日本理事として出席する予定である石井菊次郎駐仏大使は請訓の際、スペインとブラジルの常任理事国入りには情勢次第で強くは反対せずに同意するが、ポーランドについては「如何ニモ理由薄弱ナルノミナラス連盟ノ将来ニ悪例ヲ残ス惧アル」として強く反対し、日本が孤立して全会一致を破る場合に至らなければ同意を与えないよう具申した[32]。石井には連盟の機能維持への強い関心はあったが、連盟の普遍性に対する関心は希薄であった。

これに対し幣原喜重郎外相からの訓令は、「従来連盟各種機関ノ構成ニ関シ連盟国ノ地理的地位及文化ノ系統等ヲ標準トシ右機関ノ「メンバー」ヲ連盟国間ニ成ルヘク公平ニ分配スルノ原則ニ重キヲ置クカ故」に、「大勢」が常任理事国増員に傾いた際は地理的公平を重視してブラジルを最優先する姿勢を維持した。また、ポーランドについては、あくまで「欧州ニ関スル問題」として大勢順応を貫くのが本省の方針であった(33)。ここでは、ヨーロッパ中心の機構である連盟をより普遍的なものにする原則を取ることと、連盟を日本の死活的利益に関わらないヨーロッパの機構と捉えて「大勢」順応方針を取ることが並存している。石井はこの後、ヨーロッパの政治情勢を受けて観測を修正し、ポーランド、スペイン、ブラジルの順に優勢であるため、ブラジルを優先することは他二国からの「怨嗟」を買うとの懸念を表した(34)。この問題には、「欧州問題」、連盟の普遍性に関わる問題の双方の側面が存在し、石井は前者を、本省は後者を重要視していたことが分かる。

石井の対応は大国の動向をよく観察した結果であろう。チェンバレン英外相の「我々にとってヨーロッパの平和を維持し、世界のいずれかの地域でイギリスの利益を擁護するうえで、スウェーデンやブラジルが何の役に立つのか」という問いかけに象徴されるように、ドイツの連盟加盟、そしてそれを条件としたロカルノ条約の発効、ドイツを牽制したいフランスの意向、こうしたヨーロッパ政治要因（そのなかでも西欧、中欧）がヨーロッパの常任理事国増員問題に対する考慮のほとんどを占めていた(35)。ロカルノ条約調印後、ようやくヨーロッパの情勢安定の兆しが見え始めたこの時点では当然のことかもしれない。しかし、そうしたヨーロッパ事情ばかりが取り上げられる構造そのものが、連盟創設以来の批判の対象であり改革を求められていたことを考えれば、問題は大きかった。これが以後の紛糾の要因の一つになるのである。

三　一九二六年三月理事会の紛糾

理事国の増員は連盟規約第四条二項により、理事会が、総会の過半数の同意があるときに行うことができる。そのため、まずは特別総会と同時に開かれる一九二六年三月の理事会で、全会一致の賛成を得る必要があった。当時の理事国は、常任理事国がイギリス、フランス、イタリア、日本、非常任理事国がベルギー、ブラジル、チェコスロヴァキア、スペイン、スウェーデン、ウルグアイであった。議長は、輪番により石井が務めている。

三月一〇日の内談会から始まった理事会の議論では、イギリス、フランス、イタリア、そして当事国であるブラジル、スペインがドイツ以外の常任理事国増員を推進し、チェコスロヴァキアは容認、ウルグアイは消極的、ベルギー、スウェーデンが強硬な反対であった。石井は原則上反対の一方で、妥協可能であることを明らかにし、議長として他の理事にも妥協を促した。しかし、歩み寄りは見られなかった。スウェーデンは脱退をも仄めかしてドイツ以外の増員を阻止しようとする。またドイツも自国以外の増員には反対であり、かつ総会で加盟が決定する前に理事会から常任理事国入りの保証を得ることを望んでいるため、それが得られなければ加盟申請の撤回を仄めかしていると伝えられた。(36)

ドイツが連盟に加盟しなければロカルノ条約が発効しない。そこで必然的にドイツの常任理事国入りを他の候補国と切り離すことを検討せざるを得ない。ロカルノ条約調印国から、ポーランドのみを非常任理事国としてその他の問題は九月の総会まで先送りする案が出された。(37)

石井は議長として、今回の理事会でドイツが常任理事国となることを総会に提議すると同時に、理事会組織に若干の変更を施す必要を認め、その変更の内容は理事国全てが参加する委員会で審議する案を提案した。しかし、これには英仏伊の理事が同意しなかった。(38)それにもかかわらず、イギリス理事のチェンバレン外相は、石井にスペインの脱退は致し方ないと耳打ちするなどスペインを切り捨てることを仄めかす。そして、チェンバレンは一度反対した石井案を再び取り上げて委員会の設置に賛成した。ドイツの同意を得たうえでポーランドを非常任理事国にするために、スウェーデンとチェコスロヴァキアが非常任理事国を退任して空席を作ることも検討されたが、ドイツの常任理事国化に対するブラジルの反対が障害となった。フランス理事のアリスティード・ブリアン（Aristide Briand）首相兼外相が「今日ノ難関」はブラジルだとするなど、明らかに英仏の態度が変わり始めた[39]。

事態は三月一六日に急転した。イギリスのチェンバレン外相が、ドイツのハンス・ルター（Hans Luther）首相、グスタフ・シュトレーゼマン（Gustav Stresemann）外相との会談の結果を示した。それによると、ドイツはブラジルの反対票によって常任理事国入りが否決されることを望んでいなかった。そのため全ての問題の九月の総会までの先送りを提議すると、ドイツはむしろそちらを選ぶと判明したのであった。これに理事会も同意したうえで、翌三月一七日の総会ではすべての問題を先送りすることに決している。石井は理事会議長として、理事会の構成、理事国の数や選挙の方法につき九月の総会までの期間において案を作成する委員会の設置を理事会に提出する旨予告した[40]。ひとまず問題は小康を得たと言える。

この結果は、ロカルノ条約発効がスペインやブラジルの脱退の可能性より優先されたことを示した。それは、常任理事国増員問題の「欧州問題」としての性格の強さの表れでもあった。ブラジル外相は、田付七太駐ブラジル大使との会談で、「欧州政治家ハ余リ欧州外交問題ニ没頭シ他ヲ顧ミルノ隙ナキガ如シ、連盟ノ為不利ナリ、彼等ハ遠ク南米ヲモ念頭ニ置クヲ要ス」と非難したが、事態の一面を言い当てていたと言えよう[41]。ドイツの連盟加盟と常任理事国入りは、ヨーロッパの平和に不可欠なロカルノ条約の発効の条件であったとはいえ、その代償も大きかった。この時点ではドイツの連盟加盟、常任理事国入りとも実現しておらず、それに加えて連盟の普遍性の問題にも答えは出されていなかった。これらの問題は、九月の総会まで「国際連盟理事会構成問題委員会」において話し合われることとなる。

四　連盟理事会構成問題委員会と非常任理事国増員問題

委員会への準備過程

「連盟理事会構成問題委員会」は、一九二六年五月一〇日から開催されることが決定した。委員会の任務は、理事会の構成、理事の数、その選挙の方法について研究し、理事会に報告書を提出することであった。委員会の構成は全理事国とアルゼンチン、ドイツ、中国、ポーランド、スイスの計一五カ国であり、当事国を全て包括していた。委員会の構成においては「地理的配慮やその他の配慮」及び「地理的原則」、具体的には「世界のそれぞれの大陸が委員会で代表されるべきであるという原則」が考慮された(42)。アルゼンチン、中国が含まれたのはその表れであった(43)。

委員会が五月一〇日に開かれるまで、各国で委員会の議論に向けて検討が行われた。三月二一日に安達峰一郎駐ベルギー大使はベルギーのエミール・ヴァンデルヴェルデ（Émile Vandervelde）外相と会談したが、ヴァンデルヴェルデ外相は国際連盟を二分し、一つは南北アメリカ、もう一つはヨーロッパとその他の地域を含み、両連盟を統一するものとして中央部を設ける案を研究したいと述べた(44)。

一方、日本も連盟理事会構成問題委員会に備えて準備を進めていた。石井は全会一致原則の変更など規約改正を伴う改革には反対であった。また石井は、「連盟ヲ大陸的ニ区分シ中央連盟ハ各部ニ通用スル事項ノミヲ扱フコトトシ此基礎ノ下ニ理事会ヲ改造セントノ議」についても、「亜細亜ノ現状カ連盟部局ヲ設クルニ達セサル結果日本ハ事実連盟以外ニ置カルルニ至ル可ク此説ハ是非共排斥スルノ要アル可シ」とした。一方、非常任理事国を増員して理事会における小国の勢力を増そうとする総会や小国側の動きが強まっていることを考慮して、小国から反感を受けないために、この点は妥協して「大勢」に逆行しないことが得策とされた(45)。幣原外相もこの意見を追認している(46)。

注目されるのは、日本が連盟の地域的分割案を否定したことである。この議論と類似した「地域的国際連盟」や「極東連盟」などの地域主義により連盟を再編する構想が、満洲事変後に、日本でも蠟山政道、神川彦松、鹿島守之助らによって展開された。[47] しかし、一九二六年時点の日本外務省は、連盟の影響力がアジアに及ぶ可能性よりも、連盟から疎外される負の影響の方が大きいと判断した。また連盟から疎外されることは、連盟常任理事国であることによって承認された世界的な大国としての地位を脅かすことでもあった。

様々な国家の思惑が渦巻く事態は変わらず、むしろ単なる理事会拡大にとどまらない改革案が拡散していくなか、収拾案を作成したのはイギリスであった。チェンバレン外相が、スペイン、ポーランドの常任理事国化に固執して三月の理事会の紛糾を招いたため一時的に求心力を失い、連盟理事会構成問題委員会の代表に決定したセシルが連盟事務局とも調整しながら私案を作成した。[48] セシル案はドイツ以外の常任理事国増員を行わず、任期が三〜五年かつ再選可能な非常任理事国を三カ国増加させるというものであった。それを前提に、ドラモンド連盟事務総長はこの三席をスペイン、ポーランド、中国に充てるよう提案している。中国がこのなかに入っているのは、「我々が今まで以上に極東の諸問題に対処することが求められる日は必ず来るだろう」と考えたためであり、連盟のガヴァナンスの地理的拡大を前提としたものであった。また、総会が「地理的環境」への配慮を何度も勧告していることにも注意を促している。ドラモンドはさらに、これまでの非常任理事国席六つのうち三つをラテンアメリカ諸国、残りをスカンディナヴィア及びオランダから一つ、小協商から一つ、その他から一つという配分を想定していた。特にラテンアメリカ諸国に三つ配分するのはその支持を確保するためにも重要であり、そのうち一つはアルゼンチン、チリ、ブラジルで輪番するなどのプランはあったが、具体的な選任についてはラテンアメリカ諸国に任せてしまってよいと考えていた。[49]

一方で、セシルは、中国への非常任理事国席の割り当てには、中国が後述する再選可能枠に含まれるか否かにかかわらず反対だった。中国の内戦状況、そして北京政府の事実上の崩壊による政権の空白がその理由であった。しかしながら、セシルもラテンアメリカ諸国への配慮の必要性は認識しており、総会や委員会への欠席国などの存在は考慮せず、非常任理事国席を三つ割り当てるべきだとの見解に同意していた。ブラジルと他のラテンアメリカ諸国の利害の相違はイギリス政府内でも早期から着目されていたことであり、脱退をちらつかせる強硬なブラジルを孤立させるためにも必要な手段であった(50)。

セシルもドラモンドも、中国の扱いはともかく、非常任理事国増員分を生かして地域配分をより推し進めることでは一致していたと言ってよい。ただしドラモンドは、一九二二年の増員のときと同じく、こうした方法がもたらす負の側面も憂慮していた。「集団化のシステムの拡大」が諸集団にリーダーとなる国家を生じさせ、その国は問題発生時に集団の構成国と協議を行うことになるだろう。既にチェコスロヴァキアのエドヴァルド・ベネシュ（Edvard Beneš）外相が小協商のスポークスマンとして振る舞っており、こうした風潮がさらに広がって連盟が地域的諸集団の割拠により分裂していくことを恐れたのである(51)。

委員会における議論

連盟理事会構成問題委員会第一回会合は、一九二六年五月一〇日から一七日まで開かれた。委員長はスイス代表のジュゼッペ・モッタ（Giuseppe Motta）外務総長、副委員長はおそらく懐柔を図ったブラジルの推薦によりアルゼンチン代表のトーマス・ル・ブルトン（Tomás Le Breton）前内務大臣となった。会議冒頭にイギリス代表セシル子爵は、常任理事国の増員について否定的な態度を示す一方、非常任理事国は増員して輪番制度を導入することを提案した。イタリア代表ヴィットリオ・シアロイア（Vittorio Scialoja）も常任理事国増員には消極的な態度に転じた。フランス代表ジョセフ・ポール＝ボンクール（Joseph Paul-Boncour）は依然として常任理事国の増員とそれに比例した非常任理事国の増員を主張していたが、イギリスが常任理事国増員反対に転じていたことは議論の帰趨に決定的であった。

スウェーデン、ベルギー、ウルグアイはやはり常任理事国増員に反対、アルゼンチンはブラジルの常任理事国入りには反対であることを仄めかした。ブラジルが米州やラテンアメリカの代表として振る舞う正統性は弱められた[52]。

各国の意見がひとまず出揃ったところで、規約の修正を伴うような改革はなされないことが確認された。そしてスペインとブラジルの抵抗を押し切り、非常任理事国の選挙方法から議論して常任理事国の増員問題は最後に回すと決定された。

ここでイギリス代表セシルが案を提出し、これが討議の基礎となった。この案は、①非常任理事国の任期を三年とし、選挙直後に就任、毎年三分の一ずつ改選すること、②非常任理事国は任期終了後三年間再選を禁止されるが、総会の三分の二の多数の決議により再選資格を与えられる、しかし資格を与えられるのは現任の非常任理事国の三分の一以上を超えてはいけないこと、③非常任理事国の数を九カ国とし、将来は比例代表制で選出すること、④次回総会で非常任理事国九カ国を選出し、任期三年、任期二年、任期一年でそれぞれ三カ国ずつ選出すること、を骨子とした。後述のように、セシル案に盛り込まれた内容はほぼそのまま実現する。

議論は非常任理事国の具体的な数、任期、就任時期に移るが、セシルがその前提としてドイツ以外の常任理事国の増員には反対する旨の訓令を所持していることを明らかにした。これに対しブラジル代表は、連盟が「普遍的」である必要を唱え、そのためには理事会の構成もまた「普遍的」でなければならないとする。そして「普遍性」達成のためには各地域で最も連盟の利益に貢献する国を選出せねばならず、それが南米ではブラジルだと述べた。連盟の構成は、ヨーロッパの加盟国二六カ国に対し理事国は七カ国、南米の加盟国は一九カ国だが理事国は二カ国であり、ドイツのみが常任理事国になるならば事態はさらに不公平なものとなる。ブラジルの要求は、連盟の「普遍性」に貢献する意思によるものだというのがその主張であった。理事国が全ての地域に対しより均等に配分されることが連盟の「普遍性」を向上させるというのである。同時にブラジルの場合、各地域において連盟に最も貢献する国家を固定的に考えることで、常任理事国への固執が正当化されていた。常任理事国にこだわるスペインやブラジルの抵抗に対し、中国は委員会が全会一致でドイツのみを常任理事国とすることに決定するならば自らの要求を撤回すると述べた。ポーランドもまた、セシル案の理事国数一四カ国を受け入れた。

議論は非常任理事国の数に絞られた。ベルギー代表がセシル案に賛成する演説を行ったことはセシル案賛成に大勢を決したが、この演説は、九カ国が望ましい理由をそれまでの六カ国に加えて南米に一つ、アジアに一つ、そしてポーランドのために一つ増加する必要があるためだとしていた。スペイン、ブラジル以外がセシル案賛成でまとまり、この会議の結果を第一読会案とし、常任理事国問題以外は起草分科会に送ることを決定した。但しセシル案のなかでも将来の比例代表制導入については撤回された。

起草分科会でセシル案に大きな変更はなかったが、ウルグアイ代表と中国代表朱兆莘の発言が注目される。ウルグアイ代表は非常任理事国を九カ国に増やすならば、連盟加盟国の三分の一を占める南米に非常任理事国の三分の一を割り当てることを要求した。英仏独伊なども趣旨には賛成を表明した。日本代表松田道一駐オランダ公使は、アジアのことも念頭に置き「地理的考慮カ今ヨリモ充分ニ参酌セラレンコトヲ希望スル旨」述べている。賛成が委員会の大勢であることを知ると、ウルグアイ代表は理事会への報告書中に明文化して挿入することを求めた。中国代表朱兆莘はこの機に乗じてアジアにも二つ非常任理事国を、それが多過ぎるならヨーロッパ、南米を除いた地域に二つ非常任理事国を与えるよう強硬に主張した。イギリス代表セシルは中国の主張には理があるとしながらも、あまり固執しないよう求め、日本代表松田も、「各地方毎ニ数字ヲ予メ決定スルハ果シテ穏当ナリヤ」として、中国の主張を報告書に記録する形式に留めるべきであるとした。拘束力を持つ形を取ることには多くの国が賛成しなかったが、理事会の構成をより普遍的にするという主張への反対はなかった。最終的に、「委員会はラテンアメリカに三つ非常任理事国席を分配すること、アジアが十分に代表されることに全会一致で賛成だと確かに記録する。中国代表は少なくとも二席をアジア及び世界の米州とヨーロッパ以外の部分に分配するよう強硬に主張した」と報告に挿入して何とか一段落を付けた[53]。地理的公平や地域配分が、非常任理事国の選出においては重視しなければならない視点であると認められた意義は大きい。

その一方で、ブラジルは六月一四日に脱退を通告した。アメリカやアルゼンチンの不在とあわせ、ラテンアメリカにおける連盟の存在感を低下させかねない事態であった[54]。

これを受けて中国も脱退を考慮しているという報道が流れると、中国代表朱兆莘は明確に否定しつつも、「もし中国が先に常任理事国席を得れば決して脱退しない」という常任理事国要求の継続を示す発言を行っている。ただし、中国の顔恵慶外交総長代行（国務総理兼任）はフランス公使館に対して、アジアからは中国、ラテンアメリカからはアルゼンチンやチリなどから一カ国、ヨーロッパからはポーランドを選出するという非常任理事国増員分の分配まで提案していた。中国としては、非常任理事国増員と地域配分の組み合わせによって、「非常任の名を以て常任の実を得る」、つまりは非常任理事国への継続的就任の環境作りという現実的な目標は達したと考えてよいだろう[55]。

決　着

非常任理事国増員、輪番制導入を柱とした連盟理事会改革案は、最終的に第二読会案としてまとめられ、連盟理事会構成問題委員会本会議では九月一日にスペインの留保の下、全会一致で採択された[56]。常任理事国については、九月三日に全会一致でドイツの占める一席以外には増加しないとされた。ラテンアメリカ、アジアの非常任理事国配分要求に関する部分は、上述の第一読会報告書の記述が維持された[57]。九月四日には理事会が開かれ、連盟理事会構成問題委員会の報告が承認された。チェンバレン英外相やブリアン仏外相は再び議論の紛糾や遅延を起こせば、「連盟を破壊（destroy the League）」しかねないと考えており、ドイツ加盟、ドイツの常任理事国化、非常任理事国増員が一体化されたパッケージとして承認されることを何よりも重視していた。そのため、もはや報告の内容ではなく速やかな総会による承認のための手続きや議事日程のみが議論の対象であった(58)。

九月八日には、総会でドイツの連盟加盟と常任理事国化、非常任理事国の九カ国への増員が即時採決され、三件とも全会一致で可決された(59)。理事国選挙規則についても、一五日の総会において全会一致で採択されている(60)。そして、スペインは九月一一日に脱退を通告した。ただし、スペインは一九二八年に脱退が正式に効力を持つ前に撤回し復帰している(61)。

一九二六年九月一六日に総会で非常任理事国の選挙が行われ、任期三年でポーランド、チリ、ルーマニアが、二年でコロンビア、オランダ、中国が、一年でエルサルバドル、ベルギー、チェコスロヴァキアが当選した。また、ポーランドが三分の二以上の多数の賛成によって再選資格を得た(62)。ヨーロッパから五カ国、ラテンアメリカから三カ国、アジアから一カ国が選出されている。ウルグアイの要求通り、ラテンアメリカから三カ国選出されていることが注目される。その後も、二カ国であった一九三七年九月選出から一九三八年九月までの期間を除き、ラテンアメリカ諸国は常に三カ国以上の非常任理事国を出している。アジアも、中国、ペルシャ、トルコのいずれかが常に非常任理事国の座を占め、特に中国は一九二六年九月選出―二八年九月、三一年九月選出―三四年九月、三六年九月選出―三九年の三回選出された(63)。

一九三四年のイギリス外務省の整理では、イギリス帝国の自治領から一、アジアから一、小協商国から一、スカンディナヴィアから一、南米から三、上記以外から一を選出することが非公式の地域割当として存在したという(64)。アジアから一カ国、ラテンアメリカから三カ国選出することが、連盟において慣例化していたことが分かるが、それはこの一九二六年の理事会改革を契機としたものであった。それまで非ヨーロッパ地域の非常任理事国は、一九二三年を除き合わせて二カ国以下にとどまっていたことを考えると、非ヨーロッパ地域の意見がより反映されるようになったことは明らかである。連盟事務局東京支局の青木節一はこの改革が、「連盟組織の普遍性乃至民主化に一段の進歩を示した事は、必然の勢であるにしても、連盟の歴史に於てはかなり急激な変化と云はなければなるまい」とした。連盟理事国がヨーロッパ以外の地域にもより均等に配分されることは、連盟の「普遍」化、「民主化」を意味したのである。(65)

一方で、ラテンアメリカ諸国がこの制度導入の音頭を取ったイギリスのセシルの思惑と全く異なる投票行動を行ったように（おそらく何らかの取引によって、再選が予測されていた地域大国ウルグアイではなく小国エルサルバドルを選出した）、ラテンアメリカ諸国は地域配分された理事国のさらなる地域内部における配分を通じて、外部からはその意思決定過程が窺い知れない地域ブロックを連盟の内側に形成し始めていた。地域配分を通じた連盟の「普遍化」は、地域概念に実体を備えさせる働きをも持ったのである。(66)

おわりに

国際連盟の大国偏重、ヨーロッパ偏重の象徴とされた理事会の構成を改革することは、連盟の権威の動揺や小国のサボタージュを回避するために必要な方策であった。まさにそれは理事国増員を提議したイギリス代表のバルフォアが言うように、大国が望むかどうかにかかわらず連盟の弱体化を防ぐためには「不可避」なことだった。連盟が普遍的国際機構であるという前提に立つ以上は、その前提に反した連盟の状態は長く放置できなかったのである。

それでは、理事会という連盟の執行機関が、非ヨーロッパ諸国や中小国の進出によって普遍的性格を強めたことにより、連盟のガヴァナンスにはどのような影響が及んだのだろうか。それぞれ次章以降で具体的に検討するが、満洲事変及びチャコ紛争にも理事会改革の影響を見出すことができる。

一方で、ヨーロッパ偏重の是正のため、非常任理事国選出などをめぐって形成されつつある地域グループへの公平な分配を行うために、理事国増員とともに数字を固定化した地域配分の慣行化という手段が取られた。地域配分によってこそ、連盟の普遍性は内実を備えることができる。しかし、地域配分という手段自体が地理的に近接した諸国間における地域意識の形成と定着を前提としており、そのうえ非常任理事国選出のための協議が地域意識をさらに強化していくのである。

普遍性を達成するための手段が地域意識を強化していくという両義的な事態は、まさに戦間期における普遍＝地域関係を表していたと言える。普遍性は地域の存在に支えられてようやく達成可能であり、そして普遍的国際機構の存在が地域主義を活発化させる。

ともに強化された「普遍」と「地域」がその後どのような関係を取り結んだか、それもまた次章以降の課題となるだろう。

第二章　中国問題と国際連盟

――紛争の国際連盟提起と代表権問題

はじめに

一九二〇年代、東アジア国際政治の主要な舞台となった中国では、北京政府の弱体化によって内戦が絶えず、その内戦のために列強の権益が脅かされて対外紛争が幾度も起きていた。それらに国際連盟が関与しなかったのは必ずしも当然のことではなく、連盟が中国に関する諸問題（これを以下、当時の外交用語に依って「中国問題」と称する）に関与する構想はその度に浮上していた。そのため、関与の否定や拒絶には理由が必要であり、それについても議論が行われていた。本章は、この一九二〇年代の中国問題に対する連盟関与構想を検討し、それらが実現に至らなかった理由、そして連盟の関与を否定する場合に用いられた論理を明らかにする。

先に述べてしまうと、連盟関与構想が浮上する文脈、そしてそれが否定される文脈の双方で重要であったのは、中央政府が全土に対する統治能力を持たない中国の分裂状態と、その結果として生じた代表権問題であった。中央政府の統治能力衰退は連盟による国際管理や国際支援の構想を浮上させるとともに、統一された主権国家を前提とした連盟が中国の問題を扱わない理由にも使われた。そしてこの時代には、国際的に承認された中央政府たる北京政府のみならず、自らが正統な中央政府であることを主張する広東軍政府から国民政府に至る南方勢力が存在していた。国民政府が北伐を開始し、中国統一を目指して列強の権益を脅かしながら統治領域を拡大していくと、対外問題や対外紛争も列強と国民政府の間にこそ起きるようになる。そのため、連盟で代表されているのは北京政府であるにもかかわらず、連盟提訴を考慮するような深刻な対外紛争は列強と国民政府の間の問題であるという食い違いが生じた。本書ではこれを代表権問題と呼ぶ。代表権問題は、列強が連盟提訴を見送ったり中国側による提訴を却下したりする理由として用いられた。

本章は代表権問題との関連を軸に据えて、中国問題に関する連盟の関与を、構想にとどまったものから実現に至った介入まで検討していく。未発に終わったものから中国技術協力や満洲事変に対する介入までを扱うことで、なぜ一九二〇年代においては中国の対外紛争や内戦及びそれらによって生じた諸問題は深刻であったにもかかわらず連盟を関与させる構想が実現せず、一方で一九三〇年代の技術協力や満洲事変に対する介入は実行されたのかを明らかにすることができるであろう。

この問題を扱う数少ない先行研究は、連盟を排除したアジア太平洋の国際協調システムとしての「ワシントン体制」の存在を前提としている(1)。一方で、連盟の中心国であるイギリスには必ずしもワシントン体制という引照基準は存在していなかったことが、イギリス外交史家によって論じられてきた(2)。また、中国外交史においても、列強間の協調というワシントン体制論の前提に対する疑問や、同体制が北京政府の統治能力強化を前提としていたにもかかわらず、体制外に置かれた国民政府によって転覆されたことの意味を重視する観点から、批判的再検討がなされている(3)。そこで、本章はワシントン体制の存在を自明の前提とはしない。一旦この前提を外したうえで、ワシントン諸条約に基づき構築されることが想定されていた列強間協調と連盟を利用するアプローチがどのような関係にあったかを検討していく。

本章では、第一節において北京政府の国際的地位がまだ相対的に安定していた時代を扱う。第二節で扱うのは、軍閥間の内争と排外ボイコットの激化に国民政府による北伐の開始（一九二六年）が重なり、中国の内戦が激化した時期である。ここに至って北京政府は長江以南を失い、南を支配する国民政府との間の中央政府をめぐる争いが国際化する。そして連盟の代表権問題が浮上するのである。第三節では、南京国民政府が連盟における主体として現れた時期を扱う。一九二〇年代において連盟の関与を否定する論理を成立させていた代表権問題が既に解消されていたために、満洲事変の時点で中国が提訴すれば連盟における討議は不可避であったことを明らかにする。

一　北京政府期の国際連盟関与構想

山東半島返還問題と国際連盟

パリ講和会議中、特殊権益の放棄や門戸開放政策、大規模借款まで、アメリカ代表団が中国問題に創設後の連盟を関与させる前提であったことは先行研究により指摘されている。ウィルソンが山東半島返還について最終的に日本の間接返還論に譲歩する決断を下したのも、連盟によって是正される可能性に希望を託していたからである。イギリスも中国側に連盟への問題の先送りを勧めており、日本も連盟理事会による協議の可能性は否定していなかったとされる。ラテンアメリカに関する以上に、中国問題が連盟に持ち込まれることは当然の前提であったと言ってよい[4]。

国際連盟の第一回総会は一九二〇年一一月から一二月にかけて開催されたが、中国（北京政府）はこの前提に則って第一回総会への山東問題提起を模索していた[5]。これに対し日本は、ヴェルサイユ条約で自らに譲渡された山東半島権益の返還については中国と直接交渉で解決する方針を取っていた[6]。一九二〇年四月の時点で、内田康哉外相は山東問題について、講和会議で議論は尽くされており講和条約も発効している以上、「公正ノ基礎ノ下ニ確定セル事態ヲ覆サムトスルコトコソ却テ世界平和ノ確立ニ資スル所以ニ非ス」とし、さらに国際紛争を連盟理事会の議に付す前に当事国間の交渉を尽くすべきことを挙げて、連盟提起拒否の姿勢を固めていた。また、日本のみならず「英仏等カ今更支那側ノ主張ニ耳ヲ傾クヘシトハ思考スル能ハサル所」とも予測している(7)。

さらに、九月に内田外相は排除する問題の範囲を拡大し、連盟総会において山東問題のほか中東鉄道（東支鉄道）の管理権問題や日中間の協約、満洲駐兵、義和団事件賠償金、領事裁判権撤廃など様々な問題が提起されることが予想されるとしたうえで、「対支問題ノ上程ヲ妨クル措置」を取るよう訓令した。ここでは山東問題を「対支問題」に包括、一般化して排除する論理が取られた。これに対し、連盟総会代表に決定していた林権助駐英大使は、山東問題については本省の方針に賛同しつつも、「勢力範囲、借款、税権、裁判権等支那関係諸問題」は相互に関連し、それぞれ関係国間に行きがかりもあるため、「各関係国間ニ互譲妥協ノ精神ヲ以テ熟議ノ行ハルルヲ待ツノ外ナク」、その熟議の結論により「連盟ニ附議スベキ必要アラバ附議スベキ筋合」だとした。山東問題はこれらとは切り離して、「「ヴェルサイユ」条約既決ノ事項」であるため再議を許さないとの論理に復帰するのが林の意見であった。林は連盟についても中国に権益を持つ列強との協調を重視しており、諸列強との合意次第では中国の諸問題の提起を許容するつもりであった(8)。

総会開会直前には閣議決定を経て、中国関係では山東問題のみが触れられ、「公正ノ基礎ノ上ニ確定セル事態ヲ覆サントスルハ断ジテ世界平和ノ確立ニ資スル所以ニ非サル」という論理が繰り返され、中国側の提議を阻止するよう訓令された。山東問題以外については、連盟提起阻止の方針は貫徹されなかった(9)。第一回総会において、「対支問題」の包括的な排除は方針として定着しなかったと言ってよいだろう。山東問題の連盟提起阻止の方針は堅持されたが、それはパリ講和会議で既定の事項であるという理由からだった。その論理によればパリ講和会議で未定の諸問題は、列強との協議と中国との関係次第では連盟で扱われることを容認する可能性が存在したのである。山東問題における強硬性と他の諸問題についての柔軟な対列強協調主義の双方が指摘できる。

一方、イギリスは一九二〇年九月に、一九一七年二月に交わした山東問題で日本を支援するとの約束はパリ講和会議限りのものであり、連盟においてはそれに拘束されないことを確認していた(10)。しかし、連盟総会においてどのような態度を取るかについての検討は一九二〇年一一月一五日の総会開会直前になってようやく行われた。

後に駐華公使となるイギリス外務省極東部のマイルズ・ランプソン（Miles Lampson）は、一九一七年の日本との密約が公にされたことが一九一九年の排外ボイコットを招いたのであり、中国の連盟提起の際にさらなる悪評を買うのは賢明ではなく国家の信用にも関わるとした。また、「中国が衡平法上の権利を有する連盟で、公正な審理の場を得るのを妨げることを意図した行動は徹底的に避けなければならないのではないか」とも述べている。極東部担当の事務次官補であるヴィクター・ウェルズリー（Victor Wellesley）も、中国が山東問題を連盟に提起した場合に日本の肩を持つのは誤りであり、「日本寄りの態度を取ることは何であれ中国におけるイギリスの権益を大変深刻な危険に晒すかもしれない」と予測し、山東を「第二の満洲」にすることを許せば、それは「極東の平和への持続的脅威」であると考えていた。ウェルズリーは解決の内容にも踏み込み、日本が提案していた経済的権益を除外した返還を批判している(11)。

そして総会代表には、日本との密約と講和会議における行動によって中国におけるイギリスの威信が損なわれたことに鑑み、日本を支持していると解釈される行動は注意深く避ける方針が示された。さらに上述のランプソンの意見がほぼ字句もそのまま反映され、中国が「連盟で公正な審理の場を得るのを妨げる」ことを避けるよう決定された(12)。総会における具体的な解決策については追ってメモランダムが総会代表に送付されたが、そこでは一方の主張を理論的に正当化する明快な解決策よりも、日中両当事国間の友好的な取り決めによって問題解決がなされるような提案を中国がするのなら、それに対して同情的であるべきだとされた(13)。

一方、このメモランダムと同日に行き違いで総会代表アーサー・バルフォア枢密院議長から寄せられた意見は、連盟提起の容認によって「確かなのは我々が日本における威信を全て失うことである」と日英同盟下の協調が破壊されることを懸念していた。[14] しかし外務省は、一応日中双方との関係を損なわないため、連盟における審議に深入りしないよう注意する旨を加えたほかは、中国の連盟提起を妨げないというそれまでの方針を変更しない旨明確にした。[15]

山東問題の連盟提起に対するイギリスの態度は、日本の側に立って排外ボイコットの対象となり自らの権益を危険に晒すのを避けることで一貫しており、その目標が日英同盟よりも優先された。国際連盟に即した場合、イギリスは連盟の審議の場が中国にも公平に開かれるべきであるという原則を堅持し、極東という地域や人種によって制限されるとは考えていなかったことを指摘できるであろう。

しかし、イギリスの方針決定はいささか遅すぎた。既に中国の総会代表顧維鈞は、一九二〇年一一月五日に連盟提起の断念を決断していた。各国の支持が期待できないため、共和党が政権を獲得したアメリカの連盟加盟を待って提起することで孤立無援を免れるべきだという判断だった。[16] イギリスが連盟提起の容認を決定したのはこの判断の後のことであって、パリ講和会議で中国を最も支持した経緯があり、さらにパリ講和会議の山東問題解決を激しく批判してきた共和党が直前の大統領選で勝利したアメリカを頼るのは堅実な判断であった。事実として、ワシントン会議（一九二一～一九二二年）と並行した英米オブザーヴァーの出席する日中直接交渉において結実した、山東懸案解決に関する条約による権益返還という解決にもつながっている。[17] 一方、連盟で中国問題が扱われる先例を作り、さらに日英を離間させる機会を逃したとも言える。そして山東半島返還問題の提起断念による失望も手伝い、一八頁でも引用したように顧維鈞らは連盟が「数大国」の牛耳る機関で中小国の希望は通らないとみなすに至る。[18] イギリスが中国による山東問題の連盟提起を受け入れると決定し、日本も山東問題以外の問題であれば連盟への提起に対する態度は未だ流動的であった一方、中国は連盟に対する期待を後退させていたのである。

北京政府の統治能力衰退による連盟関与構想の浮上

ワシントン会議は連盟と関係を持たず、連盟非加盟国アメリカにより主導されていた。そのため、一九二二年の連盟総会でスペイン代表が「つい最近まではワシントン会議の大望が国際連盟を弱体化させるかもしれないと考える理由があった」と述べたように、連盟の形骸化を懸念する声も存在していた[19]。

ワシントン会議の枠組みが東アジアにおける連盟の利用を妨げる方向に作用したのかを明らかにするため、臨城事件（一九二三年五月）後のイギリスにおける議論を検討する。津浦鉄道が匪賊に襲撃され英米人ら外国人を含めた多数の乗客が捕虜となった臨城事件は、北京政府の統治能力喪失を明るみに出したことで鉄道や鉄道警察の国際管理案を浮上させた。イギリスは鉄道警察国際管理を推進したが、中国が内政及び国家主権に関わる問題であるとして拒否したのはもちろん、日本もまた反対の立場を取っていた[20]。この国際管理構想と日英協調の不調、及び中国ナショナリズムの文脈から中国問題に連盟を関与させる構想が現れてくる。

ウェルズリー英外務省極東部長は、日本はイギリスと異なって「強力で統一された中国」を望まず、「基本的にその対中政策は九カ国条約の原則に全く反している」と考えた。また、臨城事件の対応に見られるように他の列強と真に協力するつもりもないため、「ワシントン政策」には実効性を期待することができないとしていた。同時に、対中政策においては中国ナショナリズムという障害も存在していたのである。そこで日本の妨害と中国ナショナリズムという二つの障害を乗り越える方策として、中国を他の列強の侵略から保障し、「中国の外交関係を連盟の庇護の下に置く」ことが提案される。何か直接的な事件があったときに中国が連盟に提訴して保護を求めるよう促し、それが繰り返されるうちに慣行化されるという見通しであった。懸念として非加盟国アメリカの存在はあるが、ウェルズリーはアメリカとの疎隔の可能性はそれほど大きくないと判断した。事務次官補ウィリアム・ティレルも巧妙に実行される限りアメリカの反対は予想されないとしている。そしてウェルズリーの構想のみならず、連盟が「中国をもがいている泥沼から引き出す道」となり、同時に中国における列強の権益を守る可能性について、英首相兼外相ラムゼイ・マクドナルド（Ramsay MacDonald）は駐華公使ロナルド・マクリー（Ronald Macleay）の意見を求めた[21]。

マクリーは、中国がナショナリズムによりあらゆる国際管理を嫌うことや、山東問題による連盟への失望、親米性の強さから、「もがいている泥沼から自らを救い出す手段」として連盟の保護下に置かれることに自発的に同意する可能性は乏しいと指摘した。一方で財政の国際管理が不可避となれば、少数の大国よりも国際連盟の管理が中国にとって好ましいとされるであろうし、中国を列強の一国が侵略すれば中国は連盟に提訴して保護を求めるかもしれないと予測した。このように連盟の有用性を一定程度認めながらも、イギリスはワシントン会議以来のアメリカとの協調を最も重視すべきだと結論付けている。そしてマクリーにも対日不信が非常に強く、彼の言うところの「ワシントン会議以来確かに存在する協調」（以後このような意味での協調を「ワシントン協調」と表現する）は英米間のものであって、日本は含まれていなかった[22]。同じく、ウェルズリー（事務次官補に昇格、翌年には筆頭事務次官補）の後任の極東部長シドニー・ウォーターロウ（Sydney Waterlow）は、日本とソ連が手を結ぶことを防ぐためだけにでも緊密な英米協調が必要だと説いている[23]。

対日協調が機能不全に陥っているという認識は共有したうえで、ウェルズリーやティレルは対米協調が連盟の利用と両立可能だとしたのに対し、マクリーやウォーターロウは対米協調をあくまで優先するという相違があった[24]。焦点はワシントン会議以来の英米協調と連盟の利用との関係だったのである。しかし、マクリーも中国問題に対する連盟の関与の可能性は認めていた。そして一九二四年の時点でワシントン協調の存在を認めるマクリーも、あくまで日本を含まない英米協調を語っているに過ぎず、連盟の関与に対する日本の反応に配慮する必要は認めていなかった。ウェルズリーが連盟を中国に関与させる構想を提起した動機は、ワシントン協調自体が存在しないと考えたためであり、ワシントン協調の否定が中国における連盟の利用を促す構図は後述するように以後も散見される。

一方、日本はイギリスの鉄道警察国際管理案に対して、「支那ノ政情著敷安定ヲ欠キ責任アル中央政府ノ存在スラ疑ハルル今日支那民心ノ反感ヲ挑発スルカ如キ措置ハ努メテ之ヲ避ケサルヘカラス」として拒絶していた。中央政府が事実上不在だという認識はイギリスと共有しつつ、だからこそ、中国のナショナリズムを煽り立て秩序の混乱を助長すると考えられた国際管理が否定されたわけである(25)。また、一九二四年に清浦奎吾内閣の松井慶四郎外相、加藤高明内閣の幣原喜重郎外相ともに議会演説でワシントン会議の精神が対中外交方針の柱であることを確認している。その日本外交の柱としてのワシントン諸条約尊重及び内政不干渉主義と結び付けられることで、中国国際管理一般の否定が清浦内閣の「対支政策綱領」によって方針として確立された(26)。日本自らが包含される前提の下でのワシントン会議の枠組み尊重、そして中国国際管理の否定という二つの方針とも、イギリス外交とは相反するものであった。

国際宣伝の場としての連盟総会

日本と中国は東アジアに一見全く関わりのないコルフ島事件の経験から、中国問題に対する連盟の関与についてその姿勢を変化させていった。一九二三年八月に、「連合国大使会議」(以降「大使会議」)によって派遣されたギリシャ・アルバニア国境画定委員のイタリア人とその部下が何者かに殺害された。イタリアは賠償や謝罪、犯人の死刑を求めて最後通牒を突き付けたが、ギリシャに拒否されたため八月三一日にギリシャ領コルフ(ケルキラ)島を占領した。ギリシャは翌九月一日に規約第一二条と第一五条に依って連盟理事会に提訴したが、当時の理事会議長は日本の石井菊次郎駐仏大使であった。理事会で審議が行われる一方、九月には連盟総会も開催されており、そのために集まった小国の間ではイタリアに対する激しい批判が渦巻いていた。イタリアが連盟の管轄権を否定し、大使会議も自らが任命した委員の殺害に対して積極的に解決を図ったため、理事会は大使会議と協力する方針に決した。これに対し総会本会議では批判が噴出する形勢であった。石井は討議を暫く差し控えるよう総会で要請するなど、理事会議長としてその矢面に立たされている。石井自身はイタリアの行動を是認することはできないとしつつも、「支那ヲ隣邦トスル日本カ伊国ノ行動ニ近キ態度ニ出ツルノ已ムナキ場合ニ遭遇セサルニモ限ラサルヘキ」であるため、イタリア批判の陣頭に立つべきではないと考えていた。最終的に大使会議が調停に成功し、それを連盟理事会も是認することで決着したが、理事会の措置にはやはり小国側が不満を抱いた(27)。イギリス外務省中欧部のハロルド・ニコルソン（Harold Nicolson）が、外相カーズン侯爵（Marquess Curzon of Kedleston）とティレル事務次官補の外交指導を批判しつつ「我々が連盟を殺した」と評したように、大使会議に主導権を委ねるという選択は連盟軽視と取られてもおかしくないものであった(28)。

石井はコルフ島事件審議の過程で理事会議長として、加盟国全てが対等な立場である総会を基盤とした小国の批判と圧力に晒され続けた。理事会の方針が常任理事国イタリアに宥和的であったことが、大国優位の理事会と総会における多数の小国との間の対立を露呈させた。そして石井が指摘しているように、日本は対中関係でイタリアと同様の立場に立たされる可能性があった。日中関係が大国と小国の対立構造に投げ込まれるとき、今度は日本が総会における小国の轟々たる非難に晒されるおそれがあった。連盟における中国問題は大国－小国の対立構造のなかで捉えられ、自らが連盟における国際世論で劣勢に回るという見込みが日本の対連盟政策を硬直させた。これがジュネーヴで活動する日本の外交官たちに共通した視点となり国内にも流入していたことは、後述するように一九二八年の済南事件で明らかになる。

一方で、中国側はこの小国の批判による道徳的圧力に希望を見出した。中国の総会代表は、連盟理事会が関与する意思を示したこと及び四十数カ国の参加する連盟総会の「監視」がコルフ島事件の解決を促したのだと観察していた。大使会議による解決策が、連盟理事会が会議録の形式で大使会議に送付した案とあまり相違がないとも指摘しており、理事会、総会双方の対応及びその効果について評価は高かった[29]。特に、連盟総会において形成される国際世論に着目したことは、山東半島返還問題における失望などによって抱かされた大国中心という連盟イメージからの大きな転換点であったと言える。

そして連盟の国際紛争解決を促進する働きを認識した中国は、一九二五年頃から国際宣伝の場として連盟総会を実際に利用し始める。一九二五年の総会で、中国は条約の再審議を定めた規約第一九条に依って条約改正決議を提出した。ヴェルサイユ条約の修正に援用されることを危惧したフランスに決議の文言を弱められたが、演説で総会中の喝采を浴びており、条約改正のための国際的宣伝という当初の目標は達成した[30]。

続く一九二六年の総会では列強との対外紛争に触れるに至る。一九二六年九月、四川軍閥の楊森がイギリス商船を拘留したことに対し、イギリス軍艦が四川省万県の市街を砲撃した（万県事件）。中国代表として連盟総会に出席していた朱兆莘駐伊公使と王景岐駐ベルギー公使は、各国代表の万県事件に対する関心が強いことに注目し、総会で「宣布」することによって事件の解決を助けることができると考えた[31]。九月二四日、中国代表は総会演説で万県事件の経緯と被害を報告し、極東の平和が乱されることを懸念していると述べた。明示的なイギリス批判は抑制されていたが、演説の結果として国際世論はイギリスの行為が国際法に違反しているという印象を抱くに至ったと観察し、「我が国の交渉の声援となるには十分である」と報告している[32]。連盟に問題解決を委ねたわけではないが、国際世論が表出される連盟総会という場において支持を調達することにより交渉を有利に進めようとしたのである[33]。

一方、批判された側のイギリスはその場で代表のセシル子爵が、中国の主張は我々の報告と食い違っていると反論した[34]。総会における中国の宣伝戦略を把握した以上、イギリスも対策を練らねばならない。後述する上海防衛軍派遣においてイギリス外務省の連盟担当であったヴィクター・キャヴェンディッシュ＝ベンティンク（Victor Cavendish-Bentinck）は、「遅かれ早かれ連盟と中国の渦は衝突するであろうし、我々がイニシアティヴを保っておくのが一番良い」とむしろ積極的な連盟対策を求めていた。また、オースティン・チェンバレン外相も中国が総会に問題を持ち出すならば、自ら理事会で先手を取るとしている[35]。イギリスが連盟において積極的に手を打つことで、中国の宣伝戦略に対抗可能だと考えていたのである。しかし、ランプソンを始めとした英日米仏伊蘭の駐華公使は、条約改正問題の連盟総会提起に関し、各国の総会代表の「約四分の三は中国の状況を何も知らないため、容易に中国のプロパガンダと陰謀の反響板になって力を貸してしまう」として、イギリス外務省の楽観的な姿勢に批判的であった[36]。

国際世論の批判を恐れて中国問題の連盟提起を忌避するようになる日本、国際世論の支持を調達する場として連盟外交を活発化する中国、連盟における支持調達には楽観的なイギリスという構図は以後も継続していく。

二　中国内戦と代表権問題の浮上

中国の混乱とワシントン協調の瓦解

一九二四年九月に起こった第二次奉直戦争は、両軍合わせて三〇万人が動員される北方軍閥間最大の内戦に発展した。結果として奉天派の張作霖が主導権を握るが、一九二五年末には配下の郭松齢の反乱に追い詰められ、日本の介入でようやく難局を切り抜けた（郭松齢事件）。このような北京政府をめぐる北洋軍閥間の内戦に、一九二六年七月に開始が宣言された北伐が重なって、中国は長期に亘る本格的な内戦状態に突入していた[37]。既に疑問符が付けられていた北京政府の統治能力はさらに低下したため、中国における秩序再建の問題と連盟代表権の問題が浮上することになる。

若干前後するが、この頃実際にイギリス外務省は中国における権益の連盟による国際管理への移行を検討していた。中国では一九二五年五月三〇日の五・三〇事件以後、イギリスを主目標とした激しい排外運動が行われており、その権益は著しく脅かされていた。このような動きに対応するため、ウォーターロウ英外務省極東部長は連盟を権益の防衛のため利用できないか検討を命じた。外務省連盟担当のキャヴェンディッシュ＝ベンティンクは、連盟理事会とアメリカが中国の全ての租界の行政を監視して、租界をめぐる紛争を仲裁する三人のコミッショナーと三人の副コミッショナーを任命することを、中国に租界や治外法権を持つ加盟国とアメリカに提起するという案を示した。また、この案の実行にはアメリカのみならず、中国の同意も条件とされている。それに加え、極東部のジョージ・モス（George Moss）は治外法権撤廃の移行過程に連盟を関与させる案を、北京関税会議で提起することを提案している。これは、連盟の権威の下に新たな混合裁判所を設置して判事には中国人も含め、連盟の委員会及び租界・居留地の参事会で中国人が代表されるという案であった。しかしウェルズリー筆頭事務次官補は、中国とアメリカの賛成が得られないとしてこれらの案を取り上げなかった[38]。

一九二七年には連盟の施政下にあるダンツィヒ自由市をモデルとして、上海を連盟の管理下に再編する案が俎上に載せられたが、「我々が採用する案は何であれ、中国が当事者として同意していなければならない」「連盟理事会は同意したがらない中国に計画を押し付けることを認めないのは明らかである」ことが確認されている[39]。一九二九年にもスワイヤ商会（John Swire & Sons）の会長ウォーレン・スワイヤ（Warren Swire）とランプソン駐華公使が上海共同租界の将来について議論した。理想主義的な面を垣間見せるスワイヤに対し、ランプソンは連盟による解決について、ダンツィヒでは二つの隣接国が自らの領土であることを主張している一方、上海には「その土地に対する中国の主権については問題が存在しない」以上、中国の同意が得られるかどうかについては非常に疑問であると考えていた[40]。

連盟が当事国の同意無しには国際管理を行えないのであれば、中国が同意しなければこの案は頓挫する。目的が帝国主義的権益を国際連盟の管理下に置いてその延命を図ることである以上、中国ナショナリズムとは相容れないものだったと言わざるを得ない[41]。

一方で、イギリスの中国権益で最も重要な上海共同租界を連盟の管理に委ねることが検討されたことの重要性も指摘されるべきである。上海共同租界は中国の「集団非公式帝国」としての性格を代表する存在であり、そもそもその管理維持は、列強間の協調という意味で「国際的」な枠組みによって行われていた。そのような文脈からは、連盟による管理への移行はそれほど不自然な発想ではなかったと言えるし、それが中国問題に対する連盟の関与について、イギリスの拒否反応が相対的に弱かった要因でもあると考えられる(42)。

中国内戦と排外運動に加えて、一九二五年一〇月から開かれた北京関税会議の失敗が列強間の関係をも変化させた。イギリスで一九二四年一一月に外相となったオースティン・チェンバレンは、就任当初は対中政策において「ワシントン列強」たるアメリカ、日本と協調する方針であった。しかし北京関税会議の失敗を経て、日米との協調を断念して単独主義に転換する。一九二六年一二月に発した「クリスマス・メモランダム」の作成過程では、日本のみならずアメリカの対中政策に対する厳しい批判をその駐英大使との会談で明言するまでに至った。そして対中政策転換の過程で路線統一のためにウォーターロウ極東部長をバンコク、マクリー駐華公使をプラハに転出させ、駐華公使にはロカルノ会議で自らを中欧部長として支えた信頼の厚いマイルズ・ランプソンを送り込んだ(43)。先述したように臨城事件後の議論では、ウォーターロウとマクリーは英米協調を何よりも優先する立場にあった。イギリス外務省においてはワシントン協調への失望が連盟アプローチの検討へとつながっていただけに、英米協調としてのワシントン協調を重視する彼らの転出は、連盟政策に消極的な勢力の退場を意味していた。

そして、これらの変動の影響を連盟事務局も受けた。一九二四年頃に戻ると、連盟事務局の太平洋・東アジアに対する姿勢は未だ消極的なものであった。それは一九二四年六月一七日に行われた、いわゆる交通系の政治家で中華民国北京政府の国務院総理経験も持ち、当時ヨーロッパ周遊中であった梁士詒とドラモンド連盟事務総長の会談から窺える。梁は、連盟がヨーロッパの戦後問題を専ら解決しているに過ぎず、本来の「宗旨」である「五洲平等主義」は大事件があっても未だ適用を見ていないと批判した。これに対してドラモンドは、世界大戦の惨禍が発生した地であるため戦後問題がヨーロッパに集中しており、政治経済の状況もまだ落ち着いていない以上、特別な努力を払ってこの地域に各種事業を集中させなければならないのだと弁明した。あくまで「時勢の需要」に応じているだけで、連盟の事業の重心もいずれ他の大陸に移っていくだろうというのである。(44)

そして一九二六年に入ると、連盟事務局で極東に関わることについて意欲を見せる発言が現れてくる。日本や中国を始めとする極東を訪問したルドヴィク・ライヒマン（Ludwik Rajchman, ポーランド）連盟保健部長は報告書で、「ヨーロッパでは政府や議会が、ある問題が連盟に委ねられない理由を説明する義務があると感じている」が、極東では「どんな重要な問題に関しても、連盟に言及することさえまだ一度も諸政府の政策にはなっていない」と嘆いた。ライヒマンは、「日本（そして中国）が、政治、軍事、経済、文化、社会、保健、交通のほとんど全ての分野の国際関係で、極東において政府が直面する難問の解決の一つでも連盟の組織に頼るまでは、連盟は実質的な世界機構とはならない」と考えていた。そこで、まずは中国においてナショナリズムと抵触しないように、連盟の専門委員会のメンバーや外部の専門家が実務的関係を築くことが提唱される。(45)

この年からは、ドラモンド連盟事務総長にも中国問題に積極的な発言が見られるようになる。三一頁でも触れたように、連盟理事会の拡大問題においてドラモンドは増員を構想していた非常任理事国三席のうち一つを中国に配分するのが望ましいと考えていた。それは中国が再度理事国になることを望んでおり、また共産主義への対抗にも役立つからというだけではなく、次のような見通しに基づいていた。

我々が今まで以上に極東の諸問題に対処することが求められる日は必ず来るだろうし、理事会における中国の存在はきっと有益だろう。私はあの国の現在の政治的不安定性を重視しすぎるべきではないと考える。事態は沈静化するだろうし、中国が理事会のメンバーに再選されたという事実は、おそらく中国政府そのものよりも中国国民の心に訴えるだろう。[46]

中国の政治的混乱を認識してなお、それが解消されるであろうと予測して中長期的には連盟を極東の諸問題に関与させようとする意欲がここには見られる。元国務院総理の梁士詒との会談におけるように現状の弁明に終始していた一九二四年頃とは明白な相違があった。この転換には、ロカルノでヨーロッパの戦後処理問題に光明が見えたことも関連しているだろう。以後、ドラモンドは中国問題を含む極東の諸問題に関与する時機を模索することになる。

上海防衛軍派遣と国際連盟における中国代表権問題

北伐の進展により国民政府は一九二七年一月一日に武漢に移った。列強の権益は脅威に晒され、一月三日に漢口租界、六日には九江租界が大衆暴動によって回収された。イギリスはこの動きが上海共同租界にも及ぶことを恐れた。[47]キャヴェンディッシュ＝ベンティンクが外務省極東部の依頼によりこの状況で連盟を利用する場合のメリット、デメリットについて検討したメモを作成している。そこでは「連盟から道徳的支援以上のものを期待してはいけないが、この道徳的支援は我々に役立つかもしれない」と記された。国内からの批判に応えることができ、そして国際的にも連盟尊重の姿勢と矛盾をきたさず、今後他国が連盟を無視した場合に批判する資格を失うことを避けられるとした。連盟の「勧告が我々に多くの困難をもたらす可能性は低い」以上、メリットが道徳的支援のみでも実行する価値があるだろう。

一方、デメリットとしてアメリカやワシントン諸条約調印国との協調を損なう可能性を挙げている。しかし、「アメリカは苛立つだろう」が、「彼らは我々の権益を守る手助けにはあまりなりそうに思われない」し、「ワシントン諸条約締約国とは協調して行動すべきだが、この協調は時期外れ、調子外れであると着実に証明されつつある」と述べ、その協調自体が既に大きく損なわれているため、デメリットは大きなものではないと判断した。また、理事会で中国寄りの決定がなされる可能性も低いと考えていた。キャヴェンディッシュ＝ベンティンクは具体的に、(1)規約第一一条による理事会招集の要求と、それより益ははるかに少ないが次善策として(2)理事会に声明を送るという二つの方法を提唱している。注目すべきは、連盟がイギリスよりも中国にとって有利な場だという認識が存在しなかったこと、ワシントン協調が既に壊れているために連盟の利用の障害にはならないと考えられていたことである(48)。

列強の分断については、少し後にチェンバレン外相が「中国が連盟の助力を求めるならば、私はこの方向に賭けるだろう。なぜなら列強の分断は不幸なことに最初から存在しており、これからも続くであろうから」と述べたように、イギリス側の認識として定着することで、連盟の利用という選択肢を浮かび上がらせていく(49)。

上海共同租界の防衛について、極東問題としては珍しく外務省極東部ではなく内閣が主導権を握り、一月一七日の閣議で大規模出兵が決定された。一万三〇〇〇人余りが中国に派遣されたが、期待された日本との軍事協力は拒否されたために単独出兵となった。日英間の協調が機能していないことは明白であった(50)。対連盟政策は出兵決定後に、ランカスター公領相セシル子爵を中心に決められた。上海共同租界維持という目標、そしてそのための手段としての単独出兵が連盟提訴よりも優先されたことは確かであり、先行研究にはこの問題をイギリスの権益維持のために連盟の干渉という手段が排除された例として扱っているものもある(51)。

しかしセシルが、連盟提訴に適さない理由として中心的に論じたのは、中国の分裂状況とそれに絡んだ代表権問題であった。

……ジュネーヴで唯一代表されている政府は我々が何も深刻な紛争を持たない北京政府であり、我々の広東（引用者注—既に武漢に移っているが国民政府を表している）との争いを連盟に委ねると提案することは陳（引用者注—陳友仁国民政府外交部長）やその同志たちにはおそらく良く受け取られないだろう。しかし我々に関する限り、もし争いをジュネーヴに移すことが可能ならば利益しかないだろう(52)。

中国は分裂状況にあり、上海に迫る国民革命軍について話し合うべき相手が国民政府であるのに対して、連盟における代表権を保持しているのは北京政府であった。北京政府国務総理兼外交総長の顧維鈞は孫伝芳総司令の存在や北軍の南下計画に触れて上海に対する北京政府の統治能力をアピールしていたが、(53) その前提はイギリスには共有されていなかった。上海の問題は、間近に迫りつつある国民革命軍・国民政府との間で解決しなければならない。そうであるならば、国民政府との間の問題を北京政府のみが代表されている連盟で話し合うのは無意味であり、しかもそれは北京政府と正統な中央政府の座をめぐって争っている国民政府を怒らせることでもあるというのがセシルの論理である。

確かに国民政府との間に抱えた問題を北京政府のみが代表されている連盟に提訴しても、解決に寄与する可能性は低い。国民政府の代表が「不在の状態で、おおよそ我々と広東の間で理事会に決定を求めることは全く公正ではない」ともセシルは指摘する。国民政府の代表を連盟に招請することも、北京政府と国民政府が唯一の正統政権としての資格を争っている以上、困難である。

そこでセシルは、理事会への情報提供という名目で、ドラモンド連盟事務総長に公式書簡を送ることを提案した。そのなかでは公表を前提に、イギリスの姿勢及び、イギリスに侵略の意図が無く連盟規約上の義務やその精神に従うことを説明し、「その機会が生じればいつでも、我々は進んで連盟の周旋（good offices）を受ける用意がある」ことを明らかにしようとした。(54) キャヴェンディッシュ＝ベンティンクの次善案に近いものであり、連盟支持者として、イギリスが連盟を尊重していることを示すのに注意が払われていた。

英外務省では極東部長ジョージ・マウンジー（George Mounsey）が、「連盟提訴が我々の中国における意図に関する疑念を和らげるかもしれない」とする一方、陳友仁国民政府外交部長が列強と個別に交渉するつもりで「集団的な解決」に反対する方針を取っているため、イギリスによる連盟提訴がそれに反すること、そして「意図せず広東とソ連の提携を著しく強化する」可能性について指摘している。[55] チェンバレン外相も、「理事会に関しては、付託によって非常に当惑させられるだろうと考えざるを得ない」と連盟提訴には消極的であった。しかし、チェンバレンは連盟を尊重する立場にあり、普段の姿勢と整合性を取らなければならない。[56] そこでセシルの案が採用される。一月二六日の閣議の議論において「北京政府がジュネーヴで代表され、広東政府は列強に承認されていないという事実から見て、規約の諸条項の下で連盟に提訴することは無益であり、おそらくは理事会を当惑させるだろう」という認識に全体の同意が得られ、イギリスの政策を説明する声明が連盟に送られることが決定された。[57] 中国の分裂及び代表権問題という一時的な理由によって連盟提訴を回避することが、内閣で同意を得たわけである。

一方、北京政府は一月三一日、ランプソン英駐華公使に、中国の同意無く行われるイギリスの出兵が中国の主権と独立、領土保全を侵害しており、連盟規約第一〇条とワシントン会議の各決議に反していると抗議した。その写しが北京政府外交部の指示によってドラモンド連盟事務総長に渡されている。ドラモンドはこれを加盟国に配布するか尋ねたが、中国理事はあくまで事務総長のための情報であると返答した。[58] 租界への出兵であり、武力衝突にも至っていないためか、連盟で代表されている北京政府の行動は前年の万県事件の際よりも抑制されていた。後述するように、次の年に日本が第二次山東出兵を行ったときも、北京政府が連盟提訴を検討して国民政府が連盟提訴を実行したのは済南事件で武力衝突が起こってからである。

対してイギリス政府はチェンバレン外相名義で、二月八日に公式書簡をドラモンド宛に送った。そこでは「クリスマス・メモランダム」を踏襲し、ワシントン会議の枠組みとの関係に触れながら、より明確にイギリスの政策転換に言及していた。「ワシントン会議政策」の「完全な成功は関係する列強と単一の中国中央政府の間の協力に懸かっていた」が、「不幸にも一九二二年以来、中国は以前にも増して分裂している」。そして一九二二年時点で、「ワシントンで中央政府の代表が結んだ約束に拘束されないと考えていた」国民政府が長江以南の広範な地域を支配するに至り、全中国唯一の政府として承認されるべきことを主張しているという事実が、「ワシントン政策の基づいている前提条件を修正している」のである。一応、「イギリス政府の政策はワシントン会議政策からの逸脱ではなく、その発展である」とも説明されたが、全世界に向けて「ワシントン政策」の機能不全とそこからの離脱が宣言されたのである。そして、漢口や九江のイギリス租界が大衆暴動によって回収されたことが明らかにイギリス人の生命財産を脅かしており、中国におけるイギリス人最大のコミュニティである上海を守らねばならないと派兵を正当化した。

連盟に関しては、「イギリス政府は現在、中国の難局を解決するために連盟の援助を求めるには何の方法も存在しないと思われることが非常に残念である。しかし、連盟の周旋を求める機会が生じれば、いつでもイギリス政府はそれを喜んで利用する」旨表明した[59]。あくまで現在の状況によって連盟提訴が不可能なのであって、可能であれば喜んでそれを行うという論理が取られた。

イギリス政府の公式書簡を補足するように、セシルはドラモンド連盟事務総長への私信で、次のように述べた。

あなたは中国の約三分の一を支配して旧態から革命をもたらそうとしている広東政府と、中国の唯一の政府として交渉することはできない。そのような行為は北京の人々への紛れもない侮辱だろう。彼らは消え去る運命にあるかもしれないが、今のところは中国のおよそ半分以上を支配している[60]。

北京政府が盤石だとは全く考えられないが、それでも今のところは連盟で代表される唯一の政府であり、その事実は尊重されるべきだとしたのである。北京政府が中国全体を代表していないことは指摘しつつも、その代表権や加盟国としての資格の問題には踏み込まない方針であった。この場合に総領事・領事と現地勢力の接触が可能な通常の外交交渉とは異なって、一国一政府の前提が貫徹する連盟で国民政府を相手にするのは確かに困難であろう。

とはいえ、中国の分裂状況と代表権問題を連盟に提訴しない理由として述べ立てるだけではなく、その状況が解消された場合の対応にもイギリスは踏み込んだ。フランス政府は、一月二六日の閣議決定に依るイギリスの政策を説明するメモランダムに対する返答として、内閣の承認を得た覚書を手交した。そこでは、イギリスと国民党の間の諸懸案については、連盟規約が調停のための規定を備えている旨が示唆されていた。それにより、国家的な次元の主張に関して北京政府と国民政府の間の妥協が成立することによる中国の統一促進、国民党の共産主義からの切り離し、連盟の下での全面的な条約改正の準備を行うことができる可能性があるという理由からであった。もし失敗しても調停に時間が掛かった分の遅延効果で中国の緊張を緩和し、イギリスの道徳的地位を高められるのだという。(61)

これに対してイギリスは閣議で対応を決定し、「現在、難局を解決するために連盟の援助を求めるのは不可能である」が、「もしフランス政府がこれらの難局を克服可能だと考えるならば、連盟に付託することを厭わないと示す」ことに決定した。当初、「もしフランス政府がこれらの難局が克服可能だと考えるならば、この問題をフランス政府と議論する」とされていたのを上記の表現に修正しており、連盟提訴を不可能にしている現在の条件が解消されれば連盟で議論しても構わないと意図的に明示しようとするものであった。(62)この決定を元にしたチェンバレン外相のフランス大使に対する説明は、「理事会が勧告した決定を受諾し実行でき、連盟が対処可能な中国政府が存在するときはいつでも、連盟を利用するという考えを原則上排除するものでは全くない」というものであった。(63)同時にチェンバレンは、「南北政府による共同行動を取りまとめて、連盟が問題を受け付けられるようにするのが可能だとフランス政府が考えるならば、それはとても心強い」と返答するよう駐仏大使に指示している。イギリスとの間に紛争を抱えるのは国民政府である一方で連盟に代表されているのは北京政府であるという食い違いが、両者の共同行動によって解消されるならば、問題が連盟で扱われる資格を持つと明確に表明したのである。(64)連盟の利用を妨げる中国の分裂状況が北京政府と国民政府の協力によって解消されるならば、連盟における審議が可能であることをイギリスは明示していた。ここで触れられてはいないが、同じく代表権問題を解消する中国統一政権が現れた際にも同じ論理が適用されるであろう。

一方で、この時期の理事会で中国代表を務めていた朱兆莘駐伊公使はイギリスに反発し、自らが北京政府と国民政府の双方を代表していると公に声明することで、連盟における中国代表の当事者能力が限定されることに対抗した。とはいえ南北の和平や協力を前提としたものではなく、内戦が継続していても対外問題に関する限り中国は統一されているという主張であったため、単なる中国外交官の国民政府への乗り換えの兆候とみなされて説得力を持たなかった。[65] 事実、朱兆莘はこの頃には既に国民政府の中国統一を見込んでベルギーとの間の条約廃棄問題などをめぐり国民党フランス総支部と接触を始めており、七月には北京政府からの離脱を宣言し、南京国民政府の代表の資格によって理事会や総会に出席することを要求するに至る。[66] しかし、北京政府の代表権は維持されて朱兆莘の試みは失敗した。このように、代表権問題の存在が中国自らによって明らかにされたのである。

しかしながら、連盟支持者たち全てがイギリスの説明に必ずしも納得したわけではなく、連盟周辺には失望も存在していた。これに対してドラモンド連盟事務総長は、「連盟の支持者たちには、国際紛争が平和的手段で解決されるならばどの機構で解決されたかはあまり重要ではないことを忘れがちな者がいる」が、「危機を直接交渉で解決しようとする試みがなされていることは必ずしも残念なことではない」として、アーサー・ソルター（Arthur Salter, イギリス）連盟経済財政部長とともに現在の状況下では書簡による声明という手段を評価した。しかしジャコモ・パウルッチ（Giacomo Paulucci di Calboli Barone, イタリア）連盟事務次長のように、全ての紛争が連盟で解決されるわけでないという事実が世論に十分には理解されないであろうし、イギリスの声明という手段は「特定の状況では疑いなく賢明な行為」であるが、当事国に連盟と世界平和にとってどのような行動が適切か判断するのを委ねることになると懸念する者もいた。[67] 連盟事務局は懸念を抱きつつも、「特定の状況」という限定を付けて声明という手段を容認した。

しかし、ドラモンドは同時期に、「基本点」である「連盟の普遍性」から、連盟を「今までヨーロッパの政治問題が占めてきたことは事実であるが、これは特定の一時的な歴史的条件の結果に過ぎず、何年か後にはその重要な政治的活動が現在のヨーロッパと同じくらい当然に太平洋でも行われるかもしれない。パン・アメリカに関しては現在、最も熱心な支持者でさえもあまり成功していないと思っているようである」とも述べていた(68)。「特定の一時的な歴史的条件」とは何か。五二―五三頁で触れた一九二四年の梁士詒との会談によれば、それは第一次大戦後のヨーロッパの混乱であり、既にロカルノ会議とその成果によって解消されつつあった。そして先述のように、イギリスの声明という手段も中国の分裂という「特定の状況」下で評価されたものであった。これらの「特定の状況」「一時的な歴史的条件」が解消されると、「普遍性」という連盟の基本原則が前面に現れるのである。

三　南京国民政府による統一と代表権問題の解消

済南事件と国民政府の連盟理事会提訴

一九二七年三月二二日に国民革命軍は上海に入城したが、共同租界に対する攻撃は無かった。その後、四月の上海クーデターで左派・共産党が粛清され南京国民政府が樹立される一方で、夏に国民革命軍が徐州で敗北して蔣介石が一端は下野を宣言するなど南北対立は解消されないまま国民党側も混乱の極みに陥っていた。一九二八年に入ると蔣介石が国民革命軍総司令に復帰して、ようやく四月には第二次北伐を開始する(69)。

国民革命軍が山東半島に接近すると、日本の田中義一内閣は居留民保護のため第二次山東出兵を行った。山東省済南市に到着した派遣軍が五月三日に国民革命軍と衝突したのが、済南事件である。五月一一日には済南城内中心部が占領されるに至り、中国側には三〇〇〇名以上の死者が出たと言われる(70)。国民政府は五日に臨時会議を開き、軍事的には北伐続行を優先して衝突拡大を避けつつ、国際世論に訴えながら外交的解決を図ることを決定した。そしてアメリカに働きかけるとともに、連盟規約第一〇条及び第一一条に依って理事会の招集を要求して必要な行動を取らせ、日本軍の「暴行」を停止させ山東から撤兵させるとの方策を立てた[71]。そして五月一〇日に、譚延闓南京国民政府主席がドラモンド連盟事務総長に打電して連盟規約第一一条二項に依る連盟理事会の招集を求めている。日本の侵略が中国の領土及び独立を侵犯して国際平和を危うくしていると訴え、日本軍の「暴行」を停止させ山東から撤退させることを望み、手段としては国際調査か仲裁を要求した[72]。中国外交史研究者の高文勝は、これを「国民政府外交における国際連盟路線の始まり」だとする[73]。国民政府のみならず北京政府を含めても、中国が対外紛争を規約第一一条に依って提訴した初の例であった。ただし、この提訴は国民政府が採用した国際世論の喚起という方針と結びついており、その点では北京政府が一九二五年から一九二六年に、条約改正や万県事件の被害を総会で宣伝したことと共通性を有していると指摘できる。

しかし、この時点では依然として連盟で代表されているのは北京政府であり、南京国民政府ではなかった。その点、上海防衛問題でイギリスが連盟における解決が適さないと結論付け、対外的に宣明した状況は全く解消されていなかった。この状況を利用したのは、日本の外交官出身で連盟事務次長兼政治部長の杉村陽太郎であった。国民政府が求めている理事会招集は、規約第一一条一項では加盟国の請求によって連盟事務総長が行うと規定されている[74]。そこで杉村はドラモンドと協議し、「南京政府ハ連盟ニ於テ未ダ正式ニ承認シ居ラズ従テ連盟国ニアラザル同政府ノ申出ハ手続上之ヲ受付ケ得ザル道理」である旨合意を得た。杉村によれば国民政府の提訴は、「連盟国たる資格なき支那の妄動に外ならず out of law の行為として解すへき」なのである。杉村は、国民政府の提訴を「単ナル情報トシテ」理事国に通知すればよいとした。しかし、ドラモンドは日本が南京側の行動を完全に黙殺するのを恐れ、連盟に対して声明を発することを勧めた。杉村はこれを受け入れ、「英国政府ガ曩ニ支那出兵ノ際ニ為シタル如キ宣言通告公表セラルルコト望マシキヤニ認メラル」と佐藤尚武連盟帝国事務局長に伝えた。明確に、イギリスが上海防衛軍派遣の際に取った措置がモデルとして参照されている[75]。

フランス外務省の政務通商局長も一九二八年五月一五日に安達峰一郎駐仏大使と会談して、南京国民政府が列国の承認を得ていないことを理由にその提訴の受理を否定した。芳澤謙吉駐華公使は、一七日にイギリスのランプソン駐華公使と会談したが、「南京政府ノ前途未夕楽観シ難キニ鑑ミ連盟カ其申出ヲ近キ将来ニ於テ全国ヲ統一スル政府トシテ取上クルハ賢明ト認ムル能ハス」と述べてランプソンの同意を得た。[76] そのランプソンは、「単に頑迷（pig-headed）なだけ」と思われずに反対できる理由を必要としており、一八日には「統一政府と対立する政治的徒党が提訴の権利を持つ」ことは、世界中に悪影響を与えるとの意見を本省に送っている。チェンバレン外相も、「理事会の中国代表は北京からの信任状を所持している」ことを理由に、連盟で扱うことには懐疑的であった。[77] 代表権問題を理由とするのは前年のイギリスの例があり、さらに「手続上ノ理由」[78] であって政治的意図を持たないと弁明できるため、連盟事務局、そして英仏とも合意を得ることが容易であった。

一方、この「手続上ノ理由」に則る限りでは一つ問題があった。杉村は「理事会ニ於ケル支那代表ガ南京側ノ申出ヲ取次ギタル場合理事会ハ問題ヲ議セザルベカラザル」と考えており、それと同趣旨のことは安達駐仏大使も認識していた。杉村、そして日本きっての連盟専門家である安達は、手続き的理由に則る以上、その理由が無くなれば提訴を却下できないことは理解していたのである。連盟事務総長官房長のウォルターズは、中国の陳籙駐仏公使が連盟において北京政府名義で南京国民政府の提訴を支援する可能性があることを伝えられていた。ウォルターズは、その場合には緊急理事会を招集する義務があるという中国出身の連盟事務局員夏奇峰の主張を引いて、むしろ日本がイニシアティヴを取って緊急理事会招集を求めるべきだと主張していた。[79] 法学的見地からも、連盟規約の草案であるハースト＝ミラー案を起草したイギリス外務省法律顧問セシル・ハーストは、北京政府が南京国民政府を支援すれば日本の同意にかかわらず規約第一五条を適用することが可能であり、理事会が紛争解決を試みることは避けられないと指摘している。[80]

イギリスが前年の上海防衛軍派遣の際に示した見解のように、国民革命軍と日本の衝突を国民政府と敵対する北京政府がそのまま提訴しても問題の解決には全くつながらないであろう。しかしイギリスも当時、南北両政府による共同行動を成立させて連盟が問題に対処できるようにするのは好ましいとフランスに明示していたのであり、南北協力という要件さえ成立すれば事態は変わってくる。

ウォルターズが感知していたように、南北の共同行動による連盟提訴の動きは実際に進められていた。北京政府外交部条約司は五月一〇日に、それまでの連盟による紛争の解決例を参照しながら（撤兵を実現した例としてコルフ島事件も含まれている）、陳籙駐仏公使を通じて連盟規約第一〇条と一一条に依り提訴することを求めていた。具体的には、理事会を招集して国際調査委員会を設置し、設定した期限までに日本軍を撤兵させ、調査報告が出るまで日本人の生命財産の保護の責任は中国が負うという要求である。ここには、「世界の公論を借りることにより、我が国の領土主権を保障することができる」という判断があった[81]。

そして一〇日の国民政府による連盟提訴の報が伝わると、連盟提訴にはもう一つ意味が加えられる。直前の五月九日に北京政府の張作霖大元帥が、内乱が外国人に影響を及ぼし外交問題を発生させているため、国内の政治問題は国民の判断に委ねるべきだと主張し、既に彰徳、正太両路で攻撃を停止したという旨の停戦宣言を通電していた[82]。この停戦宣言と元々検討されていた連盟提訴が結び付けられる。国民政府による連盟提訴が効力を生じないであろうことは認識されており、争点は北京政府による提訴であった。そこで張作霖の通電を「対外合作」の意思を表したものだと解釈し、それと符合するものとして国民政府との「一致対外」が主張された。外交問題に関してならば南北協調の可能性は存在するとみなされていたのである。この電報の末尾には羅文幹外交総長と呉晋外交部次長の名が記されており、外交部として「対外一致」による連盟提訴を主張していたことが分かる[83]。

当時、国民政府側要人の胡漢民、伍朝枢、孫科、王寵恵らがヨーロッパを外遊中であった。九日に開かれた中央執監委員、政治会議委員らの合同会議は、彼らに対し世界に向けて日本軍の「暴行」を宣示するよう決議した(84)。国民政府は伍朝枢に連盟との折衝を命じていたのだが、欧米における外交工作を任される形となった胡漢民、伍朝枢、孫科、王寵恵は五月一二日に、私人名義で北京政府外交部に対して電報を送り、陳籙駐仏公使に連盟提訴を行わせるよう求めた(85)。同時に張作霖の停戦宣言について和平の方法を考慮しており、奉天軍の関外退出（東北への撤退）及び対外危機を契機とした「内政統一」を唱えている(86)。新聞報道によれば羅文幹北京政府外交総長は胡漢民らに返電し、張作霖の停戦宣言に触れて早期の和平と協力を求めた。連盟提訴については未だ協議が続いており正式に決定していなかったようだが、胡漢民の二年後の回想によれば、羅文幹は南京国民政府と共同して連盟に提訴することを提案し、それと対外一致を名目とした南北和平を結び付けていた。しかし、胡漢民が張作霖の関外退出を条件としたため交渉は沙汰止みとなったという(87)。蔣介石は張作霖の停戦宣言について、ただ一つ関外退出という条件を付し、その後は国是を決定する国民会議に張作霖らの加入を認めるとした一方、「京津を奪回せねば国難を挽回できない」との考えは変わらず、速やかな北京への進軍を指示していた。あくまで北京の掌握が前提であり、また交渉の余地を残したことには張作霖陣営の揺さぶりや日本との離間という目的が存在していたため、即時停戦の見込みは無かった(88)。

対外危機の際には、対外一致との名目で国内統一に向かう契機が与えられる。そして単一の政府が代表権を持つ連盟に提訴を行うことが争点となった場合、対外一致が必須であるだけにその誘因は尚更強められていた(89)。胡漢民らは交渉して北京政府による連盟提訴を実現しようとし、北京政府は連盟提訴における国民政府との協力を試みて和平の糸口を探った。しかし、国民政府が北伐完遂を最優先しており、北京政府の退勢も明らかであったため、対外危機の名目としての効果も限定的であった。

南北協力による連盟提訴は頓挫したが、もう一つ、杉村の報告に「南方側カ北京ニ中央政府ヲ樹立シ列国ノ承認ヲ経タル後済南問題等ヲ理事会ニ提起スルコトナキヲ保セス」とあるように、国民政府がこのまま北京政府に代わり中央政府となって連盟に代表を送り込み、済南事件を提訴する可能性も想定されていた。杉村は、その場合に中国が規約第一一条二項に依って具体的措置を求めなければ、理事会は「微温的決議」を発するであろうし、規約第一一条一項で具体的措置を求めれば、「何等カノ措置ヲ執ラサルヘカラサルニ立至ルヘシ」と予想していた(90)。南京国民政府による統一後にはその提訴が連盟に受理されることは避けられない。そして、イギリスは南北協力時の想定と同じくそれを受け入れ、ハーストの指摘通り、規約第一五条が選択されれば日本の同意にかかわらず適用されるであろう。まさに満洲事変で現実化する展開であった。

そして杉村は、連盟が「何等カノ措置ヲ執ラサルヘカラサルニ立至」った場合にも備えていた。「理事会カ直接自ラ解決ノ任ニ当ルヨリ」もコルフ島事件の大使会議の先例に基づき、北京公使会議や九カ国条約会議に実際の解決は委ねてしまうことを考慮している。負の記憶であったコルフ島事件は、連盟による中国問題の解決が真実味を帯びてくることで、ここでは連盟が直接解決に乗り出す最悪のシナリオを避けるためのオプションに転化している。近年の連盟はロカルノ条約のように、「地方的解決（規約第二十一条参照）ヲ利ナリトスル新傾向」が現れており、「支那問題カ欧洲ニ於ケル一般国際問題ト著シク其性質ヲ異ニスルニ顧ミ特ニ局地的会議ノ必要ヲ認ムル次第」という。連盟の介入拒否のために地域主義の有用性が意識され始めたのである。それとともに、九カ国条約会議の優位は「法律的ニハ華府会議九国条約カ支那問題ノ根本原則ヲ確定セルコトナリ」とすることで根拠付けられた。列強間協調の象徴たるワシントン諸条約の一つであると同時に、地域主義の根拠とも解釈できる九カ国条約の枠組み尊重を唱えて、連盟を形骸化することを考慮していたのである(91)。

しかし結果として、対外的にこれらの論理が積極的に主張されることは無かった。五月二八日に加盟国の参考のため連盟事務局宛に提出された日本政府の声明は、出兵と武力衝突について日本の正当性を主張し、国民革命軍側の蛮行を告発することに終始していた。前年のイギリスの声明には存在した、対中政策の説明や将来的に現在の状況が解消されれば連盟に斡旋を依頼することを厭わないと示す文言も存在していなかった。[92] 将来的な見通しを国際的に示すことは一切なされなかったと言ってよいだろう。

「論理」ではない頼るべきものとして、もはや成立しなくなって久しい日英協調も選択肢として浮上する可能性があった。日本にとっては幸いなことに、代表権を理由として南京国民政府の提訴を却下することに同意していたイギリスには、それのみならず対日協調の文脈にこの措置を位置付けようとする動きがあった。前年の上海防衛軍派遣に相当する行動であるとして日本に同情的な声も強かった。また、ランプソン駐華公使は自ら芳澤駐華公使と国民政府の連盟提訴について協議するとともに、本省にも日本との協議の必要を訴えていたのである。その本省内にも、連盟でこの問題を扱うことが満洲に波及して日本を敵に回す可能性を恐れる声が存在していた。[93] 対日協調であれば、代表権問題と異なり南京国民政府が統一を果たした場合にも解消されない理由であるため、それを基礎に中国に関する連盟提訴却下の戦術を練り直せたかもしれない。しかしマウンジー極東部長は、対日関係には細心の注意が必要だが「中国国民党との関係も等しく慎重な扱いを必要とする」ため、「我々は連盟提訴の問題に対して、どちらか一方を敵に回すやり方で意見を述べるのを主導するようなことは何であれ最も注意深く避けなければならない」とした。ウェルズリー筆頭事務次官補もこの意見に同意を与えており、対日協調の優先度は決して高くなかった。[94]

日中双方との関係を重視する姿勢が、連盟で日中紛争を扱うことに対するイギリスの態度表明を消極化させていた。しかし、南北協力の実現、もしくは国民政府の中国統一後に中国が連盟に提訴した場合、手続き論として提訴を受け入れざるを得ない。そのため、イギリス自らが積極的に提訴受諾の阻止に乗り出さなければ、日本の意向には反することになる。

六月の理事会で、イニシアティヴを取ることを避けるというイギリスの方針が具体的な形として現れた。実のところ、連盟が注視していることを示すよう求める声は「甚タ強キモノ」であった。そこで「英国理事辺リ」から、連盟事務総長が取った措置を是認して日本が声明を発したことを評価し、「支那ノ内乱状態」を理由に国民政府の提訴に対して連盟は措置を取れなかったと声明することで片付けたいと申し出があった。しかしイギリスは同時に、自らが理事会で発言する役目を引き受けるのは「支那問題ニ関シテハ「イニシアチプ《ママ》」ヲ取ルヲ欲セスト述ヘ」て拒絶している。日本の安達峰一郎理事は、中国問題への言及は「絶対反対ノ決意ヲ示シテ之ヲ阻止セムトノ意向」であった。そして中国の陳籙理事も、日本が声明を行ったことに対して理事会から謝意を表されては、その内容について反駁せねばならず双方に不利であるとしており、図らずも日中の意見が一致したため理事会では何の措置も取られなかった[95]。

このようにイギリスは日本の連盟忌避に対して一応配慮はしていたと言える。しかし国民政府による中国統一後、その優先順位は中国に傾いていく。六月九日に国民革命軍が北京に入城した後、次第に中国の情勢は平穏に戻りつつあった。済南事件によって中国の排外運動の主要な標的はイギリスから日本に移り、国民政府との関税条約交渉が進展を見せ始めるなど英中間の緊張は緩和された。日本の田中内閣は七月後半頃から日英協調の確保に動き出したが、イギリス外務省には「不人気の片棒を担ぐ気はな」く、日英提携は不可能と判断して中国との友好を優先する決断を下したのである[96]。本章で最初に明らかにした、一九二〇年に山東半島返還問題の中国による連盟提起が取り沙汰されたときの、日本の味方をすることによってイギリスの中国権益を危険に晒すことはできないという判断が繰り返されたのである。

連盟総会提起の可能性

一九二八年六月後半になっても、北京政府で外交総長や国務総理を歴任し、一九二五年の総会後に連盟代表弁事処常駐総代表及び連盟総会総代表（未赴任）に任じられていた顔恵慶が、連盟理事会による調査団の派遣を求めてドラモンド連盟事務総長に打電するなど、情勢は予断を許さなかった。この行動は一九二八年六月八日付で就任した王正廷南京国民政府外交部長と連絡を取ったうえでのものであった[97]。前月にも広東省の軍事指導者である李済深の下で、朱兆莘（「朱交渉員」）が理事会の元理事としての資格（「旧院員資格」）を理由に、連盟事務総長を通じて各国理事に日本の侵略を訴えていた[98]。李済深のように、国民党系とはいえ自立的な地方勢力が北京政府で連盟に関わった外交官たちを通じて工作を行っていた以上、南京国民政府もより格の高い顔恵慶を担ぎ出して連盟への働きかけを行わねばならなかった。未だ名目上にとどまる統一政権として外交権の独占的掌握を進めるためにも、国民政府には連盟提訴を続行する動機が存在したのである。

九月には連盟総会が控えており、「今次連盟総会には支那問題如何なる形式を以て現はれ来るや、予測に苦し」いため、日本側にも何らかの対策が必要だと認識されていた[99]。ここまでの日本の対応は、杉村など連盟事務局内の日本人や日本理事の安達駐仏大使らによって主導されていたが、総会に向けて本国でも対策が講じられた。昭和天皇の中国問題についての考えを記した覚書に、「石井ノ話シニ国際連盟モ九月ニハ開カレルコトニナッテ居ル大国カ小国ヲ威圧スルコトハ伊太利カ希臘ニ対シタル先年ノ実例ノ起リタル時連盟ノ総会ニ於テ非常ナ面倒ナ光景ヲ呈シタコトモアルノテアルカラ余程慎重ニ考ヘ伊太利ノ先例モ大ニ参照シナクテハナラント思フ[100]」とあるように、既に帰朝していた石井菊次郎がコルフ島事件で抱いた、小国の勢力の強い総会こそ注意しなければならないとの認識が本国にも流入していた。そこで政府による具体的な対策として、三人の総会代表のうち一人に元逓信大臣の藤村義朗貴族院議員が任じられた[101]。第一回総会（一九二〇年）の目賀田種太郎貴族院議員以外、三人の総会代表はこれまで全てヨーロッパ在勤の大公使が任じられていたため、これは例外的人事であった。藤村は大臣の閲歴のほか、政界に転じる前はケンブリッジ大学セントジョンズカレッジで学び、三井物産でロンドン支店在勤や上海支店長を経験した国際派の人物であった。ただし、藤村任命の効果について、佐藤尚武連盟帝国事務局長は首相か外相、せめて現職大臣でなければあまり意味がないとして懐疑的であった[102]。

一九二八年九月の総会に国民政府は代表を派遣したが、既に米独から政府承認を受けており、中央政府として対抗し代表を送ろうとする政府もないため、難無く承認を受けた(103)。当時、七月の王正廷外交部長と矢田七太郎上海総領事の南京における会談以来、済南事件解決の交渉を開催する場所をめぐって日中両国の間で紛糾が生じており(104)、王正廷は八月三〇日に、日本が解決を急がないならば連盟総会に提起すると声明した。また、中国総会代表の王景岐は安達に、済南事件及び満洲問題、条約改正問題について日中間の交渉の進展が芳しくなければ、世論に引きずられて何らかの措置を取らざるを得なくなると示唆している(105)。しかし国民政府は既に動き出した直接交渉の動きを頓挫させかねない連盟提起を行うことはなく、ブラフとして交渉の進展を促すにとどめたのであった(106)。

とはいえ、「連盟事務局並各国代表間ニ少カラス議論セラレタルノミナラス各種ノ「イントリーグ」ヲ生シタル」状況は確かに存在していた。そのため問題が提起された場合には、「堂々挑戦ニ応スヘキ態度ヲ示シ」て用意を行っていたという総会代表は、「今後永ク支那問題ヲ総会ノ討議ニ上程セサルコト必スシモ可能ナラサルヤニ思考セラル」と見ていた(107)。中国問題が連盟で討議される日の遠くないことを覚悟し、連盟の場で応戦する用意を欠かさないという姿勢であった。

一方、随員として参加していた木村鋭市駐チェコスロヴァキア公使の観察は、若干ニュアンスを異にする。木村は幣原に近く、筆頭局とされる亜細亜局で第一課長、前年まで局長を務めた外務省主流派の外交官であった(108)。大陸ヨーロッパを中心とした在外経験が長く、本国における足場が弱い者が多かった連盟に関わる外交官たちとは対照的なキャリアである(109)。木村は元々、諸小国の代表と大国でも中国事情に通じない人物が出席する連盟総会で、「日本ニトリテハ生死ノ重大問題」を討論することは絶対に避けるべきだと考えていた。総会出席後もその考えは変わらない。木村は、総会は「小国ハ大国ニ拮抗《ママ》スル機関トシテハ実ニ有意味」であり、「小国ノ発言却テ大キナルモノアリ」と捉える。そして小国の代表は「我対支策ヲ理解セントスルヨリハ寧ロ隣国ノ強国ニ対スル恐怖又ハ焼餅ノ感情ヨリ理否共ニ支那ニ同情シ日本ニ抗スルハ明白」であるため、「特ニ支那問題ニツキテハ連盟総会杯《ママ》ニテ絶対ニ論議スヘキモノニ非ス」という結論に達するのである。自国に不都合な場合、連盟の問題にならないように腐心することを「伊太利ノ轍ヲ踏マサラムコトニ力メ居ル」と表現しているのは、コルフ島事件の記憶と教訓がそれだけ強かったことを意味するのであろう(110)。コルフ島事件の教訓から、連盟総会における小国の勢力が大きいことを理由として、日本にとって不利となるであろう中国問題の討議が行われることを断固として阻止すべきだという結論であった。しかし、どのような方法で連盟における中国問題の討議を拒否するのかは木村の意見からは分からない。中国問題の総会提起阻止の貫徹は難しいというのが総会代表の見解であっただけに、方法論の不在が尚更浮かび上がる。

杉村が「田中内閣ノ外交方針ニ対シ充分ノ了解ナク唯其尻拭ヒノミヲ命ゼラルル我代表ニ対シ此際機宜ノ処置ヲ執ルベキヲ求ムルハ実ハ其愛国心ヲ余リニ「アビユーズ」スル次第」であるとして、「東京ニ於テ施策セラレンコト」を求めたように、出先の付け焼刃的対応ではなく、外務省中央が自ら中国問題について連盟政策を確立することが求められていた(111)。それは、中国代表権問題という国際的に共有されている中国問題の連盟上程を妨げる理由が失われただけに喫緊の課題となったのである。

国際連盟による中国技術協力の始動

南京国民政府が一応の中国統一を果たして連盟にも代表を送ると、連盟が中国問題に取り組む気運が高まった。その表れの一つがアヴノル連盟副事務総長の中国派遣であった。アヴノルは、一九二九年一月から三月まで中国に滞在した。非常任理事国再選に失敗して連盟脱退も危惧された中国を宥めることが主要な目的であった。実際、この頃には国民政府から新たに派遣された蔣作賓駐独公使兼連盟代表の見解に見られるように、中国では済南事件における失望や連盟の大国中心性への疑念が相まって、脱退も選択肢に含めた連盟政策の検討が叫ばれていた。こうした状況で中国を親連盟国とすることを目指したアヴノル派遣が連盟の中国技術協力の発端となる。[112]

専門家や技師の派遣を中心として中国の経済・社会の再建を支援する中国技術協力は、借款や財政問題に踏み込まずとも政治的性格を強く帯びたものでもあった。[113]そもそも南京国民政府による中国統一を待って技術協力事業が動き出したことは、中国の政治情勢と連動性を強く持っていたことの表れである。ライヒマン連盟保健部長は、一九二九年末から一九三〇年初めの訪中報告で、「華北に対する国民党の政治的優位の確立」に伴って、「外見上は（apparent-ly）統一された中国を支配する効率的な中央政府が、初めて若い指導者たちによる近代的集団の支配下に入った。……（引用者注―彼らは）広範囲に亘る改革の包括的プログラムを遂行することを熱望していた」という。ライヒマンは、実質的な南京国民政府の支配領域が最も豊かな地域とはいえ四省に限られていると理解していた。しかし、技術的事項や財政、外交で果たす役割や、教育プログラムと伝染病対策などに関するその行政規則が広く実行に移されていることから、国民政府が「連邦政府」に類似した機能を持っているとみなした。ライヒマンは諸軍閥や国民党左派の「改組派」と蔣介石の抗争も把握し憂慮していたが、「改革のプログラム、より正確に言うならば経済と社会の再建プログラムが、おそらく再統合の基盤を提供するだろう」とする。[114]南京国民政府の近代化への意思に対する高い評価とともに、あくまで同政府による中国統一が外見上のものであることも認識されていた。[115]しかし、中国に「責任アル中央政府ヲ確立」することが望ましい以上、[116]南京国民政府の統治能力の不足をあげつらうのではなく、経済と社会の再建による近代的な統一国家建設を支援するのが中国技術協力の狙いだったのである。

そしてイギリスの上海防衛軍派遣時に、代表権問題を理由に中国問題が連盟で扱われることを否定する論理を確立したイギリスのセシルも、中国が連盟に財政に関する助言を求めることを検討しているという情報を耳にして、「中国が連盟の組織を利用しようとするとてもよい傾向を見せている」と評価していた。[117]代表権問題の解消後、中国の中央政府たる南京国民政府の統治能力が全国に及んでいないことは連盟の協力によって改善されるべき問題であり、連盟で要請が扱われる資格を喪失させる要因とはならなかったのである。

他方日本は、満洲事変までの中国技術協力をめぐる議論で自らが排除されがちなことに不快感を覚えており、日本と協議して日本人顧問を活用するよう連盟側に求めていた[118]。済南事件の際とは異なり杉村は明らかに連盟事務局における主導権を失っていた。済南事件で杉村が議論を主導できたのは、代表権問題という国際的に共有可能な論理を持っていたからであり、対中援助における日本の主導性という日本の利益をそのままさらけ出した主張のみでは守勢に回らざるを得なかった。

さらに中国技術協力は、連盟保健委員会委員長であるトーヴァル・マドセンが宣言したように、「コレハ只ニ国際連盟ノ目的トスル普遍性ヘノ顕著ナル一進展ヲ意味スルノミナラス又国際連盟カ専ラ欧羅巴諸国ノ連盟タルニ止マラスシテ之レヲ構成スル各連盟国ニ平等ノ利益ヲ賦与スル世界主義的組織ナルコトヲ証明スルモノナリ[119]」という意義を持たされていた。前連盟事務次長の新渡戸稲造も指摘する通り、「国際連盟の影響力は、時間的にも空間的にも拡大しつつあ」り、「連盟の機能は、どうあってもヨーロッパよりもさらに広い空間に及ぶにちがいない」ことが明らかな状況にあった[120]。

さすがに芳澤謙吉理事（駐仏大使）が「連盟による全ての試みが目的とすべき普遍性の観点」から技術協力に賛成したように、杉村や連盟関係の外交官たちはその意義を認識していた[121]。しかし、幣原外相は連盟の「政治的方面」への干渉も、技術援助が「連盟幹部カ漸次支那ノ実情ヲ知ルノ機会」になれば抑制されるという姿勢であった。杉村らの置かれた苦境や危機感が本国にはほとんど共有されていなかったと言ってよい。代表権問題の解消後に「普遍性」の論理が前景化していることを見逃したために、日本外交は後の満洲事変で大きな代償を支払うことになる[122]。

国際連盟非加盟国の紛争としての中ソ紛争

代表権問題の解消は、一九二九年の中ソ紛争において中国が連盟提訴の構えを見せたことへの日本、イギリス、連盟事務局の対応にも表れていた。中東鉄道（東支鉄道）の実力回収によって生じた緊張が、中ソの国交断絶及び中国軍（東北軍）とソ連軍の衝突に発展していた。南京国民政府はドイツに対ソ交渉の斡旋を依頼した[123]。紛争が連盟に提起される可能性も取り沙汰されたが、その場合に中東鉄道の「国際共管」が実行される可能性を連盟総会代表の蔣作賓駐独公使は警戒していた[124]。中国が九月の連盟総会の時点で中ソ紛争の提起に踏み込むことはなかった。

連盟事務局や日本も、中国が連盟への提起を実行する可能性を考慮していた。ドラモンド連盟事務総長は、「露国ハ連盟ノ招請ニ応セサルヘク他方支那ニ対シテモ満足ヲ与ヘルコト困難ナルヘク旁連盟ノ立場ヲ面倒ナラシムルヲ以テ極力之ヲ阻止セサルヘカラス」との意向であった[125]。上海防衛軍派遣や済南事件の際とは異なり代表権問題ではなく、ソ連が連盟非加盟国であり連盟の招請に応じる見込みがないということが、連盟で扱われるべきではないという判断の理由であった。この判断は連盟規約に基づいた法的なものではない。次の年に中ソ紛争について作成されたドラモンドの覚書は、規約第四条や第一一条、第一七条が連盟非加盟国の関わる紛争に適用可能であるとする見解を確認しており、ドラモンド自らも非加盟国の関係する紛争を連盟が審議する可能性を排除するべきだとは考えていなかった。しかし、中ソ紛争では「ロシアが確実に（引用者注―連盟の審議への招請を）拒否したであろう」以上、連盟の審議が「当該する特定の場合においては、全く有益な役割を果たさなかったであろうと確信している」と結論付けている[126]。非加盟国に対して連盟規約が適用可能だとしても、ソ連が招請に応じない以上は実際に紛争解決に寄与することが期待できないというのである。

イギリス労働党政権のアーサー・ヘンダーソン（Arthur Henderson）外相も、ドラモンドに同調していた。日本の総会三全権は、「支那カ本件ヲ連盟ニ持出スコトハ素ヨリ好マシカラサル」一方、「進テ之ヲ阻止スルカ如キ態度ニ出ツルハ面白カラス」と判断して、「本件ノ成功ハ中々困難ナルヘキ旨ヲ諷スル」程度にとどめる構えであった。[127]

連盟総会には提出しなかったものの、国民政府は連盟提訴という手段を手放してはいなかった。一〇月二六日に蔣作賓駐ドイツ公使は、中ソ交渉を斡旋していたドイツに、ソ連が大挙して攻撃を仕掛けてきた場合には防御手段を取るとともに連盟に通知する可能性があることを示唆し、外交部も準備を進めつつその場合には訓令を待ってから実行するよう留保を付したうえで承認した。[128]

そして一一月一七日からソ連軍が大規模攻撃を開始して中国軍が大敗を喫すると、外交部は二〇日に攻撃が継続した場合の規約第一一条と第一七条に依る連盟提訴を、続いて二五日には両条に依ってすぐ提訴を行うよう命じた。ただし、二〇日の訓令の時点では関係各国の反応を探らせることで差し止める余地を残していたため、それを既に実行しあまり良い回答が得られていなかった在外公使側にとって、即時提訴は躊躇われたようである。二五日の提訴を命じる訓令を受けた蔣作賓は提訴後に求める対応として、緊急に理事会を招集するのか、一月の理事会を待って討議するのか、通告文を連盟事務総長経由で加盟国に伝えるのみにとどめるのか、詳細を決定するよう本国に求めた。[129]

その一方で、東北政権を率いる張学良はソ連との直接交渉を行っていた。国民政府主席の蔣介石は、連盟と不戦条約加盟国に対する通告を決議したにもかかわらず、このような大事で対応が統一されておらず割れていることを嘆いた。[130] 中央政府による外交一元化が必ずしも達成されていない状況下では、地方勢力・地方当局も行える直接交渉とは異なり、単一の政府のみが代表権を認められる連盟への提訴は、国民政府が独占的に行使できる手段であった。このときには功を奏さなかったが、連盟提訴によって地方勢力の独自外交を抑止する手法は、後述するように満洲事変でも蔣介石によって用いられた。

一一月二七日に、王正廷外交部長の電訓に依って汪栄宝駐日公使が日本の幣原外相に対し、ソ連軍の侵攻が進んでいるため防衛行動を取るとともに、連盟提訴が決定したことを伝えて、日本が同情的態度を示すよう求めた。これに対して幣原は、「惟フニ連盟ニ於テ支那ノ訴ヲ受理セハ露国代表者喚問ノ要アルヘキ処非連盟国タル露国ハ資本主義国ノ集団ト認ムル連盟ノ喚問ニ応スルコトナカルヘシ然リトテ連盟ニ於テ兵力ヲ以テ露国ヲ圧迫シ之ニ応セシムルコトハ実際行ハレ得ヘキコトニ非ス従テ支那ノ出訴ハ連盟ヲ困惑セシムルニ止マリ連盟トシテハ結局支那ニ於テ先ツ露国ト直接交渉ヲ試ミンコトヲ勧告スルノ外ナカルヘク……」[131]と述べた。幣原はソ連が連盟非加盟国であり招請にも応じる見込みが無いことを、連盟が紛争を取り扱うことができない理由として挙げていた。幣原が言う通り、連盟が制裁を始めとした強制措置を前提としない限り、審議に参加しない国を相手に調停を行い実効的な措置を取るのが難しいのも確かであろう。

一一月二八日に施肇基駐英公使は、ヘンダーソン英外相に中ソ紛争に対する連盟理事会の介入について意見を問うたが、ヘンダーソンは「現在の紛争の当事国の一方、つまりソヴィエトが連盟加盟国ではないという理由だけでも、現時点では効果的な連盟の介入には障害が存在すると思われる」と述べている[132]。ドラモンド連盟事務総長、そして日本とイギリスの外相いずれもが、ソ連が非加盟国であり連盟の招請にも応じないことを、連盟による解決が難しい理由として挙げていた。上海防衛軍派遣、済南事件の際に用いられた代表権問題がここでは現れてこない。ソ連が非加盟国であるという一事に連盟の関与拒否の論理が収斂するのであれば、連盟加盟国と中国の間の紛争が起きた場合、論理的には連盟提訴を阻止する理由は存在しないことになる。

また、中ソ紛争に対して連盟の積極的関与を求める声も存在していた。イギリス外務省軍縮仲裁委員会において委員長のセシル子爵は、中ソ交渉が失敗したときには中国の連盟提訴を妨げないだけではなく、むしろイギリスが規約第一一条に依って理事会に持ち出すことを検討すべきだと発言していた。外務政務次官ヒュー・ドールトン（Hugh Dalton）が、イギリスとソ連の過去の関係を考え、むしろドイツを動かして理事会で取り上げさせるほうがよいと発言すると、委員会はその見解で一致した[133]。上海防衛軍派遣の際に、代表権問題を連盟の関与拒否の論理として確立するうえで中心的役割を果たしたのはセシルであった。そのセシルは中国の代表権問題が既に解消された状況では、むしろ中国の対外紛争に連盟が率先して関与するべきだと主張していた。しかし中国が提訴に踏み切らないまま、一二月三日には東北政権とソ連が中東鉄道の原状回復に関する議定書に調印した。南京国民政府もこれを承認して正式交渉が行われた結果、一二月二二日にハバロフスク議定書が締結された。連盟提訴をめぐって紛糾が起こる前に、紛争は直接交渉で一応の解決を見た(134)。

中国代表権問題という国際的に、そして連盟支持者でも共有可能な連盟関与拒否の論理が失われ、国民政府の近代的統一国家建設を支援する中国技術協力という連盟の事業が既に始動しているときに、中国の提訴を排除できる論理は存在するのか。中ソ紛争においては、連盟に加盟しておらず協力の意思も無いソ連という国家が当事国であることでその論理が提供された。では中国と連盟加盟国の間の紛争であればどうか。その答えは満洲事変によって示されることになる。

満洲事変

一九三一年九月一八日に勃発した満洲事変は連盟加盟国間の紛争であり、代表権問題も非加盟国の問題も存在していなかった。日本側では、「本件真相及之ニ対スル我方ノ態度詳細」を「覚書」として連盟事務総長に通知し、さらに理事会に伝えさせて「本件ヲ連盟公然ノ問題トセサル様」にすることが、芳澤謙吉連盟理事会代表や杉村陽太郎連盟事務次長兼政治部長の意向であった。上海防衛軍派遣の際のイギリス、済南事件の時の日本が取った行動の踏襲である。幣原外相も「可成連盟ノ問題トナラサル様可然御取計相成度」と指示した(135)。しかし代表権問題が存在しない以上、これで中国の正式な提訴を阻止するのは不可能であろう。九月一九日には理事会議長のアレハンドロ・レルー(Alejandro Lerroux, スペイン外相)の求めにより、理事会冒頭で日中両国が声明を発せざるを得なくなる。事変勃発翌日には「覚書」のみで済ませるという日本のアプローチは既に破綻していた[136]。

国民政府は九月一九日に外交部が施肇基連盟代表に対し、連盟規約に則って問題を正式に提出するよう電令した。勦共戦で赴いていた南昌から南京に戻った蔣介石も、二一日の幹部会議で「公理の勝利（公理之戦勝）」を期し連盟と不戦条約締約国への提出を主張して電令を追認した[137]。東北政権においては張学良が一九日の段階で既に連盟提訴には積極的であり、その日の朝から意を受けた顧維鈞が国際連盟及び九カ国条約締約国に訴えることについて感触を探っていた[138]。そのうえで、蔣介石は東北辺防副司令長官万福麟に対し、東北政権の「単独交渉」が国際的解決に及ばないことについて念を押していた。蔣介石の懸念は中ソ紛争時のように張学良の東北政権が独自に交渉（「地方交渉」）を進めることであった。また、「国難」は「内部の団結と中国の統一」によって対処することで、張学良の自立性を低減させ胡漢民系や汪精衛ら反蔣派による広東政府を合流させる「対内統一の良機」でもあった。唯一の代表権を国民政府が持つ国際連盟に提訴することこそ、外交一元化と国内統一に親和的なアプローチだったと言える[139]。

顧維鈞と面会したランプソン英駐華公使は、イギリスが連盟提訴のイニシアティヴを取るという提案は対日関係を考慮して拒否した。しかし、中国の連盟提訴と九カ国条約締約国への通知については「中国の申し立てはもっともかもしれない」と認めており、阻止に動くことはなかった。英外相レディング侯爵（Marquess of Reading）は中国の提訴を伝えられると、提訴受理を当然の前提として、ジュネーヴのセシルに対して連盟による撤兵要求及びオブザーヴァー派遣案を承認した。本国の連盟に関する初動対応も、ジュネーヴにおける議論の追認に止まった[140]。代表権問題が既に存在しない以上、イギリスには中国の連盟提訴を阻止する理由が無かったのである。

九月二一日に中国が連盟規約第一一条によって正式に提訴し理事会招集を求めると、二二日には理事会が開催された。その日には既に理事会議長レルーが日中両国に事態を悪化させる行為を慎むよう求め、両国の撤兵を可能にする適切な手段を得るよう努める旨の議長宣言を発している[141]。連盟の初動対応は迅速であり、満洲事変を連盟で扱うことの是非自体が問題にはならなかった。

日本は、「支那ニ近代的機能ヲ発揮シ得ヘキ統一政府ノ存在セサルコト」などを指摘して中国の中央政府の無力や無秩序を強調することで、条約の履行能力や連盟規約適用の妥当性を否定した。(142)ドラモンド連盟事務総長も事変の解決を困難にしている理由の一つに、「満洲の秩序を維持する権力を持つ政府が中国には存在していない」という「極東特有の状況」が一般には知られていないことを挙げており、中国の現状に対する認識自体は呼応する面があった。(143)そのため日本の努力も一定程度功を奏し、連盟の派遣した調査委員会（リットン調査団）によるいわゆるリットン報告書は、中国の「新ナル分裂」を認め、「支那ノ崩壊的諸勢力（disruptive forces）ハ今尚優勢」であり「中央政府ノ権威ハ尚若干ノ省ニ於テ薄弱」だと捉えていた。しかし同時に、「中央ノ権力ハ少クトモ公然トハ否認セラルルコトナク若シ中央政府ニシテ名実相応ズルモノトシテ維持セラルルニ於テハ地方行政、軍隊及財政ハ漸次国家的性質ヲ帯ブルニ至ルベキモノト期待スルコトヲ得ベシ」と、統治能力の成長の可能性を高く評価していた。よって、中国が「「組織アル国家ニ非ズ」トカ又ハ「全然混沌タル状態及意想外ノ無政府状態ニ在リ」」、そのために「国際連盟ノ一員タル資格ヲ失ハシメ且規約中ノ保護条項ノ適用ヲ支那ヨリ奪フベキモノナリトカノ言説」の妥当性は明確に否定される。そして、報告書は中国の「死活問題、真ノ国家的問題ハ国家ノ改造及現代化ナルコト」と定義し、「強固ナル一中央政府」を確立するための「国際協力」を事変解決の不可欠な条件として求めた。その「国際協力」には当然、連盟による技術協力が含まれる。(144)この点に関して、リットン報告書の認識はライヒマンの一九三〇年の報告書と共通している。中国代表権問題が解消されてしまえば、もはや中国の政情不安や強力な中央政府の不在は連盟の支援によってその解決に寄与すべき課題であって、連盟の介入を妨げる理由にはならなかった。

そして代わりに浮上してくるのは、ソ連を連盟の介入から逃れさせた連盟非加盟国の地位である。規約第一六条に依る制裁の可能性を恐れた日本は脱退を選択する。結局、日本を連盟における議論と制裁から逃れさせたのは、脱退

という形で自らを連盟非加盟国とする方法であった。(145)

おわりに

既に連盟の第一回総会において、山東問題提起という形で中国問題が連盟において議論される可能性があった。このときイギリスは、中国にも連盟の審議は公平に開かれるべきであり、日本の味方をしてそれを妨げることで中国の排外運動の対象となり権益を失う危険は避けるという判断を下していた。そしてワシントン会議後に北京政府の統治能力が失われると、中国に対して連盟を通じた国際管理を行う構想が現れてくる。この中には上海共同租界を対象としたものもあり、中国における自らの権益を連盟のガヴァナンスによって維持するという発想がイギリスに存在していたことを示している。これらの構想が実現に至らなかったのは、国際機構によるガヴァナンスが被実施国たる中国の同意を必要としており、中国のナショナリズムがそれを許すとは考えられなかったからであった。

ワシントン諸条約については、イギリスから見て日本に遵守の意思が薄く（特に九カ国条約）、そして単一の中国中央政府という締結の前提がすぐに崩壊したため、依拠する価値を著しく低下させていた。対中政策の面で、いわゆるワシントン体制の尊重によってイギリスが連盟の利用を放棄する事態は生じなかったと結論できる。

日本は、第一回総会で山東問題の提起は断固阻止する意向であったが、その他の問題については列強との協議に委ねる余地を残していた。しかし、総会においてイタリアが小国の批判に晒され、自らも理事会議長国としてその批判に巻き込まれたコルフ島事件の観察を経て、中国問題が連盟で扱われることに対する忌避が強められた。中国と日本の関係が小国と大国の関係として捉えられる限りは日本が非難に晒されるため、連盟は日本にとって不利な場だと考えられたのである。そして日本は、ワシントン諸条約の尊重という名目で国際管理を否定していた。日本にとって、ワシントン諸条約尊重、そしてワシントン体制擁護は中国問題における連盟排除の名目に成り得るものであった。

中国は当初、山東問題提起断念に追い込まれたことによる失望によって連盟を大国中心の機関だと考えるようになっていたが、コルフ島事件を観察し、日本の恐れた通り連盟において国際世論の支持調達を開始する。連盟に対して国権の侵害を訴える一方で、中ソ紛争において国民政府が中東鉄道国際管理に対する恐れから連盟提訴を躊躇したように、連盟による国際管理を中国は忌避していた。連盟による中国国際管理を拒否する点では、むしろ日本と中国は共通の立場にあったと言ってもよい。しかし中国の国際管理に対する忌避を強調したイギリスのマクリー駐華公使は、外国の侵略による国権や国土の喪失に対する危機感が勝ったときには、中国が連盟提訴に踏み切るかもしれないことを一九二四年の時点で的確に予測していた。武力衝突に発展した済南事件から、北京政府と国民政府は単なる宣伝の場としてだけではなく、連盟に紛争の解決そのものを求めるようになる。

ドラモンド連盟事務総長に代表される連盟事務局はヨーロッパ情勢が安定し、ワシントン会議の枠組みが有効性を失っていた一九二六年頃から中国を含めた東アジアの問題に関与する意欲を見せるようになっていた。しかし一九二七年の上海防衛軍派遣では、北京政府と国民政府の南北分裂状態によって、対外紛争の当事者たる国民政府ではなく北京政府が連盟で代表されているという問題が生じていることを露呈させた。イギリスはこの代表権問題を、自らの上海出兵が連盟の審議の対象として適さない理由として挙げた。そして日本は、一九二八年の済南事件においてイギリスの前例を踏襲し、国民政府の提訴を却下するのに代表権問題を用いたのである。同時に日本は連盟加盟国に向けた声明によって、少なくとも事態の説明と自己弁護は行った。ライヒマン連盟保健部長が「ヨーロッパでは政府や議会が、ある問題が連盟に委ねられない理由を説明する義務があると感じている」一方、極東では「連盟に言及」さえされないと嘆いた状況には変化が生まれていた。(146) しかしイギリスは上海防衛軍派遣の際に、ドラモンド連盟事務総長宛の書簡による声明やフランスに対する説明で、統一や南北協力により分裂状況が解消して代表権問題が解決すれば、中国問題が連盟で扱われることを全く排除しない旨を言明していた。一方、日本は代表権問題の存在という一時的な条件が解消された後の展開には触れることが無かったのであり、この点で大きな相違があった。

そして、国民政府の北伐成功による中国統一によって代表権問題は解消された。依然残る国民政府の統治能力の不足という問題は連盟の中国技術協力によって改善されるべき問題であり、その先には国民政府による国家の再統合が見据えられていた。さらに代表を送る単一の政府のみが主体として扱われるため、連盟は中央政府による外交の一元化に親和的な場でもあった。国民政府にとっては、済南事件の際に自らの提訴を却下した論理が代表権継承後には自らの国内における立場を強化することにつながるのである。

近代的な意味における統一国家を前提として中央政府のみが代表権を持つ連盟は、事実上分裂状態にある中国の問題解決にはそぐわない側面と、前提に反する「異常」な分裂国家から「正常」な統一国家に移行する契機を与える側面の双方を持つ。新しい中央政府として代表権を継承し、権力を拡大する南京国民政府に対しては国家統合を目的として統治能力の伸長が支援された。

中ソ紛争においても国民政府が連盟提訴の構えを見せたが、ドラモンドや日英の外相の態度は消極的であった。彼らが共通して用いた論理は、ソ連が連盟非加盟国であり招請に応じる見込みが無いというものであり、国民政府による継承で解決されていた代表権問題はもはや持ち出されなかった。そして代表権問題も非加盟国の問題も存在しない満洲事変では、特に問題も無く、中国の連盟提訴は受け入れられる。覚書の提出による連盟提起の妨害という日本の工作は全く功を奏さず、イギリスも連盟への上程を当然のこととして受け止めていた。

中国の紛争に対する連盟の介入が満洲事変まで現実化するに至らなかったのは、内戦によって引き起こされた中国代表権問題の存在が主な理由であった。それは東アジア・極東という地域それ自体を理由にしたものではなく、代表権問題さえ解消されてしまえば、普遍的国際機構としての連盟は加盟国中国による提訴を当然のように受理した。一方で、その前提とする統一された主権国家というモデルが東アジアの現実と齟齬をきたしていたという意味では、連盟の普遍性は限定されていたと言えるかもしれない。ところが、ここでも一旦代表権問題が解消されてしまえば、統一された主権国家という連盟の前提に中国を近付けるために連盟は技術協力を展開していく。普遍的国際機構としての国際連盟は、主権国家モデルをも普遍的に拡散しながらそのガヴァナンスの地理的領域を拡大させていったのである。(147)

第三章　アジア太平洋地域の条約秩序と国際連盟
――国際連盟と多国間枠組みの競合と包摂

はじめに

国際連盟規約にはモンロー主義のような地域的了解を認める第二一条のみならず、連盟規約と矛盾する取り決めの存在を認めない第二〇条[1]も存在していた。この条文に代表されるように、当為のレベルで国際連盟は普遍的国際機構として自らの優越性を前提としている面があった。モンロー主義のような地域的了解を認めた規約第二一条がそれを打ち消す効果を持っていたとはいえ、加盟国としては規約第二〇条に違反しているとみなされるのは避けたい事態であり、以降様々な取り決めが連盟との関係を意識しながら締結された。第二〇条が当初前提としていたのは旧来の軍事同盟や秘密協定であったが、それのみならず連盟創設の土壌となった国際主義的雰囲気から誕生した四カ国条約、九カ国条約や不戦条約などの多国間枠組みもまた、連盟との関係を問われることになった。特に連盟とその他の多国間枠組みを紛争解決のための具体的な手続きとして捉える場合には、複数の枠組み間の関係が問題となる[2]。多国間枠組みは普遍・地域の双方のレベルにおいて現れ、特に一九二〇年代末以降において、連盟と紛争の管轄権をめぐって競合関係に立つこともあれば、競合の弊害を避けるためにお互いの調和や包摂を図ることもあった。連盟と多国間枠組みの関係は条約締結時に一義的に決まるような静的なものではなく、一つの紛争のなかですら各国家や主体の意向や行動で変動する動的なものであった。この点は外交史的手法によってこそ捉えやすい。

一九二〇年代のアジア太平洋地域においては、ワシントン会議やそれに付属した諸国際会議が開催されて多国間条約が複数結ばれ、不戦条約もまた東アジアで最初にその効力を問われた。これらの多国間枠組みや条約と連盟の関係設定については各国の外交当局者や国際官僚、知識人たちが留意していたにもかかわらず、先行研究においてはそうした問題意識自体が持たれているとは言い難い。特にアジア太平洋地域の場合、連盟非加盟国アメリカの存在によって公式に両者の関係を定義するのを回避する傾向にあったため、同時代的にも関係性が法的に必ずしも明瞭に定義されていないことがこの傾向に拍車を掛けている。

これまでアジア太平洋地域における多国間枠組みと連盟の間の関係については、「ワシントン体制」が新外交の産物として連盟と同質的に捉えられたためか、ほとんど問われてこなかった。(3) 当時の国際法学に焦点を当てた場合にも、篠原初枝の研究におけるように、国際連盟規約、九カ国条約、不戦条約は新たな国際法の潮流、「新条約体制」を構成するものとして共通性が強調される。(4)

近年連盟研究がようやく本格的に着手されるに至り、ワシントン体制と連盟の関係も研究の対象となりつつある。そのような研究のなかで、ワシントン体制が連盟を代替したとするのがアントニー・ベスト（Antony Best）や西田敏宏の見解である。この二人の間にも微妙に相違が存在しており、西田は、連盟をワシントン体制が代替する関係は一九二〇年代末に至って変化し、不戦条約を媒介に両者は結合されたと見る一方、ベストは満洲事変においても連盟とワシントン体制の齟齬がそれぞれの調停の努力を損なっていたとして、両者の食い違いの側面を指摘している。ベストの見解は示唆の段階にとどまっているが、クリストファー・ソーンが断片的ながら明らかにした、満洲事変期において九カ国条約委員会や条約会議の開催が構想されていたという事実と整合的である。こうしたソーンやベストの指摘は断片的なものとはいえ、連盟とワシントン体制の緊張関係を示唆したものと言える。第二章で明らかにしたように連盟が中国問題に関与する可能性が常にあった状況では、連盟とワシントン体制には競合的な関係が存在した。アジア太平洋地域において「空白」を作り出した連盟と実体を持って連盟の「空白」を埋めたワシントン体制という対比に依らず、それぞれ不安定ながらも域内国が頼り得る可能性を持った枠組みとして両者を捉え、その間に競合と結合双方の可能性を孕んだ緊張関係を見出すことができるだろう(5)。

本章では、連盟とアジア太平洋地域における条約・多国間枠組みとの関係を、連盟創設から満洲事変の時期に焦点を当てて検討する。対象はワシントン会議やその結果調印された四カ国条約及び九カ国条約、そして東アジアの紛争に実際に適用された不戦条約を中心とする。また、他の地域における多国間枠組みと連盟との関係を適宜参照することで、アジア太平洋地域の特徴を浮き彫りにしていく。連盟提訴をめぐる国際関係を描いた第二章とは異なり、アメリカを含む他の枠組みと連盟の関係を検討しているため、中ソ紛争や満洲事変など対象となる紛争が若干重複しているものの論点が異なっていることに留意願いたい。

一　ワシントン体制と国際連盟

四カ国条約の締結

連盟創設からそれほど日も経たず開催されたワシントン会議において、連盟の存在が意識されていなかったわけではない。バルフォア英代表は、太平洋問題、中国問題双方に関する「この地域的取り決め」と連盟の関係を設定、調整する可能性に触れていた。日本政府も会議全権に対する訓令で、「今回会議ノ結果或ハ連盟ノ事業ト多少ノ逕庭ヲ来」す場合に注意を促しており、連盟規約改正を英仏伊と協議するような場合も想定していた(6)。

連盟事務局においても、ワシントン会議の開催が主に軍縮において連盟の存在を霞ませることへの危惧は存在していた。しかし、ジャン・モネ（Jean Monnet, フランス）連盟副事務総長が「効果的な軍縮が実行される以前にはワシントン会議のような一連の政治的地域会議が必要である」とまとめたように、大勢は既に地域会議の存在と折り合いを付ける方向に傾いていた。(7)とはいえ、地域会議や地域条約と連盟の関係を説明する必要があった。

例えばその試みの一環だったのが、仏全権のブリアン首相が「太平洋ニ於ケル国際連盟トモ称スヘキモノヲ組織スル目的ヲ以テ一ノ協定」を結びたいと述べた事例や、英代表団事務総長のモーリス・ハンキー（Maurice Hankey）内閣書記局長（Cabinet Secretary）が「予テ抱懐スル意見」として日本全権随員の佐分利貞男駐米大使館参事官に対し行った、南米及び太平洋において「regional understanding」を結んで「連盟支部」のようなものを作り、太平洋本部は東京に置いて太平洋三国協定と両立させる提案であった。(8)特に後者は南米にも言及しながら連盟規約第二一条の文言を用いており、規約に根拠を見出した連盟の地域主義的再編案とも言うべきものであった。とはいえイギリス政府内でこうした案が真剣に検討された形跡は無く、それほど練られたものでもなかっただろう。

そこで、直近で問題になったのは、交渉が進められていた太平洋三国協定・四カ国条約と連盟の関係であった。日本側はこの点に注意を払っており、イギリスによる協定案の段階で堀内謙介欧米局第二課長が連盟規約と明文上及び精神においても抵触しないと確認している。(9)それでも、四カ国条約の会議条項と連盟の関係が問題として残った。(10)太平洋地域の紛争調停において、四カ国条約会議と連盟理事会・総会が並立する可能性があったためである。特に前者にはアメリカが参加する一方、後者には不在である事実が問題を複雑化していた。

日本政府はこの問題について独自の解釈を確立していく。一九二一年一二月八日にチャールズ・エヴァンス・ヒューズ（Charles Evans Hughes）国務長官私邸で行われた日英米仏の四国会議において、日本全権の加藤友三郎海相と幣原喜重郎駐米大使は、紛争当事国が四カ国条約会議という手段を望まず連盟提訴や仲裁裁判を希望する場合も想定されるため、条約会議への付託は紛争当事国双方の同意を必要とするべきだと提案したのである。この提案それ自体は、日本が紛争当事国として希望しない場合にも、四カ国条約会議が開催されるのを防ぐことに主眼があった。そのために、連盟提訴という手段を提示して条約会議の相対化を図ったのである。これに対してヒューズ国務長官は、条文に「which is not satisfactorily settled by diplomacy」（外交手段ニ依リテ満足ナル解決ヲ得ルコト能ハス）という句・条件を挿入したため、「右ノ如キ争議ノ平和的処理方法」は「外交ノ一方法ニシテ斯ノ如キ方法カ全部尽キタル場合」に条約会議が開催されることになるのだと返答した。紛争当事国双方の同意という条件は必ずしも認められていないものの、条約会議に対して既存の外交手段を優先することは承認されたと日本側は解釈した。(11)

そのため、日本全権は直接交渉や仲裁裁判、連盟提訴が排除されないと確認できたとして、四カ国条約に同意を与えた。内田康哉外相は八日のやり取りを踏まえて、記者会見で四カ国条約会議は全ての外交手段を尽くした後の「最後ノ解決」であること、そして連盟との関係は「連盟規約ノ上ニ更ニ本協定ヲ重ヌルニ至リタル次第ニシテ連盟ノ精神ハ茲ニ更ニ拡充拡大セラレタルモノト観ルヲ得ヘシ」との認識を明らかにしたのであった。(12)

日本政府としても、連盟尊重の姿勢を示す意思があったことは間違いない。ただし動機の中心は、四カ国条約会議の開催阻止の余地を残すために、連盟を優先させる構えを見せることにあった。その背景には、一九二〇年の第一回総会の頃には存在していた中国問題の連盟提起に対する危惧がかなり後退し、その結果として連盟に対する関心も警戒感も薄れた結果、日本にとって連盟における地位が「殆ト体面ノミノ問題」になっていたことがある。(13)連盟加盟国として連盟規約と矛盾しない法的解釈を確立しながら、空洞化しつつある連盟尊重の原則を以て、これから誕生する四カ国条約秩序における拒否権を確保しておこうという意図だったのである。

その証左として、「外務省記録」に収められた「条約解釈」という書類がある。まず、四カ国条約が「主旨」において連盟規約の「目的」と矛盾せず、連盟規約第一一―一六条の適用も、非加盟国との紛争に関する規約第一一、一七条の適用も妨げられないとする。そして規約第一一、一五条の適用とそれに基づく理事会や総会の招集とその処置は、四カ国条約会議以前に尽くされるべき「外交手段」に含まれるため、連盟規約とは両立するという結論が導き出される。ただし、規約第二一条に基づき地域的了解として四カ国条約の積極的意義を押し出すことは、規約第二一条自体の意味が不明瞭であるという理由でなされなかった。あくまで連盟規約と「背反セズ」「両立シ得ル」という位置付けにとどめられたのである。

そして「外交手段」として連盟が優先されるという論理は、会議条項の骨抜きのために最大限に用いられる。条約会議の結果を受諾するかどうかは「義務」や「強制」ではなく当事国の主観的判断だというのみならず、そもそも条約会議の招集自体が、紛争当事国の「双方ガ共同シテ之ヲ召集スベキモノ」であって予め合意を得るべきものだとされる。そのためには「総テノ外交手段」が尽くされたか、そして「現存スル円満ナル協調」を壊さないかについても当事国間の同意が成立していなければならないという。こうした結果、四カ国条約によって「容易ニ他国ノ干渉ヲ誘致スルガ如キ虞ナシ」という保証ができるのである。このような解釈を確立することは、アメリカが連盟規約に拘束されない現状では特に「有用」なのだとされる(14)。

外交手段に連盟提訴と連盟による処置が含まれ、それが手段として尽くされたかどうかについて紛争当事国に判断する権利が留保されていることが、会議の開催自体を困難にしないはずはなかった。あくまで連盟における審議が尽くされていないと主張することで、四カ国条約会議の開催を阻止することもできるのである。

また、そもそもアメリカが条約会議開催よりも連盟提訴が順番として優先されることを認めたかどうかが不明瞭であった。アメリカの公刊外交文書、そして日本の「外務省記録」にも収められたイギリス代表団事務総長ハンキーによる一九二一年一二月八日の会談記録に則る限り、日本の幣原全権は条約会議を招集する代わりに「他の方法、例えば仲裁裁判によって問題を解決する」ことが望まれるかもしれないという理由で、両当事国の合意を会議招集の条件として明記しようとした。それに対してヒューズは、外交によって満足に解決されていない場合という条件を付した以上、会議招集以前に取られる手段には「当然、仲裁裁判を含む」のであり、「仲裁裁判は外交的諸手段の一種である」と述べたことが記されている。日本側の記録と対照すると、諸手段のなかでも仲裁裁判のみ言及されているのが特徴である。確かに日本側の記録においても、幣原の通常の外交手段、仲裁裁判、連盟という例示に対して、ヒューズは「右ノ如キ争議ノ平和的処理方法」が「外交ノ一方法」であると述べたのであって、連盟のことを自ら口に出してはいない(15)。これらをあわせると、日本側の記録が言質として機能したかは疑問が残る。

結局のところ、連盟と四カ国条約の間で明確に関係が設定されたわけではなかった。後に日本外務省も、四カ国条約は「当初ヨリ国際連盟トハ無関係」であり、連盟が「凡ユル外交手段」に含まれるかも「殆ド問題トナラズ」と振り返っている(16)。四カ国条約と連盟の関係の不明瞭さは際立っていたが、その原因は連盟非加盟国アメリカの加入や、そもそも四カ国条約の性格が法的というよりも「純然タル政治的協約」であることにもあった(17)。また、連盟規約第二一条の性格があまりに曖昧に過ぎたため、地域条約が条約会議・委員会という形で機構を備えた際に、連盟との関係を規律する根拠が存在していなかったことも大きいだろう。

四カ国条約と連盟の調和は、内田外相が条約締結直後に述べた通り「連盟ノ精神」との一致という抽象的次元における整合に頼るほかはなかった。しかしその内田が「連盟規約ノ上ニ更ニ本協定ヲ重ヌルニ至リタル」と語ったように、連盟規約と四カ国条約が重複することは、調和や整合のみならず競合と対立の契機にもなり得る。そしてこの問題は後に、九カ国条約においてこそ顕在化するのである。

ワシントン体制

連盟との関係は不明瞭なまま、いわゆるワシントン体制が成立する。この体制が強固であれば、ヨーロッパを中心とする連盟から自立した地域秩序がアジア太平洋地域に展開することになっただろう。しかし、実際に成立したワシントン体制においては、「列強が何をしてはならないかは、かなりの程度明白であったが、協調して何を為すべきかは必ずしも明白ではな」く、「中国の統一の促進」という目的についても具体的な方法が欠如しており、引き続き協議の余地をかなり残していた[18]。しかも対中政策については、中国情勢の不安定化が著しかったため、なおさら日英米における政策協調の再調整が絶えず必要とされた。このように協調を修正しながら維持するためには定期的な協議が必要である。できれば在外公使を通じた二国間のルートのみならず、多国間会議の定例化や制度化が望ましいだろう。しかし、四カ国条約も九カ国条約も協議の必要を明記しているものの[19]、前者の条約会議条項以外はそれが制度化されているとは言えなかった。

ワシントン会議当時に、日英同盟の後継としての性質を持つ四カ国条約から中国を排除するために、中国問題は九カ国条約として分離された。中国の提出した「施肇基十原則」の一つには、太平洋・極東の共同政策のための臨時会議開催の規定があった。しかし、ヒューズ米国務長官によってこの部分は先送りにされ、アメリカが「施肇基十原則」を簡略化して提起した「ルート四原則」にも含まれなかった。その代わりに、バルフォアやヒューズは中国の問題に関しても四カ国条約を適用することを排除していなかったとされる[20]。中国の含まれる九カ国条約よりも、四カ国条約及び四カ国条約会議こそがアジア太平洋地域における大国協調を保障するものとして想定されていた。しかし、条約がいざ調印された後は、中国問題で九カ国条約を差し置いて四カ国条約を発動するのは困難になっていく。

九カ国条約は四カ国条約と異なって中国自身が主体として含まれており、その点で中国の協力的態度を得られる可能性はより高かった。北京政府も、とりあえずはワシントン会議において収めた成功を損なわないため、ワシントン会議の取り決めを実行すべきだと認識していた[21]。ところが、その成果の一つであり、北京政府の財政的存続のために必須である関税増収の実現の見込みはなかなか立たなかった。フランの下落のために中仏が義和団賠償金の支払い方法をめぐって対立した金フラン問題によって、フランスが一九二五年まで九カ国条約の批准を引き延ばしたことで発効が遅れ、関税会議の開催もそれだけ遅延したからである。会議開催にこぎ着けた頃には、北京政府は財政破綻によって甚だしく弱体化していた。「支那カ自ラ有力且安固ナル政府ヲ確立維持スル為最完全ニシテ且最障礙ナキ機会ヲ之ニ供与スルコト」（九カ国条約第一条二項）という目的に資するためには、既に機を失していたのである。[22]

そして、このように早くも動揺を見せた九カ国条約秩序には、問題がもう一つあった。先述のように四カ国条約と異なり、協調を再調整するための会議条項を持たなかったのである。そこで北京関税会議にあわせて、いくつかワシントン体制における対中政策協議の制度化も試みられることになる。ワシントン会議で既に決議されていた、門戸開放・機会均等原則に関して発生した問題につき調査、報告する「極東問題諮議院（Board of Reference）」の設置や、イギリスのウェルズリー筆頭外務事務次官補が提案した列強間における中国の「専門的智識」共有のための定例会議開催がそれである。しかし、四カ国条約会議にも消極的だった日本は、前者については内政干渉を恐れた中国の反対論を支援して実現を阻むのに成功し、後者に関してはロンドン、パリ、ワシントンDCといった例示された開催地が中国問題を扱うには適さないという名目で拒絶した。特に前者について、関係国の「自由意志ヲ不当ニ拘束スル」のを避けるためという理由は、ワシントン体制の制度化・組織化への日本の忌避の動機をよく表している。[23]

一方で、日本は自らの在外公館や東京の各国大使を通じた二国間協議には積極的だった。しかし、一九二六年一二月にイギリスが対中政策に関する「クリスマス・メモランダム」を十分に事前調整することなく発表した後、四五―四七頁でも取り上げた臨城事件の際の対応も想起させながら出淵勝次外務事務次官が注意を促したように、日英間の意思疎通の不十分さも慢性化しつつあった。[24]この回路においても協調は著しく空洞化していたと言わざるを得ない。

そしてアメリカも一九二八年の中国国民政府の一方的な日中通商航海条約廃棄宣言に際して、不戦条約会議全権としての任務の帰途に訪米した内田康哉のワシントン諸条約署名国間の協議要請を素気無くあしらっている。また、一九二九年二月には出淵勝次駐米大使に対して、対中政策についてあらゆる場合に共同行動と協議を求める条項が存在するわけではないとの見解を明らかにした[25]。日本が多国間協議を切実に必要としたときには、もはや英米ともその要請には冷淡になっていた。日本は四カ国条約会議に否定的だったように、ワシントン体制が制度化・組織化されない旧来の大国間協調の延長線上から離脱しないことを望んでいた。しかし、変転する中国情勢に対処するのにそれだけでは不十分だったのである。

それに対し、一九二〇年代後半に西欧の安定化を達成した「ロカルノ体制」は連盟と結びつくことで外交指導者間の協議定例化を実現していた。安全保障メカニズムのレベルで密接に連盟と結合するだけではなく[26]、連盟理事会や総会に出席するオースティン・チェンバレン、ブリアン、シュトレーゼマンの英仏独の外相がジュネーヴで定期的に協議を重ねることが、この体制を支えていたのである。ジュネーヴにおける三人を中心としたロカルノ諸国（Locarnites）による「茶会（tea-parties）」がヨーロッパ外交の焦点となった。チェンバレンが、ベニート・ムッソリーニ（Benito Mussolini）伊首相兼外相がジュネーヴでの外相間の協議に参加しないためイタリアが体制離脱に誘引されやすくなる危険を憂慮していたように、この定期的な指導者間の直接協議は大国協調を保障する過程として重視されていた。そして一九二〇年代後半においては、「ヨーロッパ協調」と連盟がお互いに支え合うことで秩序の一定程度の安定化を実現したのである[27]。

ワシントン体制には、制度化された協議メカニズムが決定的に欠けていた。協議・協調の制度化というワシントン会議後の課題は解決されず、このことが、激変する中国情勢に対応する多国間協調の再調整を困難にしたのは間違いない。そしてこの時点で、ワシントン体制がロカルノ体制のように連盟と相互補完関係を築くこともなかった。ワシントン体制は、協議・協調の制度・組織化も、普遍的国際機構との関係設定も達成できぬまま、一九三〇年代を迎えるのである。

二　不戦条約の締結と国際連盟

不戦条約の締結

一九二〇年代後半にロカルノ体制、そして英仏独のヨーロッパ協調と結びつきながら、連盟の基盤がようやく安定してその権威は確立されつつあった。第二章でも論じたように、連盟がヨーロッパのみならずアジア太平洋に関与する可能性も現実味を増していた。これらは全てアメリカ抜きのまま達成されたのであり、一九二〇年代初頭とは異なってアメリカの連盟加盟自体がそれほど切望されるものではなく、アメリカの不在を前提とした連盟の発展が展望されていたのである。

イギリスのオースティン・チェンバレン外相もアメリカの連盟加盟を急いで求めるべきではなく、それはむしろ望ましいとも言えないと考えていた。連盟においては各国代表に政府から「同僚と有効に協力するに十分な自由」が与えられ、交渉中において政府の指示は機密にされることが必要である。しかし、アメリカの制度的慣行、そしてアメリカ国内における連盟懐疑派の存在はこれを不可能にするため、「アメリカの参加の結果が全ての重大な問題における行き詰まり（deadlock）であることは容易に分かる」のであり、それは既にジュネーヴ国際アヘン会議におけるアメリカの脱退で証明されているというのがチェンバレンの結論であった。[28] チェンバレンは「連盟は概して力ではなく、説得で機能する」とみなしていたため、力を背景にした圧力や制裁におけるアメリカの国力の必要よりも、交渉や会議で予想されるアメリカの非妥協的態度への懸念の方が勝ったのである。[29]

このようにアメリカを外部に置いたままでの連盟の発展が見通されていたなかで、再びアメリカ要因が連盟を揺さぶり始めたのは不戦条約の締結過程であった。不戦条約は連盟と同じく普遍的枠組みという点で連盟と競合する可能性があり、かつ三条のみ（しかも第三条は批准規定）の余りに短く簡潔な構成のために多様な解釈の余地を残していた。また不戦条約には連盟規約と抵触する可能性のある条項が存在し、そもそも不戦条約が登場してくる背景となる戦争違法化運動には抜きがたい反連盟的側面があった以上、不戦条約と連盟との関係の展望については強く懸念が持たれていたのである。(30)

米仏間における条約締結の交渉中から既に、ドラモンド連盟事務総長は、不戦条約案が「連盟全体の将来にとり群を抜いて重要であるのは間違いな」く、「将来の連盟とその決定に対するアメリカの世論は、今現在起こっていることにおそらくかなり影響されるだろう」と考えていた。またこの時点では、フランスが単独で事実上連盟加盟国を代表する形式で交渉しているのに懸念を抱き、理事会の最重要メンバーで共通政策を確立するのが望ましいのではないかとイギリス政府に投げかけている。(31)

実際に、理事会の裏では常任理事国理事たちが非公式に会合を持っていた。連盟規約が損なわれないことを明言しないアメリカに対する懸念を強く持っていたのは、イギリスのチェンバレン外相もフランスのブリアン外相も同じであった。とはいえアメリカを刺激するのも得策ではないため、チェンバレンが言うように「連盟ノ基礎ヲ危クスルコトナク而モ米国ニ満足ヲ与フル如キ案」が必要である。(32)

そこでチェンバレン外相は、アメリカのフランク・B・ケロッグ（Frank B. Kellogg）国務長官が決して連盟に関与されるのを好まないという理由で、ドラモンド連盟事務総長に自重を求めた。(33) そして、問題を外交交渉のレベルにとどめて法律家に重要な役割を担わせ、規約第一五条及び第一六条、特に後者との抵触を主要な焦点としてアメリカ側に連盟規約（及びロカルノ条約）の留保を認めさせようとした。(34)

つまり、連盟規約第一六条に依る軍事力を用いた制裁は、不戦条約で禁じられる戦争に含まれるのかが確認されなければならなかった。フランスの条約案はこの点を明文化して留保していた一方、アメリカは求められても明確にしようとはしなかった。ケロッグは不戦条約について、「狭い法律的見地ではなく広い見地から」議論するべきだと注文を付けており、連盟規約やロカルノ条約との整合性に関する解釈を精緻に組み立てる意思はなかった。[35]

以後も連盟規約との関係は明確に設定されないまま、不戦条約は締結されるに至った。そのため、この点において不戦条約の性質については見解が分かれた。パリ講和会議におけるアメリカ代表団法律顧問として連盟規約起草に携わったことで知られるデイヴィッド・ハンター・ミラーは、「条約（引用者注―不戦条約）はアメリカと連盟を平和の守護者として結び付ける。それはその機構の目的と我々の外交政策の目的を最も広い意味で同一にする。条約は実際のところ、形式上そうではないとはいえ、アメリカと連盟の間で結ばれた条約であると言っても過言ではない」として、アメリカと連盟が結合されたのだと主張した。制裁についても、アメリカと連盟、不戦条約と連盟規約の結合により、アメリカが参加せずともその「道徳的黙認（moral acquiescence）」が制裁に与えられるとしている。[36]

アメリカを代表するジャーナリストであるウォルター・リップマン（Walter Lippmann）は、むしろこうした認識を危惧する立場にあった。リップマンは、不戦条約が既存の条約や国際組織と結びつくものとみなされて、「ヨーロッパにおける世論は、この条約が連盟規約やロカルノ諸条約の下で既に存在する非常に厳粛な義務をいくらか強化すると思うだろう」と考えていた。リップマンの懸念は、「平和を組織する世界共同の努力」から距離を置くアメリカにはそのような意図が元来無いために、ヨーロッパとの間でギャップが生じることであった。[37]

一方で、不戦条約と連盟規約の相違を重視して、不戦条約の側に連盟規約を整合させようとする勢力も存在した。戦争違法化運動の指導者の一人であるサーモン・O・レヴィンソンは、不戦条約の意義を制裁規定の不在に求めており、連盟規約からも制裁条項を削除させることを主張していた。アメリカでは、連盟やその他の制裁により不戦条約の実効性を高めるか、むしろ連盟規約第一六条の削除によって不戦条約と整合性を付けさせるか、という論争が満洲事変期に至っても続くのである。[38]

イギリスにおける熱心な英米協調派であるフィリップ・カー（Philip Kerr, 一九三〇年からロシアン侯爵［Marquess of Lothian］）も、国際連盟同盟（League of Nations Union）を通して、不戦条約と整合させるために制裁条項も含めた連盟規約の改正を推進することで、アメリカとの協力を推進しようとしていた。しかし、連盟同盟では連盟そのものより英米関係を重視するような主張は広く受け入れられなかった(39)。連盟同盟の執行委員会議長であったギルバート・マレー（Gilbert Murray）は、後述の連盟規約改正問題について、不戦条約が持て囃されて連盟規約第一六条が軽視される状況を嘆き、「孤立と不干渉による平和という古い考えの再現でしかなく、連盟における協力による平和には反している」と述べている(40)。

こうした議論は連盟そのものにも持ち込まれる。不戦条約と連盟規約の規定の食い違いを解消するために連盟規約を改正することが検討され、一九二九年の第一〇回連盟総会の決議によって委員会が設置されたのである。連盟規約第一六条の改正も提案されたものの多数委員の賛同は得られず、議論の中心は、連盟規約第一二条一項の明示的戦争禁止が判決もしくは理事会報告書が出された後三カ月間に限られるなど、現行規約では許容される余地のあった戦争の禁止や、第一五条六項における紛争当事国代表を除く理事国の同意を得た報告書の勧告が履行されない場合に理事会が措置を取ると定めるなど、理事会による勧告の効力を強める改正などに置かれた。さらに、満洲事変の勃発後には連盟規約改正案自体が立ち消えとなる(41)。

国際法学者・国際政治学者の信夫淳平が当時予言的に指摘した通りに、連盟の制裁規定もまた強国相手には適用不能か「空名」に終わり「気休め」に過ぎなかったため、連盟規約と不戦条約の矛盾は現実化しなかった。一方で、信夫は同時に不戦条約において紛争解決の具体的手段が規定されていないという批判に対しても、連盟に加えて「周旋、調停、勧解、仲裁裁判、司法的解決」といった従来の手段から取捨選択できることを強調して、問題にはならないと論じている(42)。

しかしながら、こうした旧来の手段には飽き足らず、不戦条約を基礎に新たな紛争解決の仕組みを創造したいという欲求は高まりつつあった。それが組織化への志向を持っていれば、連盟との組織間関係が問題になる。ここまで制裁をめぐって見てきたように、不戦条約と連盟の関係が曖昧にされたままである以上は尚更であろう。そして、実際にアジア太平洋地域の紛争において問われることになるのは、両者の関係をめぐる問題だったのである。

不戦条約による紛争調停構想と国際連盟

上述したように、不戦条約に対する批判としては、実際に紛争を平和的に解決する手段が規定されていないというものがあった。後のアメリカ大統領である民主党のフランクリン・D・ローズヴェルト（Franklin D. Roosevelt, 一九二九年からニューヨーク州知事）は、「最も重要なのは、戦争は決議一つで違法化できないとこの国が理解することであり、「過去の失敗の主要因は、紛争が重大化する前にその原因を取り除く機構が無かったことであり、実務的な機構を設立して整備しておかなければならない」と述べた。日本においても、熱心な連盟支持者であった国際政治学者の神川彦松が、「何等の世界的機関なくして不戦の原則が実行せらるべしと予期するが如きものあらば、それは愚者に非ずんば狂者の他はなからう」と厳しく批判している。

神川の場合には、不戦条約の実行を保障できるはずの連盟に加盟しないアメリカの態度こそが批判の対象となっていた。ローズヴェルトも「我々は人類に共通する困難を取り除くために研究し活動するあらゆる機関と、公式かつ熱心に協力できる」のだと説いた。具体的にはフルメンバーとはならずヨーロッパの政治には巻き込まれずに、「我々は平和を維持し文明にとって既知の共通問題を解決する最初の偉大な機関である連盟と協力すべき」であり、同じく常設国際司法裁判所とも協力すべきだというのがローズヴェルトの主張である。[43]

不戦条約締結の半年後に発足したアメリカのハーバート・フーヴァー（Herbert Hoover）政権は不戦条約を外交政

策の基礎に据えたこともあり、紛争の平和的解決手段の強化について具体的に政策化を進めていく。まずフーヴァー大統領自身は就任演説で、不戦条約の目的達成のためにはあらゆる健全な調停、仲裁裁判、司法的解決に属する手段を支持すべきだとして、特に留保条件をめぐって宙に浮いていた常設国際司法裁判所への加入に意欲を示した(44)。

この時期は常設国際司法裁判所の選択条項問題が持ち上がることで、全ての紛争の司法的解決という理想が現実味を帯びて考えられていた頃でもあった。常設国際司法裁判所判事への立候補を控えていた日本の安達峰一郎駐仏大使も、「不戦条約ノ結果トシテ、一切ノ国際紛争ハ之レヲ改革セラレタル国際裁判所ノ処理ニ付スル事ト相成」と記している。デイヴィッド・ハンター・ミラーが解説しているように、常設国際司法裁判所規定の選択条項に同意すれば国際的義務への違反の事実認定について応訴義務を有する（裁判所が強制的管轄権を有する）ため、選択条項への加入が進めば、どの国が不戦条約に違反して武力行使を行ったかの判定は常設国際司法裁判所が行うようになる(45)。

とはいえ日本は応訴義務の受諾を拒否しており、このように述べた安達自身も常設国際司法裁判所長に着任後には、満洲事変の司法的解決を期待するハーグやジュネーヴの空気について、「満州ニ於ケル権利尊重等ノ法律問題トシテ当法廷ノ判決ニ付セラレ候ハゞ、徒ラニ各員ノ一笑ヲ買フニ過ギザル事明白」であるためあくまで「政治問題」として扱うよう主張するなど、全ての紛争の司法的解決という理念が現実的だとは言えなかった(46)。そしてフーヴァー政権は二年に亘って上院に加入を求めたが反対派を説得できず、アメリカの常設国際司法裁判所への加入は頓挫してしまう(47)。

常設国際司法裁判所とは異なり、フーヴァー政権は大統領就任演説の時点で連盟に加盟するつもりはないと明言していた。その代わりに、不戦条約による紛争調停委員会案を推進していく。ヘンリー・スティムソン（Henry Stimson）米国務長官は、一九二九年に中東鉄道の中国による実力回収をめぐり武力衝突に発展した中ソ紛争について、両国が不戦条約の締約国である点を強調しながら調停委員会の設置を提案した。この調停委員会の先例としては、チャコ紛争（パラグアイ＝ボリビア紛争）におけるパン・アメリカ会議の権威の下で米州諸国会議により設置された調停委員会が挙げられている（第四章参照）。委員会は事実の調査のみならず調停案の提示をも行う。委員会の構成国については紛争当事国の中ソに選定権があるが、日英仏独伊にこの案を打診したところから見て、大国を網羅する形式を想定していたと考えられる。(48)

スティムソンは中国の伍朝枢駐米公使に対して、諸大国の大使たちよりも先に（伍には七月二二日、日英仏独伊の大使〔代理大使〕には七月二五日）打診を行っていた。伍はエスメ・ハワード（Esme Howard）英駐米大使に、チャコ紛争における調停委員会はパン・アメリカ会議の要請によって設置されたものであるが、中ソ紛争においてそのような会議は存在していないため、アナロジーとして成立していないと違和感を漏らし、少なくともその時点では消極的な姿勢を明らかにしている。(49)

ハワード駐米大使はスティムソン提案に好意的だった一方で、イギリス本国の外務官僚たちは「アメリカの提案は、提唱する解決策の適用可能性を事前に考慮せず推進されているように思われる」（ジョージ・マウンジー極東部長）、「これは典型的なアメリカのやり方である」（ヴィクター・ウェルズリー筆頭事務次官補）と冷淡な反応を示した。(50)

また、スティムソンの調停委員会案が大国の大使たちに伝えられる前日の時点で、庶民院の質疑でアーサー・ヘンダーソン英外相は「ロシアと中国がケロッグ平和条約に調印しているという事実を考慮したとき、条約の義務を二つの国家に通知する国際的な手続き（international machinery）は存在するのか、もしそうならばその性質はどのようなものか」という質問を受けていた。これに対してヘンダーソンは、「不戦条約によってこの目的のために特別な手続きは設けられていないが」、外交チャンネルを通じて米仏と協力していると回答している。(51) 前保守党政権外相のチェンバレンは、制度化された「連盟規約とロカルノ条約の手続き（machinery）」と対比して戦争放棄は「政策」だとしていたが、この分類は労働党に政権交代しても引き継がれていた。(52)

スティムソン案は、イギリス政府における不戦条約の位置付けを超えるものであった。そのためハワード駐米大使には、この時点で調停委員会案には同調しないと判明していた日本とイギリスの見解は一致していること、そして日本の返答でスティムソンが一応案を断念したと思われる以上は、明確に反対して事を荒立てるよりも既に断念されたものとみなすべきことが訓令された(53)。

このように結論が同一だったとはいえ、イギリスが連盟との関係を一因としてスティムソンの調停委員会構想を拒否したのに対し、日本にはそのような視点が希薄であった。幣原直系の出淵勝次駐米大使は満洲における日本の地位、そして南満洲鉄道に影響を与えないためにも「第三者ノ介入」を阻止し、あくまで「直接交渉」を促すべきだとしてスティムソン案の受諾拒否を具申した。幣原外相も直接交渉の進展を見守るべきだと米側に返答したのだが、こうした第三者の介入拒否論・直接交渉論からは連盟と不戦条約の相違は問題とならない(54)。元々条約締結過程から、日本は四カ国条約締結時と比較しても、連盟と不戦条約の矛盾や緊張関係には関心が希薄であった。杉村陽太郎連盟事務次長兼政治部長も本省の無関心に警告を行うよりは、むしろ解釈によって処理できる問題であるとして、他国やドラモンドの見解についても基本的に楽観的な部分を伝えていた。このように元から差異に鈍感であったところ、特に中国、満洲問題に関わることでそれらの地域への第三者の介入をもたらすものとして、両者が同質的に捉えられることになるのである(55)。

スティムソン案の挫折にもかかわらず、フーヴァー大統領もまた不戦条約に基づく調査委員会構想を抱いていた。それを伝えられたスティムソンは不戦条約第三条案を起草し、一歩踏み込んで調停委員会の条約への明文規定化を図った(56)。フーヴァーは訪米したラムゼイ・マクドナルド英首相との一〇月六日の会談で、チャコ紛争や中ソ紛争を念頭に置き、当事国が第三国の介入を忌避する場合を想定して、平和愛好国が影響力を行使できる何らかの紛争調停組織の必要性を提唱した。不戦条約にスティムソン起草案を元にした第三条を追加し、紛争が発生して直接交渉や仲裁裁判で解決しなかった場合には調査委員会を設置するという案である。委員会は紛争当事国及び多数の第三国によって構成されるが、構成国の選定権は紛争当事国に与えられる。ただし、事実上は中ソ紛争の際のスティムソン案と同じく大国網羅型になるのを想定していたと思われる。

マクドナルドはこれを主に連盟非加盟国や、加盟国ではあるがヨーロッパ諸国の多数ほど連盟の権威を受け入れていない国家の関わる紛争を想定した案だとみなした。マクドナルドは、この調査委員会設置案と連盟規約が抵触する可能性を指摘して容易に同意を与えなかった。また、陪席していたジョゼフ・コットン（Joseph P. Cotton）国務次官がこの案に必ずしも賛成ではないなどアメリカ側の意思統一ができていなかったこともあり、以降両国政府が望ましい方向性を探ると合意するにとどまった(57)。

一一月二七日に、再びヘンダーソン英外相は庶民院で原則論として、「ケロッグ条約はあらゆる条約違反、明白な条約違反の場合に対処する手続き（machinery）を定めていない」一方で、「連盟規約はそのような提訴（引用者注―中国の提訴）に対処する手続きを定めている」旨を明言した。一方でソ連が連盟非加盟国であることにつき尋ねられると、必ずしも連盟への上程を望んでいるわけではないと断り、スティムソン米国務長官の不戦条約に基づいた共同声明案には参加する用意があるとしている。ここで表明されたのは、原則論として不戦条約は制度化が進んでおらず実体を持った機構が存在しないため、それに関しては連盟が役割を果たすべきこと、不戦条約アプローチもあくまで通常の外交ルートや声明といった「政策」の領域にとどまるのなら賛成するということである(58)。

中国においても不戦条約アプローチに期待が掛けられる一方で、それのみが突出することはなかった。不戦条約によってアメリカを呼び込む意図があったのは間違いないが、七一―七三頁でも触れたように、中国技術協力が開始されて連盟との関係が進展を始めた状況では、連盟軽視と取られかねない姿勢は見せられなかった。そこで、中国は連盟への提起とアメリカへの不戦条約による制裁の照会を並行して進めると決定し、どちらに重点を置くかは状況次第という姿勢を取る[59]。

そしてスティムソン米国務長官の不戦条約アプローチは、最終的に共同声明という形に結実する。「その唯一の制裁は、政府が盟約に加入した、実質的に文明世界全体を構成している諸国家の世論の力にある」と抽象的な国際世論という概念のみに頼っており、それまでの具体的な紛争調停手段の確立という方針からは後退していた。先述のように制度や組織ではなく「政策」であるためイギリスは支持し、元々過大な期待を持っていたわけではない中国もこれを歓迎した。一方でソ連が反発するのみならず、日本は幣原があくまで直接交渉論に立脚していたために参加を拒否した[60]。

結局のところ不戦条約に基づく調停委員会構想は頓挫し、共同声明を発することはできたものの、それについても日本の参加は得られなかった。東北政権とソ連が合意に達したのは、日本が促進に固執した直接交渉によってであった。そのため、幣原は戦後に至っても自らの方針を「秘密外交」の成功として自賛している[61]。しかし、アメリカ国務省極東部の見方は違っていた。紛争勃発当初からのスティムソン外交が高く評価され、「本政府による国際世論の動員が奉天政府（後には南京政府にも）、及びソヴィエト政府の態度にも効果的に影響を与えたことには疑いない」と記された[62]。

このように、中ソ紛争におけるスティムソン米国務長官の不戦条約アプローチはいささか自賛気味に高い評価を与えられた。そこではイギリスが連盟に与える影響を考慮して調停委員会案と共同声明で賛否を使い分けたのとは異なり、中ソ紛争を通じたスティムソン外交が一体的に捉えられており、二つを区別する視点は希薄であった。共同声明という手段のみならず、頓挫した調停委員会案も中ソ紛争という一つの事例への対応を越えて、フーヴァー米大統領が不戦条約改正という形式で打ち出した以上、再び持ち出される可能性は十分にあった。

フーヴァー提案に対してマクドナルド英首相が抱いた、連盟非加盟国の関わる紛争、もしくはヨーロッパ諸国ほど連盟の権威を受け入れていない国家間の紛争に関しては不戦条約が扱うことになるのではないかという懸念は、連盟事務局においても共有されていた。そもそも中ソ紛争自体が、ソ連が連盟非加盟国であるために連盟で扱うのが回避され、ドラモンド連盟事務総長もそれに同意していたのである（第二章第三節参照）。ドラモンドは、連盟非加盟国の関わる紛争やラテンアメリカ諸国間の紛争は不戦条約の適用のみで扱われ、連盟に対するアメリカの態度を変えない限りは、連盟が「ヨーロッパと一部アジア・アフリカの組織」になってしまうと懸念していた。ドラモンドは、アメリカ取り込みのためには、規約第一〇条や第一六条の削除による領土保全とその侵略からの擁護規定及び制裁規定の撤廃、第一五条の改正による各紛争への対応における理事会の自由度拡大まで考慮していた(63)。

アーサー・ソルター連盟経済財政部長も、重要な問題が連盟より不戦条約に依拠して扱われる可能性があると見ている点では共通していた。しかしソルターは連盟規約第一六条の削除には反対であり、アメリカの連盟加盟反対論は連盟規約の特定の条項への反対ではなく、「巻き込まれ（entangled）」への忌避やヨーロッパに対する漠然とした嫌悪感に基づいていると指摘した。ソルターの具体案は、不戦条約第二条を実効化するためにも不戦条約と結合された紛争解決のための組織を設けるべきだというものであった。不戦条約に基づく会議を開催させ、それをアメリカの対連盟協力を引き出すための手段として連盟と結び付けることにより、双方がいずれ連合するか合併することになるという。「その過程で連盟それ自体は普遍性を失うかもしれない」が、「そもそも究極的に必要であるのは元のままの連盟が普遍的なことではなく、最終的に連盟による吸収か、連盟とケロッグ条約の連合または合併によって構成される新機関になるかのいずれにせよ、最後に平和を維持する普遍的世界機関（universal world instrument for securing peace）が存在すること」であるというのがソルターの見解であった(64)。

ドラモンドは、連盟規約の大幅改正に否定的なソルターの意見に対し、平和の危機においてはあらかじめ連盟理事会と協議する用意があるという保証をアメリカから取り付けておかなければ、「連盟の地位、そして最終的にはその存在自体が危うくなり、ケロッグ条約のみが組織（machinery）や強制力（force）の全く欠如したまま生き残り、連盟に取って代わる」可能性を恐れているのだと強調した。そのため不戦条約にも組織を備える必要を認識し、訪米を控えたフィリップ・カーに対して「ケロッグ条約が侵犯されて世界の平和が深刻に脅かされた場合には、何らかの形態の会議の開催にアメリカが同意することの大きな重要性」を伝えたのだと述べた(65)。

不戦条約会議案にドラモンドの同意を得たソルターであるが、不戦条約会議と連盟との役割分担を定めておく必要性も強調している。具体的には、連盟非加盟国の関わる紛争では不戦条約会議に先議権を与える一方、紛争の両当事国が連盟加盟国である場合にはその会議の役割は連盟理事会が担うという原則を確立すべきだとした。これによって連盟と不戦条約が互いに強化し合うシステムを構築していくことで、両者の調和と融合を中長期で図っていくというのがソルターの構想であった(66)。

連盟が一九二〇年代後半に着々と発展を遂げてきたところに現れた、非加盟国アメリカの推し進める不戦条約というもう一つの普遍的枠組みは、連盟を形骸化させかねない可能性を持っていた。とはいえ中ソ紛争のような非加盟国の関わる紛争に連盟が有効に対応できていない以上は、その存在意義を認めるほかはなかった。イギリス政府が不戦条約に基づいた手続き・組織を整備するのに反対していた一方、連盟事務局のドラモンドやソルターはむしろそうした整備が行われないまま不戦条約に依拠して紛争調停が進められるのを恐れていた。ソルターは不戦条約会議を制度化し、連盟非加盟国の紛争については先議権を譲ったうえで連盟との連携関係を構築することを望んでいた。もちろん連盟加盟国間の紛争も恒常的に不戦条約会議に諮られてしまえば、連盟の存在意義が疑われかねない事態である。そのため、ソルターは連盟理事会が不戦条約会議の役割をも兼ねる慣例を構築しようとしていた。そして、まさにこのシナリオは満洲事変において実現されることになる。不戦条約会議による連盟の形骸化という可能性を封じつつ、連盟理事会はその代わりの役割を担っていくのである。

三　満洲事変における国際連盟と九カ国条約・不戦条約[67]

初動対応における管轄権の競合

第二章第三節で見たように、中国代表権問題が解消されていたため、満洲事変時の中国の提訴、そしてそれを受けた連盟の初動対応は極めて迅速であった。そのためか、連盟以外の手段によって紛争解決を図る余地があったことは見逃されやすい[68]。実のところ、中国側も当初から連盟以外のアプローチによる解決を検討していなかったわけではない。東北政権を率いる張学良の意を受けた顧維鈞は、ランプソン英駐華公使には連盟提訴のみならず九カ国条約に依る提起、ネルソン・ジョンソン（Nelson Johnson）米公使に対してはそれに加えて不戦条約締約国への提起を諮っている。初動段階で中国は対米外交において不戦条約に焦点を合わせており、王正廷南京国民政府外交部長はアメリカに、中ソ紛争時と同様に不戦条約の原則を適用するためイニシアティヴを取るよう求めた。また施肇基連盟代表は四カ国条約か不戦条約に依る方が連盟よりも望ましく、アメリカが行動を起こすならば「連盟の事前の行動が邪魔となるかもしれない」ため、本国から連盟提訴の訓令があっても自分の権限で実行を遅らせるつもりであるとプレンティス・ギルバート（Prentice Gilbert）米ジュネーヴ領事に伝えている[69]。

実際には、国民政府外交部は一九三一年九月一九日の時点で、連盟提訴と同時にアメリカほか不戦条約締約国への通告を指示しており、国民政府主席の蔣介石も勦共戦から南京に戻ってすぐに双方への提出を主張して、これを追認している。中ソ紛争のときと同じく、連盟と不戦条約に則った二つのアプローチを並行して進めたのである。施肇基のギルバートに対する発言もアメリカの行動を誘うことを狙ったものであり、提訴を遅らせるという言葉に反して、早くも次の日の二一日には連盟規約第一一条に依り正式な提訴を実行して理事会招集を求めている。連盟提訴自体はアメリカの動向如何にかかわらず進められたのである[70]。

ここでアメリカが不戦条約アプローチで乗り出せば、連盟がまだ行動を起こし先行していない段階で連盟と不戦条約の関係が問題になったであろう。しかし、一九日に知らせを受けたスティムソン国務長官は関東軍の行動を「反乱(mutiny)」として捉えており、「反乱」が政府による武力行使ではない以上、不戦条約は適用されないと考えていた。スティムソンは記者会見においても政府同士の衝突でなければ不戦条約は適用されないと発言しており、ひとまず不戦条約の適用を目指す動きにはブレーキが掛かった[71]。

スタンリー・ホーンベック国務省極東部長はスティムソンとは異なり、関東軍の行動は不戦条約違反だと考えていた。ただし、ホーンベックは不戦条約違反か否かという問題が中国によって常設国際司法裁判所に持ち込まれると想定しており、日本の反感を買わないためにも「我々のイニシアティヴによって不戦条約の発動や照会を行うべきではないと思う」と具申している。日本の行動が不戦条約違反であっても条約適用に関する独自構想の推進は行わず、連盟ほか既存機構には対抗しないという路線を選択したのである[72]。

そして二三日には理事会招集のうえで満洲事変が議論されるに至り、連盟が完全に先行したことで主導権を握った。この日には既に、軍縮会議代表としてジュネーヴにいたノーマン・デイヴィス(Norman Davis)が、連盟理事会へのアメリカ代表出席と理事会が設置する調査委員会への参加を電話会談でスティムソンに具申している。デイヴィスは侵略に対しては「何らかの組織(machinery)」が必要であり、不戦条約と九カ国条約の違反には連盟理事会への出席で対処するしかないと述べた。しかし、スティムソン自身は理事会の調査委員会設置案に賛成ではなく、またアメリカが参加する前に決定した事項に責任を負わされるのを嫌ったために、この時点では漠然と連盟に協力を表明するにとどめた。調査委員会設置案がひとまず取り下げられたことが分かった後も、「日本の顔を立て」ている間に早く日中間で解決するよう出淵大使に促している。同時に、九カ国条約と不戦条約の義務に関して事態を注視するという姿勢を取ることでその後の介入の余地は残していた[73]。

アメリカの慎重姿勢と呼応するかのように、この時点でのイギリス政府は必ずしもアメリカとの協調を強く求めてはいなかった。ジュネーヴではアメリカに日本への影響力行使を要請することも検討されていたが、本国の外相レディング侯爵は「アメリカへの接近に関しては、私は彼らに東京で沈静化を目指し影響力を発揮するよう提案することには気が進まない」として、情報の伝達程度にとどめるよう指示した[74]。九五頁でオースティン・チェンバレンについて取り上げたように、イギリスにはアメリカを引き込めばむしろ理事会の討議は行き詰まってしまうという考えが存在していた。圧力を掛ける段階であればアメリカの国力が背景として必要になるであろうが、このときはまだ日本を「説得」する段階だと前提されていたのであろう。

アメリカから不戦条約を発動しないと伝えられた一方でジュネーヴにおいては理事会が招集された以上、出淵勝次駐米大使の目標も「米国ノ League 合流ヲ祖止《ママ》スル」ことに置かれる。同時に、対日世論がさらに厳しくなればスティムソンの不戦条約を適用しないという表明も覆されてしまうと考えており、「米国ヲシテ此上不戦条約又ハ九国条約ヲ援用シ公然事件ニ容喙セシムルカ如キコト之無キ様取計フコト焦眉ノ急ナリ」と訴えた。日本にとっては連盟、不戦条約、九カ国条約、どれであっても多国間枠組みによる介入は避けるべきものであるという認識が固定化していく[75]。この時点では、不戦条約と九カ国条約の発動、そして連盟とアメリカの協力については、英米の外交指導者がまだ積極的ではないため、事変の早期解決に向けて確実な見通しが立てさえすれば、それぞれ回避は十分に可能であった。

そして中国の連盟代表がアメリカ側に、中国政府は事態を戦争状態と認定されるのを望んでいないという理由で不戦条約の適用がなされないよう要請するなど、連盟に解決手段を統一する姿勢に転換したこともあり、アメリカはひとまず連盟に調停の役割を委ねて外部から注視する態勢に入った[76]。日本外交の成果かどうかはともかく、「米国ノ

League合流ヲ祖止スル」ことには一時的に成功したと言える。ただし、日本に与えられた猶予はそれほど長いものではなかった。

一〇月に入った頃にはスティムソンも日本の撤兵・原状回復の余りの「緩慢さ」に苛立ちを覚え始める。そのため対連盟関係についても一歩踏み込んで協力を表明し、「アメリカは両係争国がアメリカの行動を連盟に張り合わせようとすること、あるいはその逆を試みるのを助長するあらゆる危険を避ける」と約束した。ここで自ら、不戦条約や九カ国条約アプローチで連盟に対抗する道を封じたのであった。そしてスティムソンは、「これはこの国と国際連盟が同一問題で行う共同行動の初の事例である」と位置付けた(77)。

スティムソンには、連盟が失敗した場合にその責任をアメリカに帰されたり、その後の処理をアメリカに押し付けられたりするのを回避したいという思惑もあった。スティムソンの決断直前において参考に供されたメモも対連盟協力に傾いたものであったが、そこでは「我々がドラモンドの（連盟の）取り得る責任を少しでも引き受けるのに同意しないことを勧める」とされていた。さらに国内問題に忙殺されるフーヴァー大統領が満洲事変対応に求めるのは、「どんな状況でも我々に責任を押し付けるのを許さず」、「彼（引用者注―フーヴァー）が諸条約の紙くず、もしくは紙切れと呼ぶものに関して日本が何もしない場合でも、我々が屈辱的な立場に置かれないこと」である以上、むしろこの側面こそが最も強調されやすかったと言える(78)。同時にこうした責任回避の論理は、対連盟協力の制約にも成り得るものであった。連盟の調停の雲行きが怪しくなれば、連盟にもコミットしないのが最良の解とされかねないからである。

そこでスティムソンの方針もこの時点では、あくまで事変の「管轄権」を握る連盟を「独立した行動を取れる限りで激励し、支援すると同時に我々に責任を押し付けないよう促す」ことだと定義された。しかし、一〇月八日に錦州爆撃が始まったという知らせが入ると、「我々は日本に対し断固として強硬な姿勢を取らねばならないように思う」

と早くも再検討を余儀なくされた。まずは口頭にとどめていた連盟への協力の意思を書面化して伝えるよう米ジュネーヴ領事ギルバートに伝え、さらにそれまでは抑制していた不戦条約を前面に押し出していく方針を打ち出す。一方で、九カ国条約は日中間で「最終会議」を開催するための手段として「予備に取っておく」と決定された[79]。

そのため中国側が痺れを切らして、特種外交委員会委員の顔恵慶が九カ国条約会議の開催をアメリカに求めたときにもそれが受け入れられることはなかった[80]。連盟に続いて不戦条約が前面に押し出され、問題は両者の関係をどのように設定するかにあった。

そのような状況で一〇月一〇日に、フーヴァー米大統領がスティムソンの対連盟協力方針に賛成するのみならず、むしろアメリカの代表者を次週の理事会に出席させるべきではないかと述べたことで、一気に事態は動き出す。スティムソンはすぐ準備に入り、「理事会が望むなら、ギルバートにケロッグ条約問題に関する議論のみについて理事会に出席する権限を与えた」のであった[81]。不戦条約擁護のために理事会に出席するという論理で両者が統合されたのである。

しかし障害が一つ存在した。それは、ドラモンド連盟事務総長が連盟による不戦条約の適用には反対なことであった。ドラモンドはやはり不戦条約による連盟の形骸化という可能性には敏感であり、スティムソンは連盟と不戦条約が衝突しないと説明しなければならなかった。スティムソンは「ワシントンの独自のイニシアティヴが連盟による任務に困難をもたらす危険を自覚」しており、それ故に連盟の決定する路線に沿う限りで協力するのだとした。そして、不戦条約の役割は世論を喚起することにあって、あらかじめ定められた「手続き（machinery）」を持たないため「警告」や「抗議」を行うにとどまっており、その証左は一九二九年の中ソ紛争であると説明したのである。スティムソンは「二重管轄（double jurisdiction）」の可能性を回避するためにこそ、連盟理事会の権威の下で不戦条約を発動するのが最良の手段であると説いた[82]。

ここで中ソ紛争以来の不戦条約による調停委員会構想が明示的に放棄された。紛争両当事国が連盟加盟国である限りは、不戦条約会議の役割を連盟理事会が果たすというソルター構想が実現したのである。

この時点で既にレディング英外相は日本に対して、日本が不戦条約締約国であるためアメリカが他の列強と協調して介入に乗り出してくると警告しており、アメリカの申し出はそれを裏付けるため願ってもないものであった。五人委員会（英、仏、独、伊、スペイン）は連盟と不戦条約は衝突しないとして全会一致でアメリカ招請に賛成であったため、ドラモンドも前言を撤回した。そして、理事会議長であるブリアン仏外相がギルバートと密に連携しながら不戦条約適用の提起を行うことに決まった。同時に、スティムソンはあくまで米側が不戦条約と関連する限りで出席すると念を押している。そして一九三一年一〇月一六日の理事会において、ギルバートの出席が実現したのである[83]。

問題は、この不戦条約に関する限りで出席するという条件が実のところ他国が想定するよりもかなり厳格なものであることだった。ホーンベックは、不戦条約の適用と連盟規約の適用に関する議論それぞれの明確な分離を求めるべきだとして、「世界、アメリカ国内の双方に向けて、我々が「連盟に加わっている」、もしくは連盟の問題に巻き込まれているという見解や非難と戦う必要がある」と説いている[84]。

そして連盟理事会への出席を最初に提案したフーヴァーも、「制裁に追い込まれ、連盟の原則に巻き込まれるのを恐れて」いた。また連盟との協力に対する世論の反応が芳しくないのを感じ取ると、連盟からは距離を取る姿勢に転換していく[85]。対連盟協力には早くも抑制が強く掛かり始めた。不戦条約締結時のデイヴィッド・ハンター・ミラーやウォルター・リップマンの予測はそれぞれ部分的に当たっていたと言える。不戦条約は連盟とアメリカを結び付ける一方で、アメリカにはまだその心積もりや準備が十分にできていなかったのである。

ギルバートの理事会出席が実現したものの、実のところレディング英外相はスティムソンが不戦条約への限定という条件に拘っていることを摑みきれていなかったため、若干アメリカとの間に齟齬をきたした。しかし、「アメリカの心からの協力を得るために可能なことは何でもする必要性を確信している」レディングは、スティムソンの希望に副うよう、ブリアン仏外相及びディーノ・グランディ（Dino Grandi）伊外相と協議して理事国による不戦条約への注意喚起という形式を整えた。一七日に、英、仏、伊、独、スペインという五人委員会構成国が個々に同文で日中双方に対して、不戦条約第二条に関する注意喚起と進行中の平和的解決促進のための試みを妨げないよう要請を行った。

日本の反感の矢面に立つのを回避したいスティムソンは、アメリカが主導するのではなく、「それら五カ国に行動を提案された四五カ国の単なる一国に過ぎない」形式となったことに満足を示した。そして、不戦条約発動がもはや実行された以上は、連盟規約のみが関わる議論に深入りして日本から反発されるのを避けた方が賢明だとして、わずか数日にしてギルバートに理事会からは退席するよう指示したのである。この決定は、アメリカの連盟不支持とみなされるのを恐れたレディング英外相が慌てて説得したため覆され、次の日を最後に秘密会への参加は取り止めるが、公開理事会においては理事国と同じテーブルには着かない純粋なオブザーヴァーとして参加することに変更された。とはいえこの顛末は、アメリカの対連盟協力がいかに限定的で抑制的なものかを物語っていた[86]。

日本の撤兵拒否に備えて、イギリスの連盟代表セシル子爵を中心にフランス、スペイン、及びノルウェーの代表が開いた協議では、大使（公使）引き上げから除名や制裁まで、日本に圧力を掛ける措置が視野に入り始めていた。その前提として、「日本に道徳的圧力を及ぼそうとするいかなる措置も、効果的であるためにはアメリカの積極的参加を必要とする」と論じられていた[87]。しかし、上記のアメリカの態度を見れば、連盟による圧力的措置にアメリカの協力を得るのが甚だ困難であるのは明白だった。

スティムソンが初動対応で不戦条約適用を躊躇した一方、開会中の連盟理事会が非常任理事国中国の提訴をすぐに受理したために、事変への対応では連盟が先行することになった。その後もアメリカが不戦条約適用に傾きつつ、自らが矢面に立つのを嫌ったために、不戦条約適用のためという形式でアメリカの連盟理事会出席が実現したのである。

ひとまず連盟と不戦条約の競合は、前者への統合という形式で解消されたかに見えた。しかし、アメリカの協力はかなり限定されたものであり、すぐに撤回されてもおかしくないものであった。不戦条約のほかに九カ国条約がアメリカに「予備」手段として残されており、中国も九カ国条約会議の開催を打診していた。いつまでも連盟に管轄権が統合されている保証は全くなかったのである。

国際連盟の動揺と管轄権競合の再発――スティムソン・ドクトリン、九カ国条約委員会

アメリカのオブザーヴァー参加を確保したとはいえ、それでも連盟による解決には見通しが立たないことに変わりはなかった。チャールズ・オード（Charles Orde）英外務省極東部長が述べるように、理事会が日中双方の受諾可能な条件を示すのは極めて困難であり、事態が「完全な行き詰まり（complete deadlock）」に陥っているのは明らかであった。(88)

この連盟の行き詰まりを前にして、むしろ連盟やイギリス側で、問題を九カ国条約や不戦条約に移管することを唱える意見が散見され始める。ランプソン英駐華公使は中国において余りに連盟への期待が高まっているため、その期待に副わないと分かったときの失望の大きさを危惧していた。そこで蔣介石との会談において、「たとえ事態が悪化して中国の連盟提訴が失敗しても（彼、つまりランプソンはそれが現実化するとは信じないが）、アメリカがより直接的に関係している法であるケロッグ条約と九カ国条約がまだ残っている」として他の選択肢を印象付けることに努めた。(89)ドラモンド連盟事務総長も一一月に、連盟の責任軽減のため問題を九カ国条約締約国に移管する案をイギリス外務省に示したという。これは日中戦争が連盟から九カ国条約会議（ブリュッセル会議）に移管された事例の先駆けと言うべきかもしれない。しかし、この案をロバート・ヴァンシタート（Robert Vansittart）英外務事務次官は責任放棄だと批判している。(90)

中国側も、先述の特種外交委員会委員である顔恵慶の九カ国条約会議開催要求のように、連盟以外の多国間枠組みへの提起の可能性を模索していた。蔣介石は日本が連盟から脱退した場合には、不戦条約に依って仲裁を要求するとしている。一二月二日に提出された戴季陶特種外交委員会委員長の報告も、アメリカの態度を明確化させるため、将来必要な時期に九カ国条約で働きかける余地を残しておくべきだとした。これらを受けて外交部も、九カ国条約や不戦条約を根拠に国際会議を招集することを選択肢の一つとして挙げている。ランプソンが警告せずとも彼らは予備となる選択肢を保持していたのである。[91]

しかしこの時点で、連盟からの移管において頼りにせねばならないアメリカは依然消極的であった。スティムソンは、九カ国条約締約国が連盟理事国と重複しているのを理由としてその協議条項の発動は否定した。ホーンベック国務省極東部長によれば、スティムソンは対連盟協力によって、「平和の破壊が世界にもたらす問題に対処する方法と手段を考案する責任を実行することを受諾し継続するよう、連盟に強制するのに成功した」のであり、アメリカがそれ以外の責任を負う必要はなかった。[92]事態は連盟とアメリカの間で責任の押し付け合いという様相を帯びつつあった。

とはいえ、連盟に任せきりにしておくほど連盟に対する信頼度が高いわけでも、満洲の情勢に無関心のままでいられるわけでもないところに、アメリカ外交の迷走があった。一二月初めには、連盟理事会の努力が日中の合意を得られなかった場合に備えて（結局、リットン調査団の派遣を決定した一二月一〇日の決議に結実するが）、経済的ボイコットの実施も検討している。フーヴァー米大統領は最後の手段としてボイコットを行う可能性は認めつつ、その場合には九カ国条約会議を開催して九カ国条約の権威の下で実施すべきだと論じている。また、一一月後半以降の時点で撤兵しない状態のまま日中直接交渉を進めようとする日本に対し、ホーンベックは「不戦条約に執行手段を持たせる」策として、大使館引き上げでも実力行使でも制裁でもなく、「日本の満洲軍事占領による強制下で日中間に締結されたあらゆる条約を承認しないと通知する」ことを提案している。[93]ここで既に不戦条約強化の手段としてのスティムソン・

ドクトリンの萌芽が見られる。

そして一九三二年一月二日に錦州が陥落すると、一月七日にスティムソンは不戦条約に反する手段による現状変更を認めない不承認宣言、いわゆるスティムソン・ドクトリンを日中両国に通告した。スティムソンはアメリカ政府が連盟加盟国ではないため、この声明は前年一二月一〇日の理事会決議には基づいていないという前提に立っていた。不承認宣言は、あくまでも連盟とは切り離された不戦条約に基づいたアメリカ独自のイニシアティヴとしての色彩が濃厚であった(94)。

イギリス政府も協力を求められたが、連盟加盟国としてアメリカとは立場が異なることをあくまで強調している。イギリスは日本のこれまでの理事会における領土保全や門戸開放の遵守の声明を信じ、理事会であらためて日本に九カ国条約の遵守を約束させるのだとして、当初スティムソン・ドクトリンには追随しなかった(95)。

一九三二年一月末に第一次上海事変が勃発したことで、スティムソンは二月には九カ国条約に基づいた抗議を発しようとした。ここでも協力を求められたイギリスは連盟との関係を理由に消極的であった。とはいえ英米協調を軽視もできず、連盟理事会が声明を発する方針に傾く。これは二月一六日に日中以外の理事国一二カ国によって、連盟規約のみならず不戦条約の平和的手段による解決の義務、そして九カ国条約における中国の主権尊重と領土保全に注意を促す警告として実現した。そのうえで「現在、我々は九カ国条約を基礎にアメリカを引き入れるため日本政府への抗議を重ねていくことができるとは考え」ず、「当座は今夜の連盟の行動で我々には十分である」（ヴァンシタート英外務事務次官）として対米協力の限界が設定される。それのみならず、この後開かれた特別総会においては不承認主義を盛り込んだ決議が三月一一日に成立する。この三月一一日の決議は、スティムソンが意識的に連盟と切断したはずの不承認主義を連盟が承認して取り込んだという意味で大きな意義を持っていた(96)。

既にホーンベックはスティムソン・ドクトリンの時点で、イギリスの協力が得られなかった理由を、イギリスが連盟を通じた行動の方を好むためだと解釈していた。ホーンベックは、あくまで共同行動を求めた一九三一年九月二四日の理事会決議を肯定的に引用し、連盟理事会のような集団的な形式によってしか他の列強は厳しい姿勢を日本に取らないとして、対連盟協力を基本とする方針に立ち戻った(97)。

そしてスティムソンも一九三二年二月一六日の警告を、「もし十分力強く実行されていると証明できるなら」という留保を付しつつ、「これは一月七日の私の通告の良い追随措置である」と評価していた。さらに三月一一日の総会決議に至っては、「私の不承認主義を見事な形で取り入れて」おり、国際法の大きな進歩につながると手放しで賞賛している。連盟による警告と決議に九カ国条約、不戦条約、不承認主義を収斂させていくイギリスの試みは成功したと言えるだろう(98)。

また三月一一日の総会決議は、対連盟協力からの離脱傾向の強かったフーヴァー米大統領、及びフーヴァーに近いウィリアム・キャッスル（William Castle）米国務次官にも満足できるものであった。スティムソンの訪欧中の五月四日にキャッスルが行った演説は、まず孤立主義者や戦争違法化論者の連盟批判を紋切り型に繰り返したうえで、不戦条約強化策としての「フーヴァー・ドクトリン」を連盟が承認したことを評価した。この決議によって連盟がそれ以上の強硬策には出ず、侵略国の決定についてもアメリカも含めた各国の判断に任せており、その主権を侵害していないと判断したのである(99)。

こうしてスティムソン・ドクトリンによって、アメリカの不戦条約アプローチと連盟の競合は再活性化したが、そのスティムソン・ドクトリンもまた連盟総会決議に取り込まれることで沈静化した。

このように管轄権をめぐる多国間枠組み間の競合が激化しつつも結局は抑制された要因の一つに、一九三一年一二月一〇日の理事会決議で派遣が決定された連盟による調査委員会（いわゆるリットン調査団）の存在があった。リットン調査団が「連盟に現在の袋小路からの出口を与えるかもしれない(100)」以上、少なくとも調査団が帰還し報告を提出するまでは、連盟から管轄権を取り上げるのは躊躇われるためである。

さらに、中国が連盟規約第一五条によって問題を連盟総会に移管したことも、理事会に対する不満が連盟全体に及ばず、連盟に見切りを付けるのを防いだ。イギリスを始めとした大国及び理事会の妥協的な態度とその「軟弱さ」に対する不満は、総会において小国が「連盟の原則を堅持」していたことで一旦は緩和されたのである。(101)

とはいえ、中国は九カ国条約アプローチという選択肢を放棄しておらず、満洲国建国、日本の満洲国承認と事態が進展するなかで、一九三二年夏から秋にかけてその選択肢が再び前景化してくる。中国の駐米公使館は、連盟が解決法を見出せない場合にはアメリカに「第二次ワシントン会議（第二次華府会議）」の招集を求めると伝えていた。イギリスの駐華代理公使モーリス・イングラム（Maurice Ingram）も羅文幹外交部長や宋子文財政部長と接触するなかで、連盟によって明確に望ましい成果は得られないと判断した中国が、リットン報告書の審議とは別に「新たなワシントン会議」の開催を希望していると報告している。事実、中国外交部は駐日公使蔣作賓に、日本の同意を得られればすぐに九カ国条約会議を招集すると伝えていた。ただし、軍事委員会委員長に転じていた蔣介石は、アメリカが九カ国条約会議招集に乗り出す見込みも、日本がその招請を受諾する見込みも低いと考えていたようである。(102)

実際のところ、事態の推移によって動揺を見せていたのはイギリスやドラモンド連盟事務総長も同じであった。リットン報告書の審議にあたり、一〇月末にドラモンド事務総長は、連盟総会が報告書を九カ国条約及び不戦条約締約国に送って、以降の展開はそれら諸国に任せてしまうという案をイギリス本国に示している。その利点は、連盟規約に違反せずに「連盟が最も厄介な問題から逃れられる」ことであった。しかしドラモンドは、この場合には連盟が失敗した際に、他国任せという「不当ではない」批判を受けて連盟の地位を著しく弱体化させると考えており、事実認定はともかく、勧告案に関しては、総会が九カ国条約締約国及びソ連に審査を依頼しその結果をあらためて総会に報告させ、同時に一九三三年の夏まで、アメリカやソ連に責任を引き受けさせるのが良いと考えていた。この方法により、

で時間を稼ぐという意図であった(103)。

一九三一年のときとは異なり、このときにイギリス外務省は九カ国条約委員会移管案に賛成した。日本が中小国の批判を受けて総会に対する不満を高める一方で、総会や十九人委員会に出席する中小国は、イギリス始め大国を日本に対して宥和的すぎると批判しており、イギリスは板挟み状態からの逃げ道を探していたのである。例えば外務省の次席の連盟担当であったE・H・カーは、理事会、十九人委員会のどちらで審議しても、大国にとって厄介なことになると考えていた。そこで、事実認定はともかく、勧告は九カ国条約締約国及びソ連の構成する委員会、もしくは会議に移管し、その委員会・会議からあらためて総会に提案させるという案を示した。ヴァンシタート次官もカーの意見に賛成であり、ウェルズリー筆頭次官補は日本が譲歩に動き出すまでの時間稼ぎという意義を九カ国条約委員会案に見出していた。イギリス外務省は日本と中小国の間での板挟み状態、そして日本が受け入れる可能性の低い結論を出さねばならない状況に苦悩していた。そこから逃れるためには一旦連盟から他の組織に移管するのが適当であったが、当然に連盟の責任放棄という批判が発生する。それを避けるために九カ国条約委員会に権限を委任し、その結論を踏まえて最終的には再び総会が決定を下すという形式を整えようとしたのである(104)。

一九三二年一〇月二六日にアメリカのノーマン・デイヴィスと会談した際に、ジョン・サイモン（John Simon）外相やリットン伯爵（Earl of Lytton）は九カ国条約会議の開催など九カ国条約に依る措置を取る意思がアメリカにあるか尋ねている。デイヴィスは、イギリス側の時間稼ぎ戦術を「その間日本は満洲にますます根付く」と真っ向から否定した。さらにアメリカ側の記録によればデイヴィスは、「引き続きアメリカが連盟と協力できることを望み、その他の問題は未決定のまま保留しておく」と返答したとされる。イギリス側の記録ではより明確な拒絶を行っており、それに対するアメリカ側の記録訂正申し入れでさえ、「デイヴィスは、私の知る限り、現在アメリカ政府に九カ国条約の下で行動を取ろうという考えはないと発言した」と拒否のニュアンスが濃厚であった。デイヴィスは少し後にも、連盟が「その責任から逃れるのを望んでいるように見える」と九カ国条約会議移管案を批判している[105]。

こうした動きを予見していたのか、一〇月初めにホーンベックは、必ずしも重複していない九カ国条約、不戦条約、連盟の締約国・加盟国が、連盟を基礎に「世界全体」として「統一戦線」を確立するのが重要だと論じていた。具体的には連盟がアメリカとソ連を招請し、連盟全加盟国と非加盟国も全て集結する全国家による「世界会議」を開催するべきだというのがホーンベックの意見であった[106]。

さらに、フーヴァーが一一月八日の大統領選でF・D・ローズヴェルトに大敗を喫して再選を果たせなかったため、新たな責任を引き受けるのは尚更困難になった。一四日、スティムソンは連盟が満洲事変の「管轄権（jurisdiction）」を委譲、制限することは連盟とアメリカの立場を弱めるとして、たとえ一部でも九カ国条約会議に移管するのには反対するよう訓令した。また、スティムソンは九カ国条約には会議条項がないため、日本は招請に応じる義務を持たないという実際的な理由も述べている[107]。一九三一年秋には、九カ国条約を最後の「予備」手段として位置付けていたスティムソンだが、もはや解決のほとんど不可能な案件の管轄権を移動させることのデメリットの方が大きいと判断したのだろう。

そしてスティムソンの指摘を裏付けるように、ジュネーヴに到着したばかりの松岡洋右代表はサイモン英外相に対して、日本は九カ国条約、不戦条約、連盟規約いずれにも違反していないため九カ国条約会議の開催案は受け入れられないと明言した[108]。この場合、九カ国条約会議を開催しても日本に出席する義務は無い。日本の拒絶とアメリカの消極姿勢に直面したサイモンは、九カ国条約委員会・会議移管案を事実上断念した[109]。

奇妙なのは、散発的に起きた事変の審議を連盟から不戦条約や九カ国条約に移管する動きに注目して、日本が動揺を突いて混乱を拡大させようとした形跡が見られないことである。第四章で後述するがチャコ紛争においては、パラグアイとボリビアは連盟と地域的枠組みの間の管轄権争いを巧みに利用して遅延工作を行っていた。済南事件の際に、杉村陽太郎が連盟よりは九カ国条約会議がましな選択肢だと論じているのも注目される[110]。

そしてイギリスやドラモンドが九カ国条約委員会・会議への移管案を打ち出していた一九三二年一〇月に、日本の連盟総会代表たちは日本と連盟双方の面子を立てつつ冷却期間を置くために、「遷延策」を追求しようとしていた[111]。まさにイギリスやドラモンドの意図とも合致している。こうした観点からは九カ国条約委員会・会議の開催に日本が方便として賛成するのもありえないとは言えない。

しかし日本にとって、中ソ紛争、満洲事変の際に阻止に動いたように、連盟のみならず不戦条約や九カ国条約によるアプローチも直接交渉論からの逸脱であることには変わりない。四カ国条約締結直後に、連盟の存在を盾として出来る限り四カ国条約会議開催を阻止できる解釈を確立させており、北京関税会議の時期にイギリスの提案した対中政策を議論する列強会議を否定したという先述の経緯もある。特に幣原外相期には、直接交渉論への固執が強かっただけに他の選択肢が問題になりづらかった[112]。

吉田茂駐伊大使や松平恒雄駐英大使は、一九三二年六月頃には、「満洲新事態と九国条約の適用との調和ハ成案出来難きニ非らさるへく」として、中国に九カ国条約の「実行を迫るの同意」を列国間に取り付ければよいと論じていた。吉田は事変勃発以来、幣原の直接交渉方針に反対してきた対連盟協調論者であったが、それは対英米協調としての性格が濃厚であった。理事会から総会への移管後は、むしろ「小国側の活動を控制し得」ない総会への不満を高めていた。そこで対英米協調の媒介として九カ国条約がより前面に出てきたのであろう[113]。

しかし、リットン調査団と七月に会談した内田康哉外相は、満洲国承認を含めた現状変更については九カ国条約に関わるため関係国と協議する必要があるのではないかと問われると、満洲国が「満洲人」により自発的に建国された国家であるため九カ国条約には違反しないとして、「関係国ト討議スル必要ヲ認メス」と返答していた。それでも再度協議の必要性を説かれたため、「満洲問題ハ日本ノ「ヴァイタル、インテレスト」及自衛権ニ関係スルモノニシテ日本ハ該問題ニ付関係国ト相談セサルコトアルヘシ」と重ねて否定した。ここにはもはや多国間枠組みの介入を許容する余地は無い[114]。

満洲国の早期正式承認に走る斎藤実内閣が八月に閣議決定した「時局処理方針」も、連盟脱退を視野に入れると同時に英米仏ソの列強とは協調を図るとしていたが、その協調は各国の「固有ノ立場」や「特殊事情」、具体的には列強個別の利権の尊重を基礎とした二国間関係の維持を意味していた。やはり、決して多国間枠組みを媒介にしたものではなかったのである[115]。

日本外務省は一九三三年三月の連盟脱退通告後一年をかけて、連盟のみならず九カ国条約会議を始めとした国際会議においても「東亜」問題討議を拒絶する方針をあらためて固めたとされる[116]。確かに一九三四年一月の時点では、むしろ満洲事変当時よりも柔軟な対応を模索している面もあった。条約局第三課は九カ国条約会議や不戦条約会議について、不参加を原則化するのではなく「其ノ時ノ状勢ニ応シ適宜態度ヲ決定スルノ意向」であるとしていた。連盟を脱退したからこそ、その他の多国間枠組みにおける国際協調の余地を残そうとしたと言えるだろう[117]。

しかし、重光葵外務事務次官の意見は全く異なっていた。満洲事変時に駐華公使として幣原と同じく直接交渉論に固執していた重光は、一九三四年五月の時点で、九カ国条約の協議条項をあくまで「其各国ノ意見ヲ各国個々ノ間ニ交換スルコト」しか意味していないと解釈することで、「会議ノシステム」の明確な拒絶を可能にした。一九三五年に入ると国際会議の否定は、連盟、ワシントン体制に代表される「現状維持」的な「コレクティヴ、システム」の打破、「個別的」な「利害関係」に基づいた「インデヴイデユアル、メソド」への外交原理の転換として体系化された。そこで打破されるべき「集団機構」は、「国際連盟デモ、華府条約機構デモ、不戦条約機構デモ皆ソレデアル」とされる[118]。満洲事変において、連盟が枠組み間の競合を避けるために不戦条約や九カ国条約を決議に取り込んできた裏返しに、日本もこれらを全て同一視しながら否定するに至ったのである。

連盟と不戦条約の融合を唱えていたアーサー・ソルター（満洲事変時には既に連盟事務局を退職している）は、「現在の東方における危機で連盟規約とケロッグ条約の締約国の協力がどれだけ成功を収められるかにより、これから先長期間の集団システム（Collective System）の有効性が決定される」と事変勃発後の著書に記していた[119]。日本の侵略の既成事実化を防げなかった以上、ソルターのいう「有効性」のテストには落第したと言わざるを得ないだろう。しかし、連盟と九カ国条約や不戦条約の競合が存在しつつも終始連盟に管轄権が統一されていたことは、日本がその競合に付け入る余地が生じるのを防いだ。この点はほとんど注目されないが、第四章で触れるチャコ紛争の展開と対照するとその重要性は明白である。

一方で日本外交は、連盟のみならず不戦条約、九カ国条約を一纏めにして拒絶していく。直接交渉論から「集団機構」一般の公然たる否定に飛躍する過程で、競合する多国間枠組みが連盟に集約された影響は大きかったであろう。それが日中戦争の際に、連盟から移管された九カ国条約会議（ブリュッセル会議）に参加しない態度にもつながっていく。連盟への集約は他の多国間枠組みに連盟が取って代わられるのを防いだが、同時に日本による連盟の否定が全ての多国間枠組みを排斥する姿勢に跳躍する契機ともなり、アジア太平洋地域秩序の組織化の可能性を摘んだのであった[120]。

おわりに

国際連盟創設後、アジア太平洋地域に成立する秩序において、連盟との関係をどのように設定するかが争点の一つとなった。当初、日本はこの課題に他国と比較しても積極的に取り組んでおり、四カ国条約については条約会議開催を出来る限り阻止するという意図だったにせよ、連盟を優先する解釈を確立している。

しかし、英米がこうした解釈に同意していたとは言い難く、四カ国条約や九カ国条約と連盟の関係は甚だ曖昧なまとされた。そのまま、日本は条約秩序と連盟の関係に対する関心を失っていく。日本の希望通り、四カ国条約や九カ国条約が一九二〇年代を通じてそれ以上組織化を進めることはなく、協調は従来の外交ルートを通じた協議のみによって保障され、さらにはそれすら満足に実行されていなかった。一九二〇年代のアジア太平洋秩序は組織化、普遍的国際機構との関係設定のいずれもほとんどなされていなかったのである。

ワシントン会議時とは異なり、イギリスは不戦条約については連盟との関係を明確に設定しようとした。だが、連盟非加盟国アメリカは意図的にそこを曖昧にすることに拘った。

こうした曖昧さは、中ソ紛争や満洲事変においてどの枠組みが調停を担当するか、管轄権を持つかという問題を複雑にした。中ソ紛争においてはアメリカのスティムソン国務長官が不戦条約による調停委員会の設置を試み、フーヴァー大統領がこれを一般原則化しようとして、不戦条約第三条の追加による調査委員会設置提案にまで発展した。これは連盟との関係もあってイギリスが事実上拒否したが、連盟事務局を中心に不戦条約が連盟に取って代わるのではないかという懸念が持たれた。アーサー・ソルターが提唱したのは、連盟非加盟国の関わる問題は不戦条約会議を開催し、連盟加盟国間の紛争については不戦条約会議の役割を連盟理事会が果たすというものであった。

満洲事変において、中国は当初連盟と不戦条約の双方に訴える構えを見せた。スティムソンが不戦条約の適用に消極的な一方で、連盟理事会がすぐに審議を開始したため、連盟が先行することで管轄権を握ることになった。そしてアメリカは、不戦条約適用のために理事会にオブザーヴァー参加するという決断を下す。連盟は、発足以来その活動の障害の一つだった非加盟国アメリカを取り込むのに成功したのである。ただし、アメリカの対連盟協力はかなり限定的なものであり、アメリカ、イギリス、中国、連盟事務局のいずれもが連盟の行き詰まりや失敗に備えて不戦条約や九カ国条約に移管することを想定していた。

スティムソン・ドクトリンは、連盟とは独立した立場から発するというスティムソンの意図に基づいており、不戦条約や九カ国条約とのつながりを強調していた。しかし、イギリスはこれを連盟総会決議に包摂してアメリカの対連盟協力からの離脱傾向を防いだ。ところが、満洲国建国や日本の満洲国承認を経て行き詰まりが明確になると、九カ国条約委員会・会議への移管によって時間稼ぎを図ったのは他ならぬイギリスであった。しかし、九カ国条約は会議条項を持たないため、会議開催自体に関係諸国の積極的な同意が必要になる。この点が、提訴があればその却下の方にこそ積極的な理由付けと列強間の同意が必要だった連盟とは大きく異なる。アメリカが反対し、日本も拒絶する意向であったために、九カ国条約委員会・会議の開催構想は頓挫した。

九カ国条約、不戦条約はその連盟との関係の曖昧さから、紛争の管轄権をめぐって連盟との競合性を持っていた。中ソ紛争、満洲事変の展開はまさにそのことを示している。連盟から一定程度独立した地域会議（特に九カ国条約会議）や委員会が成立して紛争調停にあたる可能性も存在したのである。しかし、これらがいずれも連盟に取り込まれることで、アジア太平洋地域における多国間枠組みは連盟の下に統一された。これにより、連盟と地域会議・機構が相争って互いの有効性を減じ合うような事態は回避された。

一方で、多国間枠組みの統一は、連盟が失敗したときにあらゆる多国間枠組みが同一視され一纏めに否定されやすくした。重光に代表されるように、地域主義の隆盛する一九三〇年代にそのエネルギーは地域機構構想には向かわず、日本はあくまで二国間関係を基本とした秩序観を抱いていく。連盟と他の多国間枠組みの関係設定がなされていないことは混乱を招くが、とはいえ連盟への一元化は連盟が失敗したときの代替手段を失わせる。一元化の成功は多国間枠組みなきアジア太平洋地域をもたらしたのである。

第四章　ラテンアメリカと国際連盟
――チャコ紛争における国際連盟と地域的枠組みの競合

はじめに

満洲事変がリットン報告書の審議から日本の脱退通告に至る過程で国際連盟における佳境を迎えていた頃、地球の裏側の紛争もまた連盟の審議の対象となっていた。それがチャコ紛争（パラグアイ＝ボリビア紛争）である。東アジア及びラテンアメリカという一九二〇年代末に至るまで連盟がほとんど関わることはなかった地域で、初めて本格的に連盟で取り扱われた紛争という点で両者は共通している。まずは連盟が一九二〇年代末までラテンアメリカの紛争に対して関与しなかったにもかかわらず、チャコ紛争では初めて介入に乗り出すことになった要因を探る。東アジアと異なるのは、モンロー主義に言及した連盟規約第二一条の存在、そして非加盟国アメリカのプレゼンスの大きさであり、これらの影響についても当然触れることになる。

もう一つ、東アジアとの重大な相違点は地域主義の組織化、地域統合の進展の度合いである。第三章で見たように、四カ国条約会議の規定や九カ国条約会議の構想は存在したものの、招集について列国の同意が必要だったため開催には大きなハードルがあった。これに対して米州には定期的に開催されるパン・アメリカ会議、常設機構のパン・アメリカ連合が存在しており、関連する専門会議も頻繁に開催されていた。[1] さらには東アジアと比べて独立国家の数が桁違いに多いこともあって、多数国の枠組みで連携する試みも多かった。一九三〇年代前半のラテンアメリカには、連盟によって解決に至ったレティシア紛争（コロンビア＝ペルー紛争）もあるが、こうした地域機構や地域的枠組みとの関係についてはチャコ紛争の方がその競合は激しくかつ長期に亘って続いた。[2]

チャコ紛争についてはアメリカ外交の視点から描いた研究や、戦史的研究が存在する。[3] もちろんアメリカの存在と影響力は重要であり適宜触れるが、本章はラテンアメリカ諸国の連盟に対する不満やそれから生じる連盟への介入要求、同時に地域主義的アプローチとのバランスを取ろうとする姿勢、さらにはラテンアメリカ諸国の要求を受け止めつつ連盟の権威保持と対米協調のバランスを取ろうとする大国（具体的にはイギリス）の動きを重視する。第一章で見た理事会改革の結果であるラテンアメリカの理事国増員がどのような影響をもたらしたのか、それに加えて東アジアとの共通点や相違点を明らかにしつつ、ラテンアメリカにおける連盟のガヴァナンスの態様を検討していく。

一　一九二〇年代のラテンアメリカと国際連盟

国際連盟創設過程における規約第二一条

連盟とラテンアメリカの関係を考えるうえで、モンロー主義に影響を及ぼさない旨言及した第二一条が規約に挿入されたのは、米上院におけるヴェルサイユ条約（連盟規約も含まれる）の批准を実現させるためという国内事情によるものであったことはよく知られている。[4] そもそもアメリカの批准を得るため強引に盛り込んだという経緯から、含意するところは必ずしも明確ではなく、さらにメキシコやアルゼンチンなど、モンロー主義はアメリカの単独宣言であり、「地域協定（regional agreement）」や連盟規約第二一条における文言の「地域ニ関スル了解（regional understanding.)」には当てはまらないと反対している国も根強く存在していた。[5] アメリカの非加盟決定後に残されたアメリカ対策としての連盟規約第二一条、そしてアメリカの連盟非加盟自体も連盟の置かれた状況を複雑化させた。「アメリカは連盟に圧力を掛けられるが連盟はアメリカに決議を遵守させる能力を持たない」という状況に陥ったのである。自らの加盟を確実化するために規約第二一条を挿入しながら結局加盟できなかったアメリカの行動は、二重に連盟にとっての困難をもたらした。[6]

しかしながら、上述のように連盟規約第二一条が国際的にどのような機能を果たすものであるか全く自明ではなかったのは、ラテンアメリカにおける連盟の活動を制限する根拠もまた薄弱なことの裏返しであった。規約草案の審議過程において、イギリス代表のロバート・セシルが、「モンロー主義が、執行理事会が全会一致の決定を執行するためにヨーロッパ、米州、アフリカ、もしくはアジアで活動するのを妨げるという考えはモンロー主義の誤用である」ことについて確認を求め、ウィルソン米大統領もまたそれに同意していた。チェコスロヴァキア代表による、ラテンアメリカ諸国間の紛争、例えばパラグアイとウルグアイの紛争が起きた場合に執行理事会の決定に基づいて介入できるのかという質問に対しても、ウィルソンはあくまで肯定している。少なくとも連盟規約制定過程では、第二一条が連盟の介入を阻止できる根拠になるとは全く考えられていなかったわけである。[7]

タクナ＝アリカ紛争

そのため、連盟創設直後から連盟にラテンアメリカ諸国間の紛争を持ちこもうとする動きは存在していた。一九二〇年の第一回総会において、チリとの間で画定されていた国境に不満を持つボリビアとペルーが連盟に提訴したのである（タクナ＝アリカ紛争）。ここで問題は、国境が平和条約で決定されていたために（チリ＝ボリビア間国境は一九〇四年の条約、チリ＝ペルー間は一八八三年の条約）、ボリビアが連盟規約第一九条（総会による条約の再審議の慫慂）の適用による条約改正を求めたことであった。ペルーは第一回総会のうちに提訴を取り下げたが、ボリビアは即座の審議は求めなかったものの、閉会間際になって次回総会の議題とすることを要求した。

対するチリは審議の対象となること自体に反対であり、また問題が連盟規約第一九条に関わるだけに微妙な取り扱いを必要とした。イギリス代表のバルフォアが第一回総会の幹部会で、両国議会で批准され既に実行されている条約を一方側の要請で総会が審議すれば「恐ルヘキ悪例」となると述べたように、条約の再審議要求が頻繁に連盟総会に持ち込まれれば国際秩序を不安定化させる懸念があった。ヴェルサイユ条約を始め数々の第一次世界大戦の戦後処理を決定した平和条約が結ばれた直後であるだけに尚更である。そのため一九二一年の第二回総会では、問題を規約第一九条の解釈に集約し、法律家委員会で審議するという対応が取られた。そして法律家委員会は、連盟総会には条約の再審議を締約国に「慫慂」する権限しかないこと、さらにそれも当該条約の適用を不可能にするような「根本的な変化」もしくは世界の平和を脅かしかねない状況が存在する場合にのみ行われるという報告書を提出している。規約第一九条発動の条件をかなり狭く解釈するものであり、それによって事実上ボリビアの提訴受諾を拒否するに等しいものだった。(8)

よりによって、連盟に持ち込まれたラテンアメリカ最初の紛争が連盟規約第一九条の適用を伴う問題であったことが、事態を複雑にした。条約改正による国境変更という要求が審議されてしまえば、ドイツのヴェルサイユ条約改正による現状変更要求に前例を示すことになりかねない。そのため全く当事者ではないはずのフランスや東欧諸国に強烈な反応を生み出す危険性が存在した。事実、チリはヴェルサイユ条約やサンジェルマン条約（連合国・オーストリア間の講和条約）とも共通する問題であることをアピールしている。(9) そのため、法律家委員会への委託による規約第一九条解釈の狭義化という手段が取られたことにも一定の正当性があった。

その限りでは地域の如何にかかわらず、あくまで規約第一九条による平和的変更の問題が主であったとも捉えることができるだろう。しかし、チリ代表は、規約第二一条によって連盟総会は米州に介入できないとの主張も同時に行っていた。これに対しボリビアは、チリの主張が「国際連盟の普遍的性格そのもの（universal character itself of the League of Nations）」を脅かすと警告している。こうした応酬がなされている以上は、地域の問題から完全に逃れるのは難しかった(10)。そしてボリビアの主張が容れられなかった結果として、チリのモンロー主義・規約第二一条の解釈が受け入れられたと解釈される余地はあっただろう。

チリがこうした主張をしていることに対して、イギリス外務省米州部では、ラテンアメリカ諸国にとって連盟が各国の体面の問題にしか関わらないようになり、その「有用性」を著しく損なってしまうのではないかという強い懸念が抱かれていた。とはいえ対抗手段を取ることについてまでは合意が形成されず、静観論を崩すには至らなかった。さらには、米州部を監督するウィリアム・ティレル事務次官補が「私は今までラテンアメリカ諸国が連盟加盟国であることをそれ程重要だと思ったことは無い」と述べ、これからは規約第二一条に関するチリの見解が普及するだろうという見解を示している。もちろんこの見解は英外務省より外に出るものではなかったが、対米協調と連盟軽視やヨーロッパ中心主義が結び付けばこうした方向に傾きかねないことを示していた(11)。

とはいえ、あくまでタクナ＝アリカ紛争は連盟規約第一九条の適用に関する問題として扱われたのであり、連盟がラテンアメリカに関わる可能性は公式に否定されなかった。むしろティレルが例外的存在であり、連盟が介入する権利を持つことを暗黙の前提としつつも、その点を公には曖昧にしておく対応が大勢を占めた。

パナマ＝コスタリカ紛争

もう一つ、ラテンアメリカにおける紛争で連盟に持ち込まれる可能性があったのは、一九二一年のパナマ＝コスタリカ紛争（コト戦争）である。長年国境紛争による緊張が継続していたところ、コスタリカの小部隊が境界を侵してパナマ側に捕えられたのが発端であった。コスタリカ、パナマ両国が連盟提訴の意思を示したものの、後者は同時にアメリカの仲裁を受け入れる意向も表明していた[12]。

こうした状況で、イギリスの高名な連盟支持者であり当時自治領南アフリカの連盟代表であったセシルは、むしろイギリス自らが連盟で扱うよう求めるべきだと主張しており、イギリス外務省でもこの問題に規約第二一条は適用されないため連盟で扱うことが可能だという判断がなされていた。ただし、パナマの求めるアメリカによる仲裁の可能性が懸念材料であった。また、両当事国自らが連盟提訴も含めた選択肢を検討していることもあり、両国の決断を待つべきだとセシルに訓令された[13]。そのうえ、イギリス側はアメリカ国務省のラテンアメリカ部長から、連盟による介入はウォーレン・ハーディング（Warren Harding）新政権の対連盟姿勢に影響するという警告を受けている。こうした他者の介入を嫌うアメリカの「嫉妬」が連盟の関与に対する躊躇を増したのは間違いない[14]。

しかし、コスタリカ政府はアメリカの仲裁を拒否して連盟提訴を断行した。イギリス政府は自ら積極的に連盟における解決を推進することを否定しただけで、紛争当事国の側から提訴が実行された場合の対応は全く決定していなかった。おそらくは他の理事国や事務局もそうであったと思われる。もちろん連盟に対する態度の必ずしも定まっていないアメリカの新政権と敵対しないことは重要であるが、コスタリカの提訴を無下にしてしまえばそれもまた連盟の権威を失墜させかねない。危うく袋小路に陥りかけた連盟は、あくまでアメリカが調停・仲裁を推し進め、コスタリカがこれを受け入れて連盟提訴を取り下げたことで救われた。連盟とアメリカがモンロー主義をめぐって衝突するのを懸念したというのがコスタリカの掲げた名目である[15]。

この問題においても連盟規約第二一条が連盟の関与の障害とはならないと確認された一方で、対米配慮が決定的要因ではないにせよ連盟側の出足を鈍らせた。そしてコスタリカが連盟提訴を取り下げなかった場合に連盟がどのような対応を取ったのかは分からないままであり、タクナ＝アリカ紛争と並んで連盟の不作為を印象付けたであろう。

さらに、この二つの事例に代表されるように、ラテンアメリカにおける紛争の多くは国境の画定問題であったことも大きい。後に言及するチャコ紛争もレティシア（コロンビア＝ペルー）紛争も然りである。こうした問題を連盟が解決できないと印象付けられれば、この地域において連盟の有用性は低いと捉えられるのは避けられない。

ラテンアメリカ諸国の不満はすぐに形を取って現れた。ボリビアは六年間、ペルーとホンジュラスは五年間、一九二九年に復帰するまで連盟総会の欠席を続けた。ボリビアとペルーに関しては、タクナ＝アリカ紛争の提訴が結局まともに審議の対象とされなかったことが原因の一つであるのは間違いないだろう。さらに、コスタリカが分担金負担に対する不満から初の連盟脱退国となった(16)。

ラテンアメリカ諸国は分担金を支払うのみならず、総会や委員会などで多額の資金を費して遠いジュネーヴまで人員を派遣していた。それにもかかわらず、連盟のヨーロッパ偏重によって具体的な利益を享受できなければ、当然不満は高まることになる。

こうした連盟の不作為がもたらす悪影響を連盟事務局やヨーロッパの大国の側も認識しており、ヨーロッパ情勢が一段落した一九二〇年代半ばから対策が練られ始める。イギリスの連盟代表を務めるセシル子爵は、連盟がラテンアメリカに全く関わらないために、ラテンアメリカ諸国の代表が連盟においても自国の地位や威信のことしか考えられなくなっていると批判した。何とかラテンアメリカにとっての連盟の重要性を向上させねばならないが、モンロー主義とアメリカに対する遠慮がある以上は、時が経つに連れてむしろラテンアメリカの紛争に対する介入は困難になるであろう。そこでセシルは、ラテンアメリカに関係する「社会と衛生の諸問題（social and hygienic questions）」に注力すべきであると提案している。ラテンアメリカ諸国に責任を持たせるためには、連盟側もラテンアメリカでより存在感を示して有益な活動を行わなければならないとしたのである(17)。

セシルに具体的な計画があるわけではなかったが、一九二七年に同様の発想を持っていたドラモンド連盟事務総長はライヒマン保健部長のラテンアメリカ派遣という形式で実行に移した。ドラモンドが期待するのは、ニカラグアに対するアメリカの武力介入によって反米感情がかき立てられた結果、ラテンアメリカ諸国が「連盟の最も熱心な支持者」になることであった。ライヒマンは一九二七年六月にウルグアイのモンテビデオで開かれた連盟主催の「児童福祉に関する衛生専門家会議（Conference of Health Experts on Infant Welfare)」に参加している。第二章第二節でも触れた前々年から前年のアジア歴訪と同じく、保健衛生を担当するライヒマンの派遣が連盟のガヴァナンス拡大の端緒となっているのが興味深い。まさにライヒマンは「グローバル・ガヴァナンス」の尖兵であった。(18)

さらに、ラテンアメリカ諸国の側の不満がついにサボタージュ以外の形式を取って現れたのが、重要な契機となった。先述したように、コスタリカは分担金に対する不満から一九二五年一月に脱退を通告していた。そして連盟側から復帰を求められたコスタリカは、一九二八年夏に連盟のモンロー主義解釈、特に規約第二一条におけるその解釈を問うという行為に出た。(19)対する理事会の返答は、「それは規約に定められたいかなる規定をも弱めたり制限したりはしない」として、「規約を構成する条項は、前文の言うところの国際協力を促進し国際平和及び安全を達成するため、全ての連盟加盟国に平等な義務と権利を与えている」ことを確認するものであった。モンロー主義自体の解釈には踏み込んでいないが、連盟規約第二〇条を根拠としながら第二一条の意味を限定的に解釈したと言える。当時ドラモンド連盟事務総長の官房長を務めたウォルターズによれば、アメリカを刺激しないよう消極的なヨーロッパの理事国を、コロンビア、チリ、キューバというラテンアメリカの理事国、そして事務局が押し切った結果、こうした形式になったのだという。アメリカ出身の事務局員アーサー・スウィーツァーは紛糾を避けるために、あくまでパリ講和会議の連盟規約委員会で規約第二一条が挿入された経緯に立ち返るべきだと唱えていたが、その場合には、当初規約第二一条が連盟のラテンアメリカにおける活動を困難にするとは想定されていなかった事実が浮かび上がってくるだろう。連盟側のそれまでの逡巡が法的根拠に基づくものではないとここで確認されたのである。(20)

コスタリカは結局復帰しなかったが、連盟理事会による返答は以後のラテンアメリカ諸国と連盟の関係に大きな影響を与えた。後述するように、チャコ紛争においてラテンアメリカ諸国の理事は、この返答を根拠として紛争への介入を求めた。後にイギリス外務省において、連盟規約第二一条は、チャコ紛争でもレティシア紛争でも、連盟にとって「理論的障害」にはならなかったと総括されることになるが[21]、そうした評価が定着するうえで、この返答が果たした役割の大きいことは間違いない。

連盟事務局や大国の一部にラテンアメリカにおける活動の活発化を図る動きが出てきたなか、ラテンアメリカ諸国側からの要求が理事会に連盟規約第二一条の解釈を確認させ、実のところあまり法的には意味を持たない条項であることが明らかにされた。これらの動きが相乗して、連盟のラテンアメリカにおけるガヴァナンスを進展させていくのである。

二　一九二八年一二月の武力衝突

紛争の歴史的経緯

一九二八年一二月、パラグアイ、ボリビア間の武力衝突であるチャコ紛争が発生した。第一章で取り上げた理事会改革によるブラジルの脱退、連盟のガヴァナンスの主体である理事会の構成国の普遍化という要因に加えて、直前にコスタリカへのメッセージで規約第二一条が限定的に解釈された状況で、この紛争に連盟がどのような関与を行うかは、ラテンアメリカにおける連盟のガヴァナンスを規定するような事態であった。

チャコ紛争は、パラグアイとボリビアの間に広がる荒野地帯、チャコ地方をめぐる国境紛争であり、パラグアイ川、ピルコマヨ川に挟まれた広大な三角地帯が係争地となっていた。パラグアイは入植を行って現実の経済的利益を持っていた一方、ボリビアは海洋に接しておらず、係争地域を領有することでパラグアイ川に良港を得て、海洋への出口を確保することを将来の経済発展上必要としていた。歴史的には両国独立後、一九世紀には既に互いが領有権を主張していた、長期に亘る懸案であった[22]。

チャコ地方の領有権をめぐる係争が武力衝突に発展したのは、一九二八年一二月五日であった。ボリビアが設置していたバンガルディア（Vanguardia）要塞で武力衝突が発生した。パラグアイが要塞を破壊し、それに対しボリビアも軍を動員してボケロン（Boquerón）要塞を奪取している[23]。この状況で、偶然一二月一〇日から開催中であったパン・アメリカ会議の議決に基づいた「米州仲裁調停会議」（International Conference of American States on Conciliation and Arbitration）や、アルゼンチン、チリ、ブラジルによる共同調停の試みなど、米州やラテンアメリカの地域的な紛争解決の枠組みが調停に動いた[24]。

連盟理事会決議の実現

一方で、連盟はスイスのルガノで一二月一〇日から第五三回理事会を開催中であった。紛争両当事国から連盟に対し何も申し出がなかったこともあり、連盟事務局は慎重な姿勢を取っていた。しかし「南米各国理事」が熱心に、各方面に連盟が何らかの措置を取るよう求めたため、理事会は一二月一一日に秘密会を開いて理事間で意見交換をすることとなった。まずルーマニア理事が、理事会が規約に従って何らかの措置を取らなければならないと主張し、それにキューバ、ベネズエラ、カナダ理事が賛成した。これに対し、イギリス理事オースティン・チェンバレン外相は、両国から理事会に対し未だ何ら申し出がなく、かつ米州仲裁調停会議の存在もあるため、連盟が「横合ヨリ干渉」する印象を与えないよう説いた。日本理事の安達峰一郎駐仏大使やチリ理事も消極的な姿勢を見せていた。

しかし、「理事会カ何等カノ方法ヲ講セサルニ於テハ連盟ノ使命ニ反ストノ批難ヲ免レサルヘシトノ意見強ク」、議長であるフランス理事ブリアン外相は、米州会議の枠組みに配慮する必要は認めつつ、連盟が「並行」して平和維持を図ることは問題ないと述べた。その形式については「細心ノ注意」を払いつつ、結局理事会としては、紛争をこれ以上悪化させず、連盟加盟国である両当事国が国際的義務に従い平和的に紛争の解決に努力することを期待すると申し送ることに決定し、決議は同日午後に可決された(25)。

理事会は最終日一五日に秘密会を開き、意見交換を行った。ブリアン議長は、紛争の解決に影響力を持ち得るアルゼンチン、チリ、パン・アメリカ会議などに対してその努力を認め、連盟以外の試みによる解決でも喜ばしい旨を通知することへの可否について意見を求めた。これに対しイギリスのオースティン・チェンバレン外相は、連盟理事会以外にも解決のための試みが行われているなか調停の申し入れを行うのは誤解を招くため、あくまで米州諸国間における解決を望むと伝え、それが悉く失敗した場合に初めて介入するのが筋だと主張している(26)。ブリアン、チェンバレンとも米州の地域的枠組みを優先させ、理事会は実質的な関与を避けることを主張していた点で共通していた。

しかし「南米理事等」は、理事会が直ちに措置を取らなければ、連盟は米州方面の調停手段の失敗を待って初めて本件を取り上げる底意があると非難され、またそのときには時機を失して解決の途はないだろうとしてチェンバレンに反対した。イタリア理事は、規約第一二条の規定を引いて両当事国の義務と理事会の取るべき態度を明らかにするべきだと説き、ルーマニア理事もこれに賛成した。キューバ理事はベネズエラ理事とともに、先述の九月に理事会からコスタリカ政府に発したモンロー主義の解釈に関する返答を引きながら、南米の国家もその他の連盟加盟国と同様に取り扱うべきであり、モンロー主義は平和維持のための連盟の行動を妨げないと力説している(27)。

議論は紛糾したが、決議は無事可決された。この一二月一五日の決議は規約第一二条、一三条に言及している点で、一一日の決議文よりも踏み込んだものとなっている。しかし依然、平和的解決を希望する旨を伝える以上のものにはなっていなかった(28)。一方で一八日に、ブリアンはアルゼンチン及びアメリカの代表と接触して、理事会が取った措置の説明を行うとともに、事態が長期化した場合には連盟及び米州仲裁調停会議を始めとした米州における複数の試みを調整するために動くかもしれないと通告している。連盟非加盟国アメリカや脱退国ではないが不参加国であるアルゼンチンとの協調に気を配ると同時に、事態の進展次第ではより踏み込む意思を示したものと言える[29]。

しかしパラグアイ政府は一七日付電報で、そしてボリビア政府も一八日付電報で、米州仲裁調停会議の調停の申し入れを受け入れる旨通報してきた。そこでブリアンは両国に、連盟国間の紛争の終了を喜び、両国の受諾した手段によって事件が円満に解決することを希望する旨打電した。事件の平和的解決の目途が付いたとして、数日中に招集される可能性のあった臨時理事会も開催されないこととなった[30]。

パラグアイ、ボリビアがその調停申し入れを受諾した米州仲裁調停会議には、アメリカを含む米州諸国二〇カ国の代表が参加していた[31]。アメリカ、メキシコ、コロンビア、キューバ、ウルグアイの五カ国と両当事国から成る特別委員会が任命され、その努力の結果、一九二九年一月四日、調停議定書にボリビア、パラグアイ両国が調印した。この議定書では「調査調停委員会」の設置及び、委員会の決定まで、両当時国は敵対行為と衝突の起こった地方における軍隊の集中を停止する旨が規定された[32]。調査調停委員会は、特別委員会と同じ五カ国と両当事国の委員から成り、アメリカ代表のフランク・ロス・マッコイ（Frank Ross McCoy）陸軍少将を委員長としている。同年一〇月には「中立諸国委員会」に改称された。調査調停委員会は、九月一二日に調停決議案を満場一致で採択した。決議は両国の損害の相殺、原状回復、両国の国交回復を要旨としていた。ようやく一九三〇年七月二四日に、境界を一九二八年一二月五日以前の状態に復帰させることが達成された。しかし、平和が回復されたとはいえ、紛争の原因である国境問題自体の解決はなされるには至らなかった[33]。

国際連盟の関与の画期性に対する評価

この時点におけるチャコ紛争への連盟の対応には、キューバ、ベネズエラといったラテンアメリカの理事国や、ルーマニア、カナダなど中小国の理事国の、ヨーロッパ内外を問わず連盟が国際紛争に強く関与することを求める主張が影響していた。これらラテンアメリカ諸国、中小国の理事会に占める勢力が増大したのは、一九二六年の理事会改革に依るところが大きい。理事会改革は、連盟のガヴァナンスの普遍化に寄与したと言うことができよう。

同時代的にも連盟理事会の対応については、「理事会ハ欧州大陸以外ニ発生セル紛争問題ニ関シ発言シ而モ南北米諸国ニ相当ノ満足ヲ与ヘツツ本件紛争解決ノ端緒ヲ開キ可成リ手際ヨク始末ヲ附ケタルハ英国外務省方面ニ於テ窃カニ驚キ居ル趣ニシテ仏国政客中ニモ直接「ブリアン」ニ対シ連盟ノ道義的勢力ノ偉大ナルニ驚嘆ノ感ヲ漏シタルモノ少カラスト謂フ」との評価が日本外務省には報告されている[34]。理事会の対応はかなり慎重かつ形式的なものであり、本当に「紛争解決ノ端緒ヲ開」いたのかは疑わしい。しかしながら『タイムズ』紙が、「たった数年前であっても、一方は米州、他方は連盟という二つの機関が南米の紛争の当事国に対して勧告や働きかけを行っていれば、ひどく困った事態になっていたかもしれない」ことを考えれば、「現在のところワシントンでもルガノでもお互いの措置に対する敵意の兆候が少しでも見られないのは、今日の大変喜ばしいことである」と論評したように、連盟がラテンアメリカの紛争に対して形式的にであれ措置を取ったこと、それが対立と紛糾を引き起こさなかったことが、画期的だと捉えられたのである[35]。

そして連盟事務局も「コスタリカへの返答に実践のなかで活力を与えることで、新たに連盟規約の大きな重要性を認識」したとして、その画期性を強調した。それにとどまらず、中国やシャム、ペルシャからの称賛を引き合いにしてその支持が「世界大（worldwide）」であることを語っている。「最初のラテンアメリカの紛争における連盟の行動」は単なる小紛争の調停ではなく、「ラテンアメリカにおける連盟の役割、連盟とアメリカ合衆国その他の非加盟国の関係、戦争に対する保障の世界システム（world's system of insurance against war）の発展という、より広範な問題」

に関わっていたのである。(36)

とはいえ、連盟の措置が形式的なものであったことも否定はできない。イギリス外務省で作成されたメモランダムでは、こうした形式的措置にとどまる点が、連盟の「弱さ」、モンロー主義への「恐れ」と解釈される可能性が懸念されていた。(37)一方で理事会に出席した際のチェンバレン英外相の対応に顕著なように、連盟が深入りしてアメリカの反発を買うリスクは避けたいというのもイギリスの意向であった。依然として普遍的国際機構としての連盟の権威維持と対米協調の維持のジレンマは継続していたのである。

ただしこの時点では、ラテンアメリカの紛争に対する連盟の関与の画期性がより強調された。例えば一九二九年の連盟総会では、ウルグアイ、ペルー、そしてボリビアが連盟の対応を称賛している。先述したように不参加の続いたボリビアが六年ぶりに、そしてホンジュラスとペルーが五年ぶりに総会に出席したのも、連盟への期待の高まりの表れであろう。同時に、ラテンアメリカ諸国も地域的枠組みと両立する形での連盟のコミットメントを望んでいたのであり、その形式性への不満を強調するよりも、強力な介入ではなく慎重で漸進的なアプローチを選択したことが歓迎されたのである。この点は、ウルグアイ代表が一九二九年の連盟総会の演説で理事会の対応を、「ラテンアメリカは連盟の不可欠な一部である」ことを示した「ラテンアメリカにとっても連盟にとっても最重要な先例」として言葉を尽くして絶賛しつつ、「さらなる介入を抑制」した連盟の対応をパン・アメリカ連合と連盟の「効果的な連帯の絆」を構築する第一歩として評価したことによく表れている。(38)

ウルグアイ代表は、「おそらくは連盟規約第二一条の過剰に厳格な解釈による、米州の問題に対する明白な連盟の躊躇ぶりは誤りだと立証された」とも述べていた。チャコ紛争勃発直前のコスタリカへのメッセージとも相まって、モンロー主義と連盟規約第二一条の持つ、連盟の活動に対する抑止的機能が明確に弱まっていたことは間違いない。

こうして、一九二八年の時点におけるチャコ紛争に対する連盟理事会の関与は、ラテンアメリカへの連盟のガヴァナンス拡大の端緒を開いたのである。

三　チャコ戦争開戦と管轄権競合の開始

中立諸国委員会の先行

国交回復後に国境問題の解決を図る動きもあったが、交渉は停滞していた。一九三一年七月に両国の非難の応酬がエスカレートし、再び国交断絶を見るに至った[39]。一九三二年一一月一一日から、ボリビアとパラグアイ、中立諸国の代表者が不侵略条約を議論するためにワシントンで会議を開始したが、交渉がまとまらないまま一九三二年六月一五日に、カルロス・アントニオ・ロペス（Carlos Antonio López）要塞で衝突が発生した[40]。

この情勢下、ワシントンでは両当事国以外の全米州諸国一九カ国の代表者が八月三日に国務省に集合して、共同通牒を発することに決定した。通牒の要旨は、平和的解決の要求と、平和的手段に依らず獲得した領土に関する取り決めの不承認であり、この年の一月に発表されたスティムソン・ドクトリンと軌を一にしていた。スティムソン・ドクトリンと異なり不戦条約への言及がないのは、ボリビアが同条約を批准していないからであろう[41]。

同時期の紛争として、日本は満洲事変とチャコ紛争を関連付けていた。緊張が高まっていた一九三二年四月に、来栖三郎駐ペルー公使が意見具申を行っている。満洲事変について、連盟総会で約二〇カ国を占めるラテンアメリカ諸国の態度を和らげる必要から、来栖はチャコ紛争を例に「米大陸ノ問題カ常ニ米大陸限リニテ解決セラレントスル傾向」を指摘する。連盟は「個々ノ紛争処理ニ関シテハナルヘク各大陸又ハ地方ニ於ケル伝統又ハ特殊事情等尊重ノ精神」を有しており、連盟規約第二一条の趣旨もこれに基づくものであるとされた。そのため、満洲事変においても「解決根本原則ニ関スル決議等ハ兎ニ角特殊複雑ナル地方的事情考慮ノ要アル協定ノ内容迄連盟トシテ立入ラントスル」ことは否定される。しかし地域主義的であると同時に、多国間外交の枠組みに基づく、チャコ紛争における米州諸国の調停の性質は捨象された。「各大陸又ハ地方ニ於ケル伝統又ハ特殊事情等尊重ノ精神」からは、「各大陸又ハ地方」で地域主義の形態もまた変わることは当然とされるのである。日本は地域主義一般の有用性を示す例としてチャコ紛争を引照していた。(42)

こうした満洲事変との連関に注目していたのは日本だけではない。ドラモンド連盟事務総長は、連盟が南米の問題に全く関心がないという印象を与えれば満洲事変の審議に悪影響だとみなしていた。(43)ラテンアメリカの紛争に全く介入しなければ、来栖のような地域主義を根拠とした日本の連盟排除論に力を与えかねないことは自覚していたのである。「普遍性」に依拠するからには、例外となる地域を設けることはできなかった。

連盟は、当時の理事会議長ホセ・マトス（José Matos, グアテマラ）が七月二九日に、いくつかの米州諸国が平和的解決をもたらすため努力を続けていることに触れて、これらの努力が成功に終わるのを望む旨伝えた。(44)しかしながら九月に入っても、ＡＢＣＰ（アルゼンチン、ブラジル、チリ、ペルー）四カ国の共同調停、ワシントンにおける中立諸国の調停の試みは双方とも進捗が見られなかった。(45)

イギリス外務省において、「南米の問題に対する連盟の介入はデリケートな事柄であり、現在の危機に関して理事会が何らかの措置を取るのは、間違いなく、ワシントンにおいて実行されている調停、及びこれから実行される可能性のある南米諸国の調停の結果を待ってからだろう」と論じられたように、とりあえずは米州諸国の調停の試みが優先された。一方で、理事会議長がメッセージを発するのを妨害するようなことをすれば、「国際連盟とイギリス政府双方の威信を損なうだろう」とも判断されていたため、折衷的な方法が取られることになる。それは米州諸国による枠組みの管轄権を侵さない範囲で理事会が何らかの措置を取り、かつアメリカとの連絡を欠かさないというものであった。(46)

対してアメリカのスティムソン国務長官とフランシス・ホワイト（Francis White）国務次官補は、「この問題について連盟側のいかなる独立行動も阻止する」ことを目標に掲げていた。それは「二つや三つの異なる中心点によるそれぞれ独立した交渉の存在は、我々が既に見てきたように事態を複雑にするだけである」という危惧を抱いていたからであった。一方で、彼らはボリビアやパラグアイが提訴した場合には、連盟が受理して行動を取らざるを得ないことも確認していた。そのためアメリカ側の連盟に対する要求は不介入ではなく、自らの主導する中立諸国委員会の努力を支援することであった。[47] この点で連盟側とアメリカの意向は平仄が合っていたと言える。

国際連盟の積極化による管轄権競合の激化

連盟は九月二三日の理事会において、スペイン代表のサルバドール・デ・マダリアガ（Salvador de Madariaga）の提議により、チャコ紛争に関して理事会が措置を取るのを前提に、報告者または小委員会を任命する旨決定した。九月二七日の理事会秘密会では、米州諸国の調停を支持する旨の電報を理事会議長から発することに決している。このときパナマ理事は、本事件が満洲事変とは異なって当事国がいずれも理事会の介入を要求していないが、「連盟トシテハ之レカ為冷（淡）ナルヘカラス」と主張した。それを受け、差し当たりエイモン・デ・ヴァレラ（Éamon de Valera, アイルランド）理事会議長の協力者として、マトス（グアテマラ）、マダリアガ（スペイン）が指名された。[48] これらの委員により構成される理事会小委員会が「三人委員会」と呼ばれる。

紛争が長期化の様相を見せ始め、連盟もチャコ紛争への対処のために三人委員会を設置するに至った。このように連盟が関与の度合いを強めるに当たって、パナマというラテンアメリカの非常任理事国の強い主張があったことは見逃せない。小国のパナマが非常任理事国であったことは、一九二六年の理事会改革による非常任理事国増員、地域別の非常任理事国配分の慣例化、及び輪番制導入と不可分の関係にある。[49]

理事会議長の九月二七日付電報に対しては、ボリビア、パラグアイ双方から中立諸国委員会の調停を基礎として考えている旨が回答された。三人委員会は、中立諸国委員会議長のホワイト米国務次官補宛に九月三〇日付で、同委員会の努力を支持すること、そして事態について情報提供を随時希望する旨通報した。これに対し中立諸国委員会は、三人委員会の提議に対し深甚かつ好意的考慮を払うと回答している。さらに三人委員会は、中立諸国委員会に一〇月一日、理事会が最も懸念する両国軍の衝突の回避につき、両国軍が衝突できない地点まで撤退し、かつなるべく速やかに中立国軍人より成る委員会を現地に派遣して、両国軍司令官と協力し局地的戦闘を避けるための手段を報告させるよう希望するという趣旨の電報を送った。これに対し中立諸国委員会は、既に九月一四日に同様の提案を行って両国の受諾を得ており、停戦に関する交渉、紛争の「終局的仲裁」に関する事項の交渉も進捗しつつある旨回答した[50]。連盟と中立諸国委員会が公式に連絡を取ることは、連盟と米州の地域的な枠組みが協力関係を築く嚆矢となるものであった。

中立諸国委員会は、一二月一五日に再び調停を試み、ボリビア、パラグアイ両国に紛争解決協定を提案した。この協定は、調印後四八時間以内に戦闘を休止し、調印後一カ月後以内に批准し、批准書の交換後四八時間以内にパラグアイ軍はパラグアイ川以東に、ボリビア軍はピルコマヨ川岸のバリビアン（Ballivián）要塞からパラグアイ川岸のビトリオネス（Vitriones）要塞に至る線まで撤退することが定められた。この提案はラテンアメリカ諸国及び連盟にも通報されたが、特に連盟理事会議長デ・ヴァレラ宛には、理事会議長及び連盟加盟国が中立諸国委員会提案を支持してボリビア、パラグアイ両国に受諾を勧めることを望む旨記されていた[51]。これに対し一二月一七日に連盟理事会は、議長より両当事国政府に、中立諸国委員会の提案を受諾することは両国が連盟規約により負担する義務を尽くすことになる旨を電報し、またそのことを中立諸国委員会議長にも通報することに決した[52]。しかし一二月一五日の提案は、ボリビア軍はチャコの中央に残るのに対し、パラグアイ軍がチャコを完全に放棄しなければならないとしてパラグアイ側が拒否したため、頓挫した。[53]中立諸国委員会は自らの失敗を認識したものの、この時点では紛争両当事国の近隣四カ国（ＡＢＣＰ）との協力に比重を移すという形式で米州内の解決を目指していた。[54]

しかしながら一旦は中立諸国委員会に協力すると決定したものの、連盟側は依然として介入を求める圧力に晒されていた。ドラモンド連盟事務総長によれば、日々届くチャコ紛争のニュースに接しているなかで、さらにはコロンビアとペルー間のレティシア紛争についても考慮を要しているため、理事国の間でも「無為の誹り」を避けるためには何らかの措置が必要だとの声が高まっていた。[55]そのため、連盟理事会の三人委員会は、中立諸国委員会の努力が功を奏さないと見ると、一九三三年一月二八日に会合して、現地にアメリカ、アルゼンチン、そしてヨーロッパのうち一国からそれぞれ一名ずつで構成される委員会を派遣し、現地に到着した際もなお敵対行為が継続中なら、まずその停止のため尽力し、実状を調査したうえで紛争の解決案について理事会に提議させる案を立て、ボリビア、パラグアイに提示した。[56]しかし両当事国とも難色を示したため、後日に決定を保留した。[57]

アメリカは連盟の本格的な介入には否定的であり、この委員会派遣提案も事態を複雑化させると懸念していた。解決に不可欠な近隣諸国との協力は既に中立諸国委員会が行っており、そのような協力も無いまま遠く離れたジュネーヴから連盟が調停しても成功の見込みはより低いという理由であった。とはいえ、スティムソン米国務長官はパン・アメリカ連合事務総長レオ・ロウ（Leo Rowe, アメリカ）の求めたレティシア紛争及びチャコ紛争を解決するためのパン・アメリカ会議招集にも消極的であり、中立諸国委員会に代わるべき構想は持ち合わせていなかった。スティムソンは二月末に至るとレティシア紛争については連盟による解決案を支持しており、チャコ紛争においても軟化するのは時間の問題であった。[58]

しかしながら、連盟はもはやアメリカの許可を待つ必要は無かった。アンソニー・イーデン（Anthony Eden）英外務政務次官が、「紛争当事国の近隣諸国と協力している中立諸国委員会の活動が失敗すれば、連盟が活動すべきときが来るかもしれない」[59]と述べていた通り、中立諸国委員会が手詰まりになると、すかさず連盟は介入することになった。これは、連盟と米州の地域的な枠組みが紛争の管轄権をめぐって競合関係にあったことを示している。中立諸国委員会の管轄権はひとまず尊重するものの、それが失敗した後においても連盟独自の対応を抑制するのは、理事会内の不満をより高めるため政治的に不可能だった。とはいえ一旦調停を引き受けた後には、その成功のためにはむしろ地域的枠組みとの円滑な関係を維持しなければならなかった。

連盟がそれまで関与してこなかった地域に、少しずつそのガヴァナンスを及ぼしていった結果、地域的枠組みとの関係性が問題として浮上する。チャコ紛争をめぐって連盟は競合関係と協力関係の狭間で、地域的枠組みとの関係のあり方を探っていくことになる。

四　管轄権の国際連盟への移動とチャコ委員会

武器禁輸措置の検討

アメリカでは紛争解決のため、それまでとは異なる動きが進行していた。アメリカ政府はイギリス側から武器売却の禁止措置への協力を求められたが、当初フーヴァー大統領はこれに消極的であった。しかしスティムソン国務長官は、軍需産業との癒着とみなされて批判される可能性を示すことで説得に成功した[60]。フーヴァー大統領は一九三三年一月一〇日に議会教書を送付して、アメリカ及びヨーロッパ方面からボリビア、パラグアイ両国に多量の武器軍需品が輸出されている実情に鑑み、武器の輸出取り締まりに関して行政部の権限を拡大することを求めた[61]。これに対し、上院では武器輸出禁止に関する共同決議案が提出され一九日に一旦通過したが、その後ハイラム・ビンガム（Hiram Bingham III）上院議員の反対により最終的には否決された[62]。

イギリスは二月二五日付連盟事務総長宛書簡を以て、英仏両国政府が連盟規約第一一条の適用として、ボリビアやパラグアイに対する武器供給禁止措置の研究を理事会に要請することで意見が一致した旨の覚書を送付した[63]。二八日にはこの件に関して理事会の非公式会合が行われたが、イギリス代表はチャコ紛争においていずれが侵略国であるか明らかでないため、紛争両当事国に対する武器の禁輸を速やかに断行すべきだと提議している。これに対し中国代表の顧維鈞は、武器禁輸措置を紛争両当事国に実行するのは侵略国の決定が不可能な場合に限るべきで、日中紛争のように侵略国が明確なときは侵略国のみに適用するべきだと主張した。スペイン代表のマダリアガがこれに賛成したことなどもあり、差し当たって侵略国が不明なため双方に適用するとの了解に達した。三月二日の理事会非公式会合で各国の承認を得て、理事会が連盟規約第一一条に依り本件を審議することに決定した。当事国ではなく第三国の提訴で規約第一一条が適用されるのは初めてのことであった[64]。

上述の顧維鈞の鋭敏な反応は、連盟という場で、満洲事変という極東の紛争とチャコ紛争が容易に結びつくのを理解していたことによるものであろう。中国はアメリカ側の禁輸に対する動きについても満洲事変に適用される可能性を注視しており、地域の別を超えて紛争への対処法が連動する働きに自覚的であった。このときイギリスが日中両国に対し武器禁輸を適用しており（すぐに撤回されたが）、この方式が連盟の慣例として定着するのは防がなければならなかったのである[65]。

賛成の不可欠な、パラグアイの隣国であるアルゼンチンもまた、輸送用自動車にも禁輸を拡大することを主張するなど積極的であり、実行の見通しは開けていた。おそらくは、ブラジル、チリ、ペルーとともにＡＢＣＰの枠で推し進める和平案を両当事国に受け入れさせるための「追加圧力」だと考えていたのだろう。地域的枠組みにおける解決を推進する国家にとっても、禁輸に関しては普遍的枠組みで行った方が実効性は高まるだけに、連盟の利用価値は十分に認識されていた[66]。ただし、その後現地に調査委員会を派遣することが決定されたため、武器禁輸措置の審議は一旦中止された[67]。

チャコ委員会派遣をめぐる紛糾

事態が収拾の気配を見せないまま、パラグアイは一九三三年五月一〇日、ついに宣戦を布告した[68]。三人委員会議長ショーン・レスター（Sean Lester, アイルランド）は一一日の協議の結果、理事会議長に緊急理事会招集を要請した[69]。緊急理事会は五月一五日に開催され、三人委員会に解決案を作成させることとした。三人委員会が即日会合した結果、二〇日に理事会は再開された。委員会は、①調査委員会を派遣して戦闘中止に尽力し、その場合パラグアイの宣戦は取り消される、②仲裁裁判による解決を求め、必要な場合仲裁契約の作成を援助する、との趣旨の解決案を提出したところ、パラグアイはこれを承諾したが、ボリビアは規約第一六条の適用を主張して即答を避けた[70]。

ここに至ってイギリス政府は、「今、連盟の介入すべき機会が到来しているのは明白であり、現在の状況で最良の案は、ボリビアが連盟を全面的に信頼して提案中の連盟委員会に可能な限りの便宜を図ることである」と、連盟の提案を受け入れるようボリビアに圧力をかけている[71]。

仲裁契約と敵対行為停止との双方を同時に交渉することでボリビアを説得したところ、同意を得たため、七月三日の臨時理事会で三人委員会の案の通り、調査委員会の設置とジュネーヴにおける仲裁契約作成のための直接交渉を行うことが決議された。三カ月を要する見込みのジュネーヴにおける直接交渉が不調の場合は、調査委員会が当初の予定通り現地で仲裁契約作成に従事することとされた[72]。

連盟が本格的に調停手続きに入るなか、ローズヴェルト政権発足間もないアメリカも明確に中立諸国委員会には手を引かせると決定した。中立諸国委員会議長を務めてきたホワイト国務次官補が退任前に決断したのであった。アルゼンチンとチリの協力が得られなくなったことも要因として大きかった。ただし地域主義的主張も残存し、連盟の派遣する委員会はラテンアメリカ諸国のみで構成されるのが望ましいとしている[73]。

中立諸国委員会は六月二七日に声明書を発表し、中立諸国委員会は現在の交渉から撤退すると表明した。そして「もし交渉の中心が一つでないならば、混乱と協定の失敗が不可避の結果となる」という教訓から、チャコ紛争をめぐる「諸交渉の中心はジュネーヴに置くことができ、他の平和機関が同様の立場を取るならば、連盟委員会が平和への普遍的支援とともに活動することになる」と結論付けた。同時に、「この半球における平和と秩序の維持という根本問題には、次回のパン・アメリカ会議で効果的に対処する必要性」も留保している。この声明は、アメリカの対中南米の態度に新生面を開くものだとも評された[74]。連盟理事会三人委員会の八月三日の報告書では、それまでの経緯を振り返り、「事態をさらに複雑にするかもしれない管轄の二重化を避け（avoid any double jurisdiction）たい理事会は、第三者の平和を求める努力を支援することに自らの役割を限定してきた。先述の第三者の正式な断念により、現在国際連盟のみに迅速な解決の追求と、その目的のための最も適切な方法の選択が委譲されている」と総括している[75]。中立諸国委員会がチャコ紛争の管轄権を連盟に委譲したことで、連盟が主として紛争の対応に当たる局面が初めて生まれた。

七月一九日にはイギリス、フランス、イタリア、スペイン、メキシコから成る理事会の派遣する調査委員会、チャコ委員会（Chaco Commission）が設置された。その矢先、七月二六日付でボリビア、パラグアイの両当事国から三人委員会議長に、ＡＢＣＰ四カ国に斡旋を依頼したいという要請があった。これに対して英仏両国は憤りを隠していない。ただし、両当事国の申し出を拒否したうえで委員会を派遣しても成功する可能性は低いと判断して、「連盟の最終的権威」を維持し、可能な限りは四カ国の試みを「連盟の管理の下」に置くことを図ろうとしていた。

連盟理事会は八月三日に臨時会合のうえＡＢＣＰ四カ国に対し、理事会の委任に基づいて解決案を両当事国に提案することを引き受けるかどうか問い合わせると決した。しかし同時に、これを引き受けた場合は逐一理事会に報告することを要求している。ＡＢＣＰ四カ国の行動は連盟規約を基礎とし、理事会を代表して行われるというのが前提であった。また、理事会はそれまでの諸決定の「効力は一時的に保留される」のみであり、「七月三日の報告書は完全に執行力を維持し」、「国際連盟は問題を議題としたままである」ことを念押ししている。「問題ハ連盟ト南米諸国トノ管轄争ノ如キ観ヲ呈スルニ至レリ」というのが、伊藤述史連盟帝国事務局長代理の見方であった[76]。結局のところ、ＡＢＣＰ四カ国は一〇月一日付で、両当事国間の状況の調査、各政府間の協議や意見交換の結果、連盟理事会による招請は受諾しない旨伝えている[77]。

チャコ委員会の蹉跌

ＡＢＣＰ四カ国の回答を受け三人委員会は一九三三年一〇月二日に会合し、アヴノル連盟事務総長に対し、チャコ委員会のメンバーにすぐ南米へ出航する準備ができているか確認するよう指示した。三人委員会は、九月二八日に理事会に承認された報告書のなかで、「理事会が行動を再開するならば、近隣諸国の協力が最重要の要素になる」旨述べた[78]。近隣諸国の協力態勢が不安定だと、八月に実際に起こったように、チャコ委員会の派遣後に梯子を外される可能性は十分にあった。実際、チャコ委員会の派遣中にも、ウルグアイが独自の調停案を提議している。その際に英外務省米州部長のロバート・クレイギー（Robert Craigie）は、「ほぼ同時に二者択一の提案がなされれば、単に当事国に片方の提案をもう一方の提案と張り合わせる機会を与えるだけ」であり、それは既にボリビアによって行われていると警告している[79]。チャコ委員会を始めとした連盟の試みを実効的なものにするためのみならず、紛争当事国が複数の調停枠組みを手玉に取って遅延工作を行うのを防ぐためにも、近隣諸国との協調が必要なのである。

チャコ委員会の任務は、可能な限り仲裁か、交戦国間の本質的な解決（基本的には国境画定）の基礎を提案し、それが失敗した場合には、理事会の支援の下で判定（advisory opinion）より成る報告書を作成し、仲裁にかけられる事項の判断、仲裁の範囲の決定を容易にすることであった。戦争責任の調査についてはやがて必要となるであろうが、現在の状況では平和的解決には貢献しないとされている。(80)

委員は、フリオ・アルバレス・デル・バヨー（Julio Álvarez del Vayo, スペイン）、ルイージ・アルドロヴァンディ（Luigi Aldrovandi, イタリア）、アンリ・フレイダンベール（Henri Freydenberg, フランス）中将、ラウール・リベラ・フランデス（Raúl Rivera Flandes, メキシコ）少佐、アレクサンダー・ロバートソン（Alexander Robertson, イギリス）准将の五名であり、デル・バヨーが委員長を務めた。(81)

ヨーロッパ諸国出身の委員は一〇月三一日に、リオデジャネイロでブラジル外相アフラニオ・デ・メロ・フランコ（Afrânio de Mello Franco）と二回に亘り会談した。そして一一月三日にモンテビデオでメキシコのフランデスを加え、チャコ委員会は正式に発足した。一一月一三日にはブエノスアイレスでアルゼンチン外相カルロス・サーベドラ・ラマス（Carlos Saavedra Lamas）と会談した。その後、パラグアイのアスンシオンでパラグアイ大統領と会談を行っている。一一月二〇日から二八日までの間にチャコ東部を視察し、軍人出身の委員はパラグアイの前線へ赴いた。続いて一二月五日にボリビアのラパスに到着し、ボリビア大統領と会談した。(82)

チャコ委員会は両当事国の見解を接近させようと努力し、一二月一二日協定案の大綱を両政府に提示した。この協定案は、敵対行為の最終的停止を最初に決めたいと希望するパラグアイに対し、国境問題の解決に関する可能性を考慮することを求めたものであった。これは、パラグアイが一五日の電報で事実上拒否したため実行されなかった。しかし一二月一八日に、パラグアイが休戦を提案してボリビアが受諾したため、休戦が一二月一九日から一二月三〇日まで実行されることとなった。(83)

委員会はモンテビデオへ向かい、開催中の第七回パン・アメリカ会議（モンテビデオ会議）において歓迎を受けた。パン・アメリカ会議は一二月二四日に、「アメリカ諸国の等しく認むる崇高なる目的を有する委員会に対し会議は衷心の敬意を表する」との決議を採択した。一二月三〇日の休戦期間満了が迫っていたが、委員会委員長デル・バヨーの強い要請により休戦は一月六日まで延長された[84]。こうした協力姿勢の裏には、コーデル・ハル（Cordell Hull）米国務長官が交渉をチャコ委員会に任せて、他の枠組みはその支援に回るべきだと判断していたことがあった[85]。米州を代表する地域機構であるパン・アメリカ会議が、連盟非加盟国アメリカの同意を得たうえで、チャコ委員会と協力する意思を見せた意義は大きい。一二月一四、一五日にパラグアイが大勝を収め、ボリビアの退勢が明らかになったこともあって、ついにチャコ紛争が何等かの形で解決するのではないかと推測されるに至っていた[86]。

しかし、休戦期間満了までに協定の基礎について合意に達することはなかった。パラグアイは第一に停戦や武装解除など安全保障の問題を解決することを要求し、対してボリビアは紛争の原因となった国境画定及びその方法など実質問題の解決のために協定を締結すべきだと主張しており、両者の溝は埋めがたかった。一九三四年二月二一日の両当事国代表との会合で、委員会は両国が譲歩しないとの確信を深め、委員会は報告書を作成するためにジュネーヴへ帰還することに決した[87]。

そのなかでも委員会事務総長のフアン・アントニオ・ブエロ（Juan Antonio Buero, ウルグアイ）連盟法律顧問は残留することになったが、ウォルターズ連盟政治部長はこれを「ただ一人南米の南半分で連盟の旗を掲げている」として称賛した。さらにウォルターズは、ペルーとコロンビアの係争地帯レティシアの管理及びそのコロンビアへの返還プロセスを進めてきた国際連盟レティシア委員会を「史上唯一、真に連盟の旗が上がったケース」だと評価している[88]。これによって、ラテンアメリカにおける連盟のプレゼンスが、創設以来最も高まっているとの評価がなされていたと分かる。ただし、レティシア委員会が明確な成功を収めたのに対して、チャコ委員会は調停を達成できないまま帰還を余儀無くされたのであった。一度構築したプレゼンスを失わないためにも、連盟にとっては以後の対応が重要となった。

チャコ委員会は三月一四日にジュネーヴへ帰還し、四月二三日に報告書作成のため会合して、五月九日に報告書を完成した(89)。報告書では、委員会が平和条約案作成で取った方針が説明された。安全保障条項に関しては、チャコを国際管理の下に置いてその武装を完全に解除するというパラグアイの大勝前の提案は採用されなかった。国境問題の解決について、パラグアイは大勝後に新情勢が生じたとして仲裁裁判による解決を拒否し、対してボリビアは法的解決を主張したため、委員会は相反する要求に直面していた(90)。

パラグアイ政府は三月一〇日付覚書で、戦争責任問題及び国際法違反問題の調査を行うべきだと主張していた。しかし報告書は、戦争責任問題の調査について、「相互の誤解と憎悪に依り既に醸されたる陰鬱なる空気に対し更に新たなる紛争の原因を生ぜしめ、折角の平和への努力の性質を可成変化せしめるだらう」としており、全く消極的であった(91)。

チャコ委員会は報告書で結論として、委員会が提議した平和条約案は公平なものであるため、一方の側にこれ以上譲歩することは相互の不和を拡大するに過ぎず、また条約案の基本原則に何らかの修正を加えることになって委員会の権威を損なうとした。そして、両国共に一切の武器及び軍需品を製造できないにもかかわらず、いずれも困難なく供給を継続的に受けており、近く軍事衝突が終わる可能性は無いとも述べられている(92)。

そこで、米州諸国との協力の必要性が再確認される。「交渉が両国にとり不満足なものと変じたる場合に最早や当事国が一つの手続から他の手続に脱れ、新しい方式を試みざる様にすることが肝要」であり、「各方面から試みられたる調停手続」の「中止」を必要とする。調停の試みを統一することが必要であり、それには米州諸国との協力が不可欠である。しかも両当事国が解決案をあくまで拒否する場合には、「或種の輸出品に対し他の諸国の執る管理を完全ならしめるため」に、特に近隣諸国の協力が必要である。よって、「国際連盟理事会が採択する決議に対しアメリカ諸国側に於て有効なる支持を与へるならば決定的効果を収めるであらう」とされる(93)。

「連盟ト南米諸国トノ管轄争」[94]を経て、現地に送られたチャコ委員会が到達した結論は、調停の枠組みの統一と「南米諸国」との連携の必要性の再確認であった。パン・アメリカ会議において歓迎を受けるなど一定の協力を取り付けることに成功したが、武器や軍需品の禁輸という期待される次の措置においては、より一層緊密な協力が必要だったのである。

五　連盟規約第一五条の適用と一九三四年一一月特別総会

武器禁輸措置の再検討

武器及び軍需品の輸出禁止措置へ向けた動きはすぐに始まった。アメリカではボリビア、パラグアイ両当事国に対する武器売却禁止に関する共同決議案が、一九三四年五月二三日に下院、二四日に上院を満場一致で通過し、二八日にはローズヴェルト大統領が共同決議を承認して宣言を発した。しかし、この措置は両当事国にアメリカ国内で武器を売却することを違法としたもので、武器輸出を禁止したものではなかった[95]。同じく五月中には連盟でも、イギリスのチャコ委員会委員ロバートソン准将や連盟代表イーデン王璽尚書らのイニシアティヴにより、一度合意しながら宣言と実行は延期されていた武器禁輸措置の実施が理事会の賛同を得て、連盟非加盟国も含めた関係各国に協力の要請が為された。非加盟国においては、ソ連が参加の意思を伝え、ドイツはアメリカやイギリスを通じて協力の意向を連盟に間接的に伝えている[96]。

日本においても、横山正幸国際会議帝国事務局長代理や山崎次郎駐アルゼンチン公使が、日本の国益を損なうことなく国際協調の意思を示せるとして武器禁輸に協力するよう具申している。特に横山は、世界の世論、特に英米世論を好転させるために非公式でよいから協力すべきだと論じた。しかし本省はこれを退け、横山を通じて口頭で、連盟の政治活動には絶対に関与しないとして不参加の意を示した。同時にパラグアイ、ボリビアには武器輸出を行った実績は無いとも言明して以後も行わないことを示唆したとはいえ、非協力の意思と反連盟の姿勢を前面化させた点でいささか硬直的な対応であったと言わざるを得ない。同じ前年に脱退通告を行ったドイツが非公式にでも協力姿勢を示しているため尚更である。さらには日本一国の対連盟外交にとどまらず、ボリビアの隣国であるチリが禁輸への参加にドイツ、イタリア、日本の協力を条件付けていただけに、実際に禁輸措置の実効性を低下させてしまう可能性があった[97]。以後もチリ政府は主要国の参加という条件が満たされなければ行動の自由を回復することを強調しており、日本の対応は協力取り消しの名目にされかねなかったのである[98]。

特別総会への移管の決定と勧告案の作成

武器輸出禁止措置と並行して、一九三四年五月三一日には、ボリビア政府が連盟規約第一五条に規定された手続きの適用を求め、続いて紛争を総会に移す要求を提出している。この問題を照会された総会の法律委員会は、規約第一五条が適用可能だと結論した[99]。連盟規約第一五条の適用により、勧告を記載した報告書の公表が可能になった。また規約第一六条による制裁の可能性も視野に入ってきた。

規約第一五条が適用可能とされたことで総会は、規約第一五条により問題が総会に移されたことを宣言し、九月二七日に委員会を任命した。この委員会は調停による解決を試み、失敗した場合には規約第一五条四項で規定された報告書の概要を作成する権限を与えられた[100]。総会は全加盟国が出席する、連盟で最も普遍性の強い場である。関与の主体が理事会から総会に交代しても、連盟の普遍性の問題、連盟と地域的枠組みとの関係性の問題は再び争点として浮上する。

例えば、ウルグアイが調停を過去のそうした試みに参加してきたラテンアメリカ諸国に付託する必要性を説いたのに対し、イギリス代表のイーデン王璽尚書は、調停が完全に連盟の手を離れてラテンアメリカ諸国任せとなるのは「不適当」だと考えていた。また、委員会構成国のうちウルグアイ以外のラテンアメリカ諸国、コロンビア、ベネズエラ、メキシコ、チリは、連盟のみが管轄権を持っている、または連盟がパン・アメリカ連合と異なって「必要な組織（machinery）」を備えているなどの理由でウルグアイ提案に強く反発した。また彼らは、一度発動された規約上の手続きが中断されるべきではないとも説いている。そのため、いささか不用意ながらウルグアイ代表は連盟規約第二一条に言及したが、反モンロー主義のメキシコからさらに反論を受ける結果に終わった。とはいえ、イーデンが言及したように、ラテンアメリカ諸国の調停手続きへの参加を保障する必要も自覚されていた(101)。そのため、連盟の勧告の枠内において実務をラテンアメリカ諸国に付託するという方向性が打ち出される。

特別総会が一一月二〇日から開催されることが決定されると、総会委員会は、一一月一七日に連盟規約第一五条四項に基づく報告書案を決定した(102)。報告書案の第四部「総会ノ勧告」では、第一項「戦闘ノ中止ト保障」で敵対行為停止を確保し維持するための措置を定める中立監視委員会（委員六人、ブエノスアイレスに設置）の設置を決定した。特別総会では、中立監視委員会を構成するのはアルゼンチン、チリ、ペルー、ウルグアイの連盟に加盟する近隣諸国四カ国と、連盟が協力を希望する他の二カ国となるであろうと説明されている。両当事国が勧告を受諾した後、六日以内に両当事国は軍隊に敵対行為停止命令を出し、軍隊を現在の線から五〇キロメートル後退させて一〇〇キロメートルに亘る保障地帯を設け、その地帯において攻撃及び防御の設備を設けないことが、敵対行為停止の保障措置として規定されている。第二項「平和交渉」では、敵対行為停止後一カ月以内に平和条約締結の交渉をブエノスアイレスで開催し、アルゼンチン政府は両当事国の外に近隣諸国、ワシントンにおける中立諸国委員会参加国、エクアドル、ベネズエラの参加を招請すべきだとした。この交渉の目的は、国境問題解決の保障条項及び経済条項の決定にあるとし、会議開催二カ月以内に国境確定の交渉が成立せず、また仲裁裁判に関する協定が成立しないときには、常設国際司法裁判所において決定すべきことを定めている。第五部「武器軍需品ノ供給禁止」では、総会は、武器及び軍需品の供給禁止が敵対行為停止の確保と維持のための措置の一つであると認めていた。第六部「諮問委員会ノ構成」は、二三カ国の委員を以て諮問委員会を設置し、連盟加盟国及び非加盟国と連絡して、特に武器供給問題に関し相互の協調を容易にすることを任務とした。また委員会は、アメリカとブラジルに最も適当な方法で協力を勧告すべきだとされている。(103)

中立監視委員会、そしてブエノスアイレスにおける平和条約締結交渉の参加国と想定される顔触れから、米州諸国との協力関係の制度化に腐心していることが分かる。同時に、連盟の枠内で米州諸国が主導権を持つことを意味しており、それ以外の国家が参加する余地は少なくなった。米州諸国や地域的枠組みとの協力と、連盟の普遍性の均衡点の模索がこのような形式で表現されたと言える。

特別総会勧告とパラグアイ脱退

一一月二〇日から開会された特別総会でも、その均衡は主要な争点の一つとなった。二〇日の第一回本会議でメキシコのカスティーリョ・ナヘラ（Castillo Nájera）が議長に選出された。(104) 二一日の第二回会議では、アルゼンチン代表が「問題の米州特有の側面と連盟規約の基本的に普遍的な特徴」の双方を考慮しても、報告書案はアルゼンチンの政策と一致していると述べている。チリ代表は、総会委員会の成果には「連盟の普遍性の精神」が満ちていると評価した。ペルー代表も「問題は局地的（local）ではなく、普遍的である」としていた。(105) 米州諸国は概ね報告書案を、連盟の「普遍性」と「米州特有の側面」双方の均衡が取れたものとして評価していた。

一方、スペイン代表マダリアガは、勧告には反対しないと前置きしつつ、ブエノスアイレスの会議や委員会の構成に不平を述べた。それらは「連盟全体の利益」のために、排他的に米州諸国のみで構成されるべきでないからである。

スペインは「普遍性」を連盟の成功と連盟の原則の肯定のための基礎的条件であるとみなし、問題を「大陸化（continentalise）」するのは、それが米州であろうとアジアであろうと国際思潮の現代的傾向に反すると主張した。[106] スペインは、平和条約締結交渉や中立監視委員会のような現地における実務のレベルでも、地域によってその参加国が排他的に構成されないことを連盟の「普遍性」として求めたのである。

連盟には「普遍性」が必要であるとの認識は共有されていた。しかし、連盟が地域にかかわらずガヴァナンスを及ぼすようになると、その普遍的なガヴァナンスにおいてどの程度地域性を認めるかが焦点となった。連盟が規約を適用して、総会で議論し勧告を発した後は、現地における交渉や実務のレベルは地域に任せるのか、それともスペインのようにそのレベルでも普遍性を求めるのか、連盟の普遍性と地域性の間にどのような均衡点を見付けるかについて意見は必ずしも一致しなかった。

また、禁輸措置が規約第一六条の制裁に当たるのかも焦点の一つであった。武器禁輸を率先して唱えたイギリス代表のイーデンは、「禁輸が侵略国に対する制裁として意図されたことは決して無い」と述べた。[107] 制裁を規定した規約第一六条が規約第一二条、第一三条、そして第一五条に依る約束を無視して戦争に訴えた国に適用される以上、この場合に、制裁は規約第一五条四項に依る報告書の勧告を両当事国が受諾するか否かが判明したうえで行わなければならない。勧告への返答を待たずして行われているのであれば、それは制裁とは言い難い。あくまで規約上では第一六条による制裁ではなく、紛争解決のための実際的な手段として実施されたと考えられる。

二四日に諮問委員会の報告書案は、若干の修正を経たうえ、両当事国は棄権したものの総会の全会一致で採択された。[108] 連盟非加盟国であるアメリカやブラジルにも協力が求められたが、ブラジルは一二月一八日に連盟加盟国ではないとの理由で諮問委員会には代表を送らないが、中立監視委員会には参加する用意がある旨回答している。[109] アメリカも同じく諮問委員会には不参加であるが、中立監視委員会には参加する意思を表明した。[110]

報告書に記載された勧告をボリビアとパラグアイが受諾するかが焦点となったが、ボリビアは一二月一〇日付で受諾を通告し、パラグアイは一二月二六日付で受諾はしない旨通告した。パラグアイは、敵対行為停止の不安定さ、侵略への効果的な安全保障の不在、戦争責任の調査がなされないことを不満として挙げた[111]。

これを受けて、諮問委員会が一九三五年一月一六日に開催された。勧告を受諾したボリビアに対しては武器及び軍需品の供給禁止措置を取り下げるべきだとされた一方、パラグアイについては引き続き継続された。そのうえ既に採られた手段をより効果的にするため、さらなる手段を追加することを勧告している。具体的には軍需品の再輸出や通過を禁止するほか、一般に政府もしくはその代理人以外に輸出を許可しないことが勧告された[112]。勧告の受諾を拒否した側にのみ武器及び軍需品の供給禁止を継続し、しかも再輸出や通過を禁止するという追加措置を取ったことは、事実上の制裁と捉えられかねないものであった。一方、アメリカはボリビアに対する武器売却禁止措置を継続した。連盟加盟国でもノルウェーは、ボリビアに対する措置を取り下げることを拒否している[113]。

諮問委員会の報告に対し、パラグアイは二月二三日付で連盟事務総長宛に、そもそも勧告の受諾を拒否したのではなく再考を促しただけにもかかわらず、諮問委員会が拒否とみなして制裁を課すことに決定したと批判した。さらに、パラグアイの要求する戦争責任問題が明らかにされず、またこのような形式の制裁は連盟規約に規定されていないと不満を表して脱退を通告した[114]。既にブラジル、日本、ドイツが脱退しており、脱退という手段への抵抗は減じていた。パラグアイの脱退通告を受け、新たなアプローチが必要とされていた。

六　地域的枠組みへの回帰――ブエノスアイレス交渉へ

諮問委員会における普遍・地域論争

パラグアイの脱退通告を受けて、諮問委員会が一九三五年三月一一日から一五日まで開かれることとなった。その前の英仏の対応のすり合わせにおいて、フランス側は連盟総会による勧告の拒否を満洲事変に続く第二の危機と捉えており、以降の調停は近隣諸国の試みに任せて責任が連盟に無いことを示すべきだと主張している。イギリス側はこれに大筋で同意しているが、同時にクレイギー外務省米州部長は連盟規約第一六条による制裁を行わずとも、パラグアイへの禁輸に違反していると伝えられていたチェコスロヴァキアを始めとして、オーストリア、ベルギー、ノルウェーなど禁輸に消極的な諸国に圧力を掛けて、パラグアイに対する武器禁輸をより実効的なものとするよう唱えている[115]。パラグアイの脱退で腰が引けてラテンアメリカ諸国任せに傾いたのは間違いないが、イギリスはパラグアイの武器禁輸措置は事実上強化してラテンアメリカ諸国の努力を援護射撃し、また最低限連盟の権威を守ろうとしていた。

開会された諮問委員会で焦点となったのは、パラグアイに規約第一六条による制裁を実行すべきか、そしてパラグアイの受諾拒否と脱退宣言を受けてどのように平和的解決を図るのかという問題であった。エクアドル代表は、想定される制裁は単なる圧力の手段であり懲罰を目的とはしていないとして、制裁に積極的な立場を取った[116]。一方チリ代表は、規約第一六条の厳格な適用は世界の一部の地域で起きた戦争を世界全体に広げるに等しいことから、制裁に訴える前に紛争の解決案を見付けることを主張している。メキシコ代表、ウルグアイ代表、ペルー代表も制裁には否定的だった[117]。最も協力を必要とする近隣諸国が反対している以上、制裁の実行は難しい。

連盟の試みが、パラグアイの総会報告の勧告受諾拒否、連盟脱退通告によって頓挫する危機に晒されたことで、より地域的側面を強めたアプローチを採るか、普遍性を維持するかが激しい論争の的となる。口火を切ったのはフランスであり、「連盟にとって最悪なのは、できることと一致しない決定をすることである」として、ボリビアとパラグアイの近隣諸国の努力に期待を表した[118]。

これに対してコロンビア代表は、連盟規約の「普遍的性格」を強調して規約の完全な適用を主張し、連盟規約は決して「地方的管轄権（local jurisdictions）」や「地域的権利の神聖化（consecration of regional rights）」を想定していないと主張している。ウルグアイ代表は、連盟加盟国、非加盟国を問わず米州諸国が両当事国の和解に努力する必要があり、諮問委員会はそのための枠組みを見出さなければならないと主張した[119]。

ラテンアメリカ以外の地域でも、ポーランド代表はフランスの主張に賛成して、ラテンアメリカ諸国に事態の対応を任せ、米州諸国の意見を重視しなければ連盟は困難に陥るとしている。トルコ代表も、フランスの主張を「連盟規約の枠内における地域的安全保障協定」とみなし賛成している。一方で中国代表（胡世澤）は、「普遍的性格」を失った規約、そしていかなる大陸の連盟加盟国の規約違反にも賛成できないとして、連盟の枠内における解決を求めた[120]。コロンビアや中国は、「地方的管轄権」や地域的枠組みの主導権を認めないことが連盟の「普遍的性格」に不可欠と考えていた。地域的枠組みや地域大国によって、一定程度達成された連盟の普遍的なガヴァナンスが形骸化されることを恐れていたのである。

結局、諮問委員会の三月一五日の報告書において、連盟規約第一六条に依る制裁の適用問題については意見が一致せず、パラグアイに対する禁輸措置が継続されるにとどまった。また、特別総会の五月二〇日開会が決まった。注目すべきことに、アルゼンチンとチリが連盟の枠組みの中で一九三四年一一月二四日の総会勧告を基礎とした案を受け入れさせるための努力を行い、現在ペルーとブラジルとの協力を模索している旨が報告書中に明記された[121]。

英仏が「特殊な状況」、「昨年一一月二四日に総会によって採択された勧告の枠内」であることを理由に支援を決定したように、少なくともこの時点では総会勧告を基礎とすることが委任の大前提であった[122]。あくまで連盟の枠内であるという形で連盟の管轄権は保たれたが、地域的な枠組みによって紛争解決を求める側面が一九三四年一一月二四日の総会勧告より強まったと言える。

「連盟の枠内」？

アルゼンチンとチリの試みは、初めブラジルの拒絶に遭った。アルゼンチンとチリに追随することへの反発であり、また連盟の諮問委員会の報告書に拘束されないという意思を示すものであった[123]。これに対しアルゼンチン、チリは先にアメリカ、ペルーの協力を取り付け、一九三五年四月二九日にこの四カ国の共同公文を以てブラジルに再考を促した。四月三〇日にはイギリス、フランス、イタリア政府もこれを支持して、ブラジル政府に共同勧告を行っている。ブラジル政府は五月二日、アルゼンチン始め四カ国に対し参加の旨を回答した[124]。

五月二〇日からの理事会及び特別総会を前にして、総会に報告書を提出するため五月一六日、一七日に諮問委員会が開かれた。一六日の会合冒頭でアルゼンチンとチリにより、五月一一日にアルゼンチン、ブラジル、チリ、ペルー、アメリカから成る調停国グループが成立したこと、また全会一致でウルグアイの参加を招請したこと、ボリビアとパラグアイの外相をブエノスアイレスに招くことを申し入れた結果、両国とも承諾の見込みであることが説明された[125]。これに対しベネズエラ代表は、このような措置は一九二八年一二月に取られたものと同じではないかと疑問を呈した。ジュネーヴと米州諸国の調停国の行動との間には、「対応性（parallelism）」と「結合性（cohesion）」を確保せねばならないと主張し、総会が諮問委員会の権限を拡大することを求めている[126]。総会に対する報告は一九三五年五月一七日の会合で採択されたが、そこで諮問委員会はアルゼンチンとチリの共同声明を了承した[127]。

五月二〇日から開会された特別総会では、ポルトガル代表アウグスト・デ・ヴァスコンセロス（Augusto de Vasconcellos）が議長に選出された。一方、調停国グループであるアルゼンチンの代表は、「連盟の枠内」で行動することが望ましいため、一九三四年一一月の総会の勧告を基礎とした案を受諾することを提案したと述べるなど、連盟との協調関係を強調している。(128)

一九三五年五月二一日の会合では、調停国グループの一員であるペルーは、「この調停の地域的性格（少しも連盟の普遍性の原則を損なわないが）と連盟規約に含まれる規定の不可侵性のどちらに関しても懸念する必要は無い」という点を強調した。(129) ブエノスアイレスでの交渉が地域的であることは十分当事国にも自覚されており、だからこそ連盟の「普遍性」に貢献することを主張する必要があった。

連盟の「普遍的原則」を信奉する旨発言したコロンビア代表は、調停国グループを連盟の努力を補うものとして捉えていた。ベネズエラ代表も、「国際法の諸規則の維持のための、国際連盟と米州共和国諸国の間の効果的協力」と表現している。当事国であるボリビアも、「国際連盟と米大陸による平和のための共同行動が現実となった」と評価した。(130) 確かに総会勧告という形で連盟が調停の大枠を作り、地域大国を中心とした近隣諸国がそれを受け入れさせ細部を交渉し実行を監視するという、分業による共同作業とみなすことも不可能ではない。両者間に緊密な連携が保たれるならば、連盟の権威の下における連盟と地域的枠組みの分業的かつ機能的な協力関係のモデルケースとなる可能性も存在しただろう。地域的枠組みに大きな役割を認めることは、必ずしも連盟の「普遍的原則」を損なわないとされたのである。

実際、議長であるポルトガル代表ヴァスコンセロスは閉会に当たって、ブエノスアイレスにおける交渉が総会勧告の枠内で行われてきたことを再確認し、さらに「近隣諸国の要請により非常に地域的な協定の形で組織されている集団的行動は、必要であれば、地理的特性や争われている問題の多様性によって余儀なくされるような修正が伴うだろう、素晴らしいモデル、示唆的な先例である」と述べている。(131) 地域的枠組みと連盟の均衡の取れた関係のモデルとなることを期待されていたのである。

特別総会は諮問委員会の報告を承認し、調停国グループの努力が成功を収めることを希望すること、諮問委員会に引き続き事態を注視させること、九月の通常総会で再び議題とすることなどを盛り込んだ決議案を採択したうえで閉会している。(132)

ブエノスアイレス交渉による決着

ブエノスアイレス交渉はウルグアイを加え、ボリビアとパラグアイの外相の到着を迎えつつ進められた。一九三五年六月一二日にはアルゼンチン外務省において、ボリビアとパラグアイの外相が休戦議定書に合意し、調停国グループも含めて調印した。この休戦協定は第一条で、直接交渉によってボリビアとパラグアイ間の国境問題を解決するため、直ちに平和会議をアルゼンチン大統領が招集することを定めた。第二条は戦闘を最終的に終結するため、調停国代表より成る中立軍事委員会が両交戦国軍隊の位置で分離線を確定することを規定している。第三条では安全保障の手段として、両軍分離線の確定後九〇日以内に両交戦国軍隊の復員を進めて人員を最大限五〇〇〇名に減少させること、平和条約締結まで補充のため必要不可欠なもの以外武器の新規購入をしないこと、相互に不侵略の申し合わせを約することを定めた。第四条は、一九三二年八月三日の米州諸国一九カ国の宣言を両交戦国が承諾するとしている。第五条では、両交戦国は一九三五年六月一四日正午より砲火を中止することを約した。(133)休戦が成立したため、六月二二日に諮問委員会議長の意見によって、連盟によるパラグアイに対する武器禁輸措置も解除されている。(134)

パラグアイの受諾拒否と脱退通告の後、連盟非加盟国の地域大国を引きこんだ枠組みに事態を委ねることは、「連盟の枠内」における手段で、連盟の普遍性を保ちつつその措置の実効性を両立させる唯一のものだったとも言えた。そして休戦成立という成功を収め、まさにチャコ紛争の決着は連盟と地域的枠組みの協力関係のモデルの一つとも成り得る可能性を持ったのである。

そもそもこのタイミングで休戦が成立したのは、戦勝続きでほぼチャコ地方全域を制圧するに至っていたパラグアイ軍が、二月にボリビアの本土たるアンデス高地や中腹地帯への入口であるビヤ・モンテス（Villa Montes）で敗北するなどそれ以上の進攻は望めず、またそれまでの戦勝により戦線が伸びきった結果として各所で危機的状態に陥っていたという要素が大きかった。[135]必ずしも連盟より地域的枠組みが優れていたというわけではなく、パラグアイの脱退によって連盟が後退した空白を地域的枠組みがカバーしたことで、敗戦によるパラグアイの強硬姿勢の後退という好機を生かすことができたのである。連盟と地域的枠組みを対立的に捉えなければ、一方の「失敗」を他方が補完する（そもそも連盟が管轄権を引き受けたのも中立諸国委員会という地域的枠組みの失敗の結果である）一つの分業形態が成立していたと言えるだろう。

しかし、一九三五年七月から始まった領土問題などを議論するチャコ平和会議は、平和条約を締結するまで連盟が関わらない状態で約三年間継続した。[136]予定通り一九三五年九月の総会でチャコ紛争問題も議題となったが、既に休戦が成立しており、またイタリア・エチオピア間の紛争（直後エチオピア戦争に発展する）が重大な問題となっていたため、アルゼンチンが経緯を報告した程度にとどまった。[137]

最終的に平和条約が締結されたのは、一九三八年七月二一日のことであった。一部の国境画定は仲裁で一〇月一〇日に決定されるまで持ち越した。平和条約は領土問題について、両軍の戦闘停止時の位置を基準としている分離線にかなり近いラインを国境線とし、一方でボリビアにはパラグアイ川のカサド（Casado）港の使用権を与えるというものであった。事実上、一九三二年八月三日の米州諸国の宣言に反して、戦争により占領した地域をパラグアイの領土として認めていた。また両当事国が、相互に戦争責任問題に関する主張を放棄することを定めていた。[138]

平和条約が結ばれ、調印を終えたアルゼンチンのロベルト・マリア・オルティス（Roberto María Ortiz）大統領は、ヨーロッパの国際機構に不可能なことを米州では平和的に解決したと述べてその成功を謳歌している。アメリカの調停委員スプリール・ブラーデン（Spurille Braden）も、米州は文明の安全な隠れ家であり世界平和の維持は米州に係っているとしてその繁栄を図る旨述べるなど、地域主義の論理に傾斜している(139)。

米州諸国により難航する交渉が三年間続けられた末、この交渉は地域主義の成功例とされた。その地域主義の成功は、アルゼンチンのオルティス大統領が述べたように欧州の国際機構が解決できなかった問題を米州諸国が解決したと捉えられることによって、より誇るべきものとなる。このような地域主義の強まりとヨーロッパ情勢の緊迫を背景に、一九三八年から一九三九年にかけてチリ、ベネズエラ、ペルーが脱退を通告するなど、ラテンアメリカ諸国は連盟から離れていった(140)。チャコ紛争における連盟と地域的枠組みの関係は過度に単純化され、普遍的国際機構に対する地域主義の優越という教訓として受容されたのである。

おわりに

本章で見てきたように、連盟規約第二一条がラテンアメリカに対する連盟の介入を排除する条項として解釈されていたわけではない。それが一九二八年の理事会によるコスタリカへのメッセージで明確化されたことが、連盟がラテンアメリカの紛争の調停に乗り出す前提となった。とはいえ、イギリスを中心に対米関係への配慮による躊躇が消えたわけではない。それを押し切ったのが、一九二六年の理事会改革の結果増加したラテンアメリカの理事国であった。そしてイギリスも連盟の権威や自国の声望が失墜するのを避けるため、強いて反対はしなかった。

米州における地域的枠組みの管轄権を尊重したためあくまでその関与も形式的なものであったが、一九三二年の紛争の再激化後に米州諸国による中立諸国委員会の努力が頓挫したことで、連盟が前面に出ることになった。連盟の本格的介入を忌避していたアメリカも、結局は追認せざるを得なかった。一度介入した後は失敗や管轄権の放棄が連盟の権威を低下させてしまうため、連盟尊重と対米協調の狭間で躊躇していたイギリスのような大国もまた成功を目指してコミットしていく。

問題は連盟と地域的枠組みの管轄権をめぐる競合が依然継続していたことであった。それぞれが調停を申し出、また調停案を提示する場合、紛争当事国がその間の乗り換えによって遅延工作や条件闘争を行うことができる余地を生んでしまう。そこで連盟と地域的枠組みの協力が求められたのである。一九三三年一二月のパン・アメリカ会議と連盟の協力はまさにその象徴であり、第五章で見るように連盟と地域機構の恒常的協力関係の構築にもつながり得るものであった。

しかし、チャコ委員会の失敗、そしてパラグアイの連盟脱退により、連盟の主導性は後退していく。それでも「連盟の枠内」であることは繰り返し強調されたし、総会の諮問委員会による統制の可能性は残されていた。また、第三章で見たように九カ国条約や不戦条約を全て連盟に一元的に統合した結果として、日本を包摂した全ての多国間枠組みが成立し得なくなったアジア太平洋地域と比較すれば、ラテンアメリカにおける多国間枠組みの多元性が解決に寄与したと言えるかもしれない。ブエノスアイレス交渉に対する連盟の注視と協調関係がチャコ平和会議に関しても持続すれば、ヴァスコンセロスの言うように普遍＝地域機構関係の模範的モデルになった可能性も存在した。ただし、エチオピア戦争の勃発と連盟の権威のさらなる失墜がそうした可能性を押し流した。

チャコ紛争はラテンアメリカにおける連盟の初の本格的介入であるのみならず、紛争調停における最も早い段階の普遍＝地域機構関係の実例だったとも言えるだろう。普遍＝地域機構関係に孕まれた潜在的緊張、その緊張を操作されないための協調の必要性、そして協調を長期間保ち続けることの難しさをチャコ紛争は示しているのである。

第五章　国際連盟と地域機構の関係設定の試み

はじめに

国際連盟と地域機構の関係という問題関心が、創設の段階から広く抱かれていたかは甚だ疑わしい。しかし、連盟の創設前から存在したパン・アメリカ連合や、創設直後から頻繁に開催されたワシントン会議を始めとした地域会議に直面して、政府レベルよりも先に連盟事務局がこれらの枠組みとの関係設定を検討しなければならなくなった。連盟事務局員たちは地域機構・地域会議に対する連盟の優越をあるべき姿だと考えつつも、実務レベルにおいては水平的な横の関係として協調を図るほかなかった。

それのみならず一九二〇年代は新たな地域統合構想が隆盛した時代であった。民族自決原則による帝国の崩壊と多数の小国家の誕生によって経済市場までが細分化される恐れのため、地域統合構想が活発化しており、それは連盟とは異なるウィルソン主義のもう一つの帰結でもあった(1)。連盟の普遍化と地域統合への動きが並行して進展するなかで、連盟とこれから創設される地域機構の関係設定という論点が、知識人から政府レベルまで共有されることになる。元々普遍＝地域機構関係という概念自体がほとんど存在しないところ、米州と欧州における地域統合への動きがその発見をもたらした。

仏外相のアリスティード・ブリアンのヨーロッパ連合案を契機に、公式に政府レベルで連盟と地域機構の関係が論じられるようになる。こうした論点は一九三〇年代における連盟改革論にも引き継がれるが、そこで提起された連盟と地域機構の関係のモデルは三つに整理することができる。①連盟による地域機構の一元的統制、②連盟＝地域機構の独立的・水平的関係、③連盟自体の地域的分割、もしくは地域連盟の割拠である。

本章では、まずこうした三つのモデルが連盟事務局員や知識人のレベルで形成される過程を明らかにし、三つのうちどれを公式化するかについてその後政府間レベルにおいて展開された議論を検討する。連盟＝地域機構関係が明確に定まらないまま行われた実務的協力についても、その展開を追ってこれらの議論との連関を探る。

本章はこれまでの章の内容ともそれぞれ関係する。第一章における地域配分の定着による地域意識の形成と地域機構構想の登場は連関するし、第二、三章の満洲事変や第四章のチャコ紛争の展開は連盟改革論における連盟＝地域機構関係の議論に大きな影響を与えた。本章で扱う議論は、第一章における制度改革の一つの帰結であり、同時に連盟の扱った個々の紛争の経緯と結果を受けて展開された制度改革論として位置付けられる。さらに、国連＝地域機構関係への継承を見据えつつ連盟期の歴史的展開を検討していく。

一　国際連盟創設直後の連盟事務局における連盟＝地域機構関係の検討

国際連盟創設過程における検討

植田隆子が指摘するように[2]、連盟創設時の政府レベルの議論において普遍的国際機構としての連盟と地域的安全保障や地域機構の関係が討論された形跡は無い。よく引用される「国際連盟という全体的・共同的団体の内部に連盟や同盟、特殊な盟約や了解は存在し得ない」というウィルソン米大統領の演説に見られるように、当初、連盟が下部機構の存在すら許さない普遍的機構として想定されていたためであろう[3]。ただし、既に存在していたパン・アメリカ会議、パン・アメリカ連合の存在はこの前提と矛盾する。この点についてはアメリカ国内におけるウィルソンの批判者たちの方が鋭敏であった。ウィルソン批判の最右翼であったヘンリー・カボット・ロッジ（Henry Cabot Lodge）上院議員は欧州の連盟とモンロー主義の下にある米州の連盟の二者の間で関係を調整する必要が生じ、場合によっては協力を行う事態を想定していた[4]。

パン・アメリカ連合の側からも事務総長のジョン・バレット（John Barrett, アメリカ）が一九一九年四月に連盟側に書簡を送っている[5]。バレットは、個人としての資格における意見であることを断りつつ、パン・アメリカ連合を「米州連盟（American League of Nations）」と表現し、執行機関としての理事会の次回パン・アメリカ会議における権限強化を示唆した。そのうえで特に「米州連盟」の方が求めない限り、強化された理事会が「旧世界の列強」に介入されずに紛争の調停や仲裁、そしてその執行を行い、さらに特に「求められず、正当化されない場合には旧世界の紛争に介入しない」でよいという保証を求めた。一応は国際連盟を弱体化させる意図はないとして、パン・アメリカ連合と国際連盟の関係をアメリカにおける州議会と連邦議会になぞらえてもいる。とはいえ、実質的には「旧世界」の介入を排除する意味でのモンロー主義解釈に依拠しながら、かなりの程度独立的な地域的国際機構としての性格及び国際連盟の影響力排除を主張したものであった[6]。ロッジやバレットの言うところの「米州連盟」は国際連盟を事実上ヨーロッパのものとみなしたうえで、相互に排他的な管轄権を確立しようとする地域割拠的なものだった。とはいえ、ウィルソンが考慮していなかった機構間関係という問題に注意を払っていたことは先見的だったとも指摘できる。だからこそロッジは機構間の協力をも想定できたのである。

一九一九年五月に初代連盟事務総長に任命されたエリック・ドラモンドは、その直後からこの問題に直面させられることになった。ドラモンドはバレットのメモランダムの意図について、「旧世界」に対しては米州側の要請が無ければ介入できないようにする一方で、彼らの側は自身が「正当化」できると判断すれば「旧世界」、例えば極東の問題に介入してくる余地を残そうとしているのではないかと疑っていた。そして、「国際連盟が米州の紛争に関して、パン・アメリカ連合に一定の権限を委譲することも可能な選択肢かもしれないが、国際連盟は国際紛争に関するあらゆる事柄について世界の最高裁判所かつ至高の権威であるという地位は手放せないし、手放してはならない」と主張したのである(7)。

しかし、このように国際連盟とパン・アメリカ連合の関係をめぐり緊張が生じ始めていた頃、ウィルソンはモンロー主義の延長上にパン・アメリカ主義があり、さらにまたその発展した形態こそが国際連盟であると説明していた。あくまで国際連盟はヨーロッパ的なものではなくアメリカ的なものの世界中への拡大であるとしたため、ヨーロッパ的な国際連盟と「米州連盟」としてのパン・アメリカ連合の対立という構図に回収されかねない論点は回避されたのである(8)。そして、モンロー主義に言及した連盟規約第二一条自体も条約批准のための国内的考慮から挿入されたものであり、またその含意も不明確なため、連盟と地域機構の関係を規定するものではなかった(9)。連盟規約上で全く触れられなかった連盟と地域機構の関係は、連盟の設立後にその定義が試みられることになる。

連盟事務局における検討

政府レベルの動きは鈍く、基本的には連盟事務局において、連盟の優越を根拠付け地域機構の割拠を否定する論理が模索された。ドラモンドは、「国際連盟を基礎付ける命題は、戦争になるかもしれない紛争は特定の大陸のみならず世界全体の関心事であり、そのため世界全体の影響力は、戦争が実際に起きる前にそのような紛争を解決するために使われねばならないということ」だとする。そして、パリ講和会議におけるヨーロッパ問題の「公平かつ客観的な裁定者」としてのウィルソンの役割を引き合いに出して、異なる大陸・地域という第三者の存在の有用性を強調した。

そして地域性やモンロー主義に対する配慮は、米州に限定的な問題は米州諸国による「小委員会」を理事会が任命することで対処すべきだという。ドラモンドは連盟が普遍的国際機構でなければならないと主張したうえで、地域主義の組織化は、独立的かつ常設的な地域機構の形式ではなく、理事会の統制下に置かれ、かつアド・ホックに設置される地域小委員会のレベルにとどめておくべきだとしたのである。ヨースト・アドリアーン・ファン・ハメル（Joost Adriaan van Hamel, オランダ）法律部長も利益を共有した国家によるグループの存在とその有用性を認めつつも、それに対する考慮は、小委員会の常設化も避けてアド・ホックな調査委員会の構成国選任のレベルにとどめるべきだと同意している(10)。

一方、この時点で地域主義の有用性をより認めていたのが新渡戸稲造事務次長であった。「連盟が世界の利益の基本的な統一性を象徴する」としつつも、国内的問題、国際的問題のほかに「地方的（sectional）」、つまりは地理的に、もしくは大陸内に限定された問題が存在しており、それについては関係国だけで解決すべきだというのが新渡戸の認識であった。その関係諸国は連盟の権威の下で特別委員会を構成するべきだとする点でドラモンドの意見に近づきつつも、新渡戸は問題が「国際的」か「地方的」か当事国が合意していない場合には、問題を理事会が扱うべきか、それとも特別委員会が扱うべきかについては、理事会が第三者、例えば仲裁裁判に裁定を求めるべきだと考えており、事実上ドラモンドが言うところの連盟の「至高」性を手放していた(11)。

特に新渡戸の意見で着目すべきは、問題が国際的か、地域的かという争点が連盟と地域的枠組み間の管轄権の争奪に直結することを指摘し、かつそれに対する解決策を提示した点であろう。ドラモンドのように連盟及び連盟理事会の優越と統制を前提とせず、紛争解決の枠組みにおいて普遍と地域を水平的に捉えるからこその発想だと言える。

連盟事務局でこのように関係を定義する試みが行われる一方で、一九二一～二三年に国際社会では地域を問わず複数の国際会議が開かれていた。ワシントン会議、カンヌ会議、第五回パン・アメリカ会議（サンティアゴ会議）などである。こうした地域会議と連盟の関係はどうなるのか、八七頁でもバルフォアを例に論じたように、大国の指導者たちが注意を払っていなかったわけではない。しかし、結局のところその点は曖昧なまま定まることがなかった。

連盟の優越、連盟による一元的な統制を理想とする連盟事務局員の一部はこの事態を憂慮していた。委任統治部長のウィリアム・ラパード（William Rappard, スイス）は、ワシントン会議の開催が連盟の暫定軍縮混合委員会の活動や連盟の威信に悪影響を及ぼすと懸念していた[12]。パン・アメリカ会議についても、サルバドール・デ・マダリアガ軍縮部長はそこで具体的な協定が結ばれた場合に連盟による試みと齟齬をきたす可能性に言及していた[13]。

しかし結局のところ彼らが実務を司る国際官僚たちである以上は加盟国、しかも大国によるこうした動きを追認して折り合いを付けるほかない。ジャン・モネ連盟副事務総長は「効果的な軍縮が実行される前にはワシントン会議のような一連の政治的地域会議が必要である」と結論付け、その存在が世界の平和と安定に資するという位置付けを行っている[14]。

ドラモンド連盟事務総長もその立場を選択して、パン・アメリカ会議には連盟において交通問題などで形成された一般原則の「地域的適用」を期待できるため、連盟にとっても有益だとした。連盟事務局において、モネの後を襲った連盟副事務総長ジョゼフ・アヴノルや交通部員のロベール・アース（Robert Haas, フランス）も連盟の技術機関との協力の可能性に言及したように、非政治的領域における関係構築がまずは望まれていた。そして、アメリカ出身の情報部員アーサー・スウィーツァーは、パン・アメリカ連合の側にも協力の意思があることに注意を促している[15]。

連盟事務局側が理想とするような連盟の優位、連盟による統制が現実性を持っていない以上、可能な範囲内で関係構築が模索された。そこで取られたのが非公式オブザーヴァーの派遣という手段であった。この場合は公式関係の設定という、事務局のみでは決定できず、さらにオープンに議論すれば紛糾しかねない問題を回避しつつ、横の人的交流によってマダリアガの言うような対立の可能性を減少させるとともに、後の協力関係の基礎を築くことができた。

パン・アメリカ会議については一九二三年のサンティアゴ会議から、そして太平洋会議については一九二七年のホノルル会議から連盟のオブザーヴァーが派遣されている。彼らは派遣先において連盟事務局員が作成したパンフレットを用いた連盟の活動の広報や、連盟の関係する議事について連盟における手続きの説明などを行った[16]。さらには一九二七年六月にウルグアイのモンテビデオで開かれた「児童福祉に関する衛生専門家会議」を主催し、ライヒマン連盟保健部長やマドセン連盟保健委員会議長を参加させるなど、テクノクラート間の交流と協力が推進された[17]。

こうしたオブザーヴァー派遣は単なる実務的活動としてだけではなく、連盟と地域会議の協力関係の象徴に位置付けられた。一九二四年に中華民国北京政府の元国務院総理である梁士詒が、「理論上」は一切の国際問題を連盟に提出すべきにもかかわらずワシントン会議のような国際会議が存在しているが、その決定や執行について連盟はどのような態度を取るのかとドラモンドとの会談で尋ねている。それに対してドラモンドは、ワシントン会議を始めとした「地域会議（区域会議）」、「特別会議」の目的が世界平和の保全と戦争の抑止にある限り、反対する理由がなくむしろその成功を望んでおり、その表れの一つがサンティアゴ会議へのオブザーヴァー派遣だと説明した[18]。

このように協力をアピールする一方で、一九二七年に至ってもパン・ヨーロッパとパン・アメリカに対して否定的、懐疑的な言明を残しているように、地域主義に対する警戒感はドラモンドのなかで依然残存していた[19]。

連盟の優越と連盟による地域会議・機構の一元的統制を論理付けつつも、実務上の要請から水平的な協力関係の基礎を築くという矛盾しかねない二つの作業を行ったのが、一九二〇年代前半の連盟事務局であった。二〇年代後半以降の政府レベルの議論や実践においても、この二つの路線はその矛盾を解消されないまま踏襲されることになる。

二　一九二〇年代の地域統合構想の進展と政府レベルにおける連盟＝地域機構関係の検討

米州、欧州地域機構構想との関係

一九二〇年代には地域統合構想が進展していき、制度化・機構化も検討される段階に達する。後述するように、そこでは理事会や総会、事務局といった連盟の組織を参照した結果、類似した構造を持つ機構が想定されることもあった。一方で、当初アメリカの非加盟などによって動揺した連盟の権威は二〇年代中盤から後半にかけて高まりつつあった[20]。地域統合構想が機構の形を取るほど、権威を高めつつある連盟との機構間関係が検討の俎上に載せられることになった。地域統合構想に知識人のみならず政府の人員までがコミットしていったため、連盟＝地域機構関係についても政府レベルで検討がなされるようになる。

米州では一九二三年のパン・アメリカ会議（サンティアゴ会議）において、コスタリカがパン・アメリカ連合の経済問題に限定されない一般的国際組織への拡大及びアメリカの特権性の削減を主張して一定程度実現させるとともに[21]、ウルグアイが集団安全保障を志向する「米州国際連盟」の創設を提案した。特に後者は国際連盟を参考に高等理事会、総会、事務総長の創設などを規定した本格的な地域機構構想であった。国際連盟との関係については、米州連盟は国際連盟に従属する小委員会であるとしつつも、連盟規約第二一条を根拠に、モンロー主義によって国際連盟は米州に限定的にしか関わらないという前提に立っていた[22]。形式は国際連盟の地域単位の下部組織、実態は国際連盟の管轄権を排除した地域機構と言うべき構想であった。

ヨーロッパ統合においても機構化のレベルにまで達した構想が現れ始める。そこにも複数の形式が存在し、最有力なヨーロッパ統合運動であるパン・ヨーロッパ運動を率いるリヒャルト・クーデンホーフ＝カレルギー（Richard

Coudenhove-Kalergi）は連盟の地域的分割を唱えていた。クーデンホーフ＝カレルギーは連盟を五、六分割（米州、ヨーロッパ、イギリス、ロシア、モンゴロイドの五団体だが、現状においては中国と日本は別々とするため六団体となる）して各域内の問題はあくまでも域内だけで解決するべきだという。現状の連盟はヨーロッパ問題ばかりを扱っているにもかかわらず他地域の国家が加盟国として影響力を行使しているが、本来ヨーロッパの問題はヨーロッパ諸国のみで自己決定せねばならない（そこではイギリスすら除外される）。そうした地域割拠化は既にパン・アメリカ会議における「米州連盟」提案で先取りされているため、連盟そのものの地域的分割を行わなければ連盟は瓦解するだろうというのがクーデンホーフ＝カレルギーの主張であった。

クーデンホーフ＝カレルギーの構想においても、地域連盟の上部には各地域連盟間の問題や域内国と域外国の間の紛争を扱う「世界的国際連盟」、もしくは「世界の法廷」としての「世界列強の最高理事会」が置かれる。クーデンホーフ＝カレルギーはこの部分が現在の国際連盟のみならず、ワシントン海軍軍縮会議の発展形であるともする。それはアメリカが米州を、イギリスがその帝国を、フランスがヨーロッパを、日本が東アジアを代表し、世界の各地域が列強によって代表された世界会議としてワシントン会議を捉えたためであった。ここから分かるように、クーデンホーフ＝カレルギーにおいて地域連盟の上部に置かれた普遍的機関は列強会議の域を出るものではなかったと考えられる。設定された地域の枠を超えて世界中の問題に関われるのは、地域を恒常的に代表する権利を持つ列強だけだったのである。(23)

クーデンホーフ＝カレルギーもまた一九二〇年代前半における国際連盟の脆弱性を前提に、国際連盟の地域的分割及びその地域連盟間の相互排他的な関係を想定していた。そしてパン・ヨーロッパ運動は政治家のレベルにまで浸透しており、後述するようにヨーロッパ国際政治においても国際連盟の地域的分割案はそれなりに力を持った。

例えば三〇頁で触れたように、ベルギー外相ヴァンデルヴェルデは、連盟を南北アメリカと、ヨーロッパを始めとしたその他の地域とに二分割する案に言及している。(24) ヴァンデルヴェルデはブリアンとともにロカルノ会議の効果を経済統合にも波及させる「経済ロカルノ」構想を唱え、後にはブリアンのヨーロッパ連合案を支持するとともに南米とアジアにも同様の地域機構を創設できると考えていた。(25)

しかしながら、連盟事務局会計部長（Financial Director）のハーバート・エイムズ（Herbert Ames, カナダ）が述べたように、域内に限定された問題であっても域外国が公平な第三者として関わることが重要であり、それこそが普遍的国際機構の優越性の有力な根拠であった。(26) 日本がヨーロッパの少数民族問題で果たした役割はそれを証明するものであっただろう。(27) このような観点からは、クーデンホーフ＝カレルギーの想定したような域内国しか域内問題に関われない相互排他的な地域機構は許容できるものではなかった。

そして一九二〇年代中盤には連盟が権威を回復していき、あらためて国際政治において一定の地位を確保していく。それとともに地域統合構想においても連盟の位置付けは必ずしも軽視できるものではなくなった。「経済ロカルノ」構想にも見られるようにヨーロッパ統合構想にも刺激を与えたロカルノ会議とロカルノ条約であるが、それ自体は決して連盟の存在を軽視したものではなかった。ロカルノ条約の中核であるライン協定は、違反行為の向けられた国に対する相互援助の発動を連盟理事会の決定に従属させていた。そうである以上、ロカルノのインパクトを利用した統合構想が連盟を軽視することは矛盾と受け止められかねなかった。(28) ロカルノの結果として加盟した連盟における国際的地位上昇や少数民族保護、さらには連盟規約第一九条による東部国境の変更やアンシュルス（オーストリアとの合邦）の可能性に希望を抱いていたこともあって、ドイツ政府やドイツの欧州統合論者は連盟軽視の側面を持つパン・ヨーロッパ論を必ずしも支持しなかった。(29)

またパン・ヨーロッパ論は経済面において、フランスの経済閣僚を歴任したルイ・ルシュール（Louis Loucheur）らのカルテルによる統合構想との結びつきを強めていった。カルテルによる統合は、イギリスの自由貿易志向とは対立するものだった。それもあってこの統合論はアメリカやイギリスとも対抗する性格を強めていき、元々イギリスをヨーロッパから除外するパン・ヨーロッパ論の反英的性格をさらに助長した。自由貿易を掲げるのはドイツも同じであり、パン・ヨーロッパ論、ヨーロッパ経済統合の双方において最重要なはずのドイツの支持を得るのを困難にしていた。(30)

そしてカルテルによるヨーロッパの経済統合構想は連盟主催のジュネーヴ経済会議で検討されたが、これは地域統合もまた連盟の枠内で議論されるという先例になった。これらの要素がいずれもブリアンのヨーロッパ連合案の辿る経緯の伏線であり、英独の政府レベルにおいて連盟の優越という規範を定着させていく。

そして三〇頁でも触れたように、日本もパン・ヨーロッパ論的な連盟の地域的分割や地域機構の割拠には反対であった。連盟代表の石井菊次郎駐仏大使が言うように、「亜細亜ノ現状カ連盟部局ヲ設クルニ達セサル結果日本ハ事実連盟以外ニ置カルルニ至ル可ク」とパン・ヨーロッパ論の持つヨーロッパ以外の国家を排除する面のデメリットが際立っていたからである。この時点の日本は、中国やシャム（定義によってはペルシャやトルコも）しか独立国の存在しないアジアに含められて孤立するのであり、クーデンホーフ＝カレルギーの定義だと中国とすら切り離されかねないだけに、その点に敏感だったと言えよう。(31)

ブリアンのヨーロッパ連合案と国際連盟

こうした前提条件の下、一九二九年の連盟総会で、ブリアンがヨーロッパ連合の形成を提唱する。あくまでこの段階では具体性を欠いたものであり、翌年の五月一日付で組織論にまで踏み込んだフランス外務省の覚書（「ブリアン覚書」）が発表された。ここにおいてヨーロッパ委員会（執行機関）、ヨーロッパ会議（全加盟国が参加）、事務局を備えた本格的地域機構の創設を目指すことが明らかにされた。さらに各国政府は検討作業を行ったうえで返答を作成していくが、この過程こそが政府のレベルで初めて連盟と地域機構の関係について公式の明確な見解が発され、かつ活発な議論が交わされた瞬間だったと言える[32]。

ブリアンはパン・ヨーロッパ同盟の名誉会長であり、パン・ヨーロッパ論の特質はヨーロッパ連合案にも重ね合わせて捉えられた[33]。中国の蔣作賓駐独公使が英米協調に対抗するブロックとしての性格をそこに見出したのは故無きことではなかった[34]。イギリスのセシル子爵もこの提案が「成功すればパン・アメリカ運動を強化するだろうし、既に存在するアジア主義的感情を増すかもしれ」ず、「連盟の外部におけるその種の世界のグループ（World Groups of that kind outside the League）は平和への脅威になるだろう」と懸念していた。セシルは、ヨーロッパ地域協力が「連盟の機関の完全な統制下に置かれるべきであり」、連盟の枠組みの一部として位置付けられなければならないと論じた[35]。地域主義の連鎖がパン・アジア主義やパン・アメリカ主義に刺激を与えるため、連盟の枠内においてその統制下に留めなければならないことを強く主張したのであった。

こうした考慮は連盟支持者として名高いセシルのみの意見ではなかった。イギリス外相のアーサー・ヘンダーソンは日本側に、ヨーロッパ連合案がそれに加わらない国家、特に南米諸国の感情に悪影響を及ぼし、さらには連盟と活動が重複する可能性についての懸念を語っている[36]。

それにとどまらず杉村陽太郎連盟事務次長兼政治部長は、ヨーロッパ委員会が日本を招請するか否かを決定する権限を持つため、常任理事国として「世界ノ如何ナル部分ニ関係アル問題仮令之カ全然日本ニ関係ナキ問題ト雖モ之ニ対シ完全ナル発言権ヲ賦与セラルル連盟ニ於ケル我カ立場ハ少ナカラス動揺セサルヲ得ス」と、一九二六年の石井菊次郎（三〇頁を参照）と同様に、ヨーロッパからの疎外を恐れていた[37]。

経済面においても、日本の幣原喜重郎外相は「万一欧州連合ノ為欧州以外ノ諸国カ其対外通商経済ノ関係ニ於テ何等カ不利ナル影響ヲ受クルカ如キコトアラハ我国ノ黙過シ難キ所ナリ」と、普遍的な自由経済秩序に反する可能性を持つものとしてブリアン提案を捉えていた。ルシュールのようなフランスの有力政治家がそれまでカルテルによるヨーロッパ経済統合論を唱えていた以上、この懸念は正当なものだろう(38)。

こうした批判をフランス政府はある程度想定しており、一九三〇年五月一日付の「ブリアン覚書」は連盟との連携の重要性を繰り返し強調し、係争の解決については諮問に徹して連盟の権限を侵さず、他地域に対する関税障壁は構築しないとしていた(39)。また、非ヨーロッパ諸国への配慮として日本に対し、決して「連盟の外部にある他の民族的大陸グループ（other ethnical continental groups）」にも対抗するものではないと明言し、さらにヨーロッパ連合案を議論するために開催されるヨーロッパ会議に非ヨーロッパ諸国をオブザーヴァーとして招請し、連合創設後に執行機関となる予定のヨーロッパ委員会にも連合加盟国以外の大国の代表を招請すると伝えている(40)。

これまで述べてきたようなヨーロッパ連合案への懸念や批判は、おおむねイギリス外務省にも共有されていた。イギリス外務省の作成した五月三〇日付のメモランダムは、イギリスの世界中に広がる海外領土と切り離されかねないことを懸念するとともに、「イギリスの頼みの綱である国際連盟の威信と効率」に影響を与える可能性を指摘した。ヨーロッパ協調の象徴であるブリアンを傷付けないために正面から反対しないとはしたものの、明らかに消極的であった。ヨーロッパ地域協力はアメリカに対抗し、コモンウェルスとの絆を弱め、連盟においてラテンアメリカやアジアと敵対するものであってはならなかった。さらにこのメモランダムは、連盟における中心的任務であるヨーロッパの諸問題がヨーロッパ連合に移管されてしまえば連盟の権威を損なってしまうし、これまでヨーロッパ問題に自治領やアジア、ラテンアメリカ諸国を積極的に参加させてきたことの意味が失われてしまうだろうと指摘した。だが連盟が権限を譲らなければ役割は重複し、しかもその重複性は、ヨーロッパ連合がヨーロッパ委員会、ヨーロッパ会議、事務局というそれぞれ連盟の理事会、総会、事務局とそのまま対応した機関を備えることでより強められる。

とはいえ、特に経済的な面でイギリス外務省もヨーロッパ地域協力自体にはメリットを見出しており、上述のような懸念を現実化しないためには、むしろ連盟の技術機関である財政委員会や経済委員会の下部にヨーロッパ委員会を設置した方がよいと考えた。そしてヨーロッパ連合案は、ブリアンの希望する連盟総会の外部にあるヨーロッパ諸国の会議ではなく、総会そのものか、もしくは総会に置かれた委員会で議論されるべきだと唱えて、創設前の段階から連盟の枠内に封じ込めることを意図したのである(41)。

続く七月三日付のメモランダムはより連盟との関係に焦点を絞ったものであり、独立したヨーロッパ機構の創設が「国際組織を二重化し」、「新たな連合と連盟の関係調整という解決不能な問題を生み出す」ことへの懸念が示された。必要なのは連盟による統制であり、そのためにヨーロッパ地域協力は「真の意味で連盟の枠内」にとどめられなければならない。ここで示されるのはオーストリアやハンガリーの財政再建、関税引上げ休止会議などの事例であり、連盟による事業、連盟の主催する国際会議や連盟の技術委員会においてヨーロッパ経済協力は十分実行可能だとされる。場合によっては技術委員会や総会、理事会のヨーロッパ小委員会を設置し、これらの出した結論は連盟の総会や理事会が承認して初めて効力を持つ。連盟が招集する国際会議、連盟総会や理事会、技術委員会の下にヨーロッパ小委員会を置くことで、招集権限や予算、そして事務局員や技術委員会の委員の調整によって、日常的に連盟の統制が確保されるという仕組みであった。そしてヨーロッパ連合案を議論する場についても、総会の招集する特別委員会を提案したのである(42)。

実際に発されたイギリス政府によるフランス政府に対する回答も、これらの外務省のメモランダムを踏襲したものであった。そして、「慎重な検討の結果、新しく独立した国際機構を設立することが必要で望ましいとは確信できていない」との意思をはっきりと示し、既存の連盟機関の活用及びその下へのヨーロッパ小委員会の設置による地域協力の進展がより望ましいと示唆した(43)。

実のところ、こうしたイギリスの態度には連盟事務局も影響を与えていた。七月三日の英外務省メモランダムの論旨は、五月二〇日付のアーサー・ソルター連盟経済財政部長の覚書を踏襲したものでもあった。ヨーロッパ地域統合を「真の意味で連盟の枠内」で行い、ヨーロッパ諸国の会議やヨーロッパ小委員会を連盟の理事会、総会の統制の下に置くというアイディアは、文章や表現、部分的には構成や段落分けまで含めてそのまま引き写されている。このソルター提案にはドラモンド連盟事務総長も全面的に賛成していた。そもそも地域主義を連盟の下部に置かれた小委員会に封じ込めるという案自体が、連盟創設以来の連盟事務局の構想を反映したものでもあった[44]。

ブリアン案に消極的なのは日英のみならずドイツも同じであった。独墺関税同盟を包摂可能なヨーロッパ統合を模索していたドイツは、それまでの連盟の活動の延長戦上に、より自由貿易に親和的な統合を唱えていた。ブリアン案への回答では経済協力の政治問題に対する従属を批判して、他の大陸に対する敵対性を避け、連盟の組織や手続きに影響を与えないよう釘を刺していた[45]。

英独日といった常任理事国が「ブリアン覚書」段階で、地域統合やそれを推進する地域機構が連盟の下部に置かれるべきことを確認した意味は大きかった。ドラモンド始め連盟事務局員たちの希望がようやく大国にも共有されるに至ったのである。ヨーロッパ連合案は、連盟総会により設置されたヨーロッパ諸国以外もオブザーヴァーとして参加する「ヨーロッパ連合調査委員会（Commission of Enquiry for European Union）」で検討されることになった[46]。連盟総会の招集したヨーロッパ諸国会議で議論したいというブリアンの希望とイギリスの意向の妥協と言うべき措置であったが、少なくともヨーロッパ地域統合や地域機構の創設は「連盟の枠内」でなければならず、非ヨーロッパ諸国とも協力して論じられねばならないことが確認されたのである[47]。

結局のところ、大恐慌の波及によるヨーロッパの経済危機によって、ヨーロッパ連合調査委員会の議論は具体的な経済問題に収斂していく[48]。大恐慌、独墺関税同盟計画に対する反応も含めた独仏対立の再燃、そして満洲事変やナチスの政権掌握以降の国際情勢の大変動によって、ヨーロッパ連合構想を進展させられるような国際環境は全く失われた。しかし、ヨーロッパ連合をめぐる議論で地域機構に対する連盟の優越が規範として承認されたことには大きな意味があった。これは、一九二〇年代前半に存在した地域機構による連盟の形骸化という可能性を封じた。一方で一九三〇年代においては、実態と乖離した規範として、連盟と地域機構の実務に基づいた関係構築の制約としても作用することになるのである。

三　一九三〇年代の国際連盟――パン・アメリカ会議及び連合との水平的関係公式化の試みと挫折

パン・アメリカ連合及び会議強化案との関係

ヨーロッパ連合案が連盟の下部委員会に位置付けられたことは、普遍的国際機構としての連盟の優越を定義付けるものであったが、一方でそれはこれから新設される新機構に対するからこそ可能な試みであった。当然ながら、既に存在しているパン・アメリカ連合を新たに連盟の下部に位置付け直すのはより困難である。一九三〇年代にはパン・アメリカ連合の組織強化的再編も現実味を帯びたため、より地域機構としての実態を備えたパン・アメリカ連合と連盟の関係設定は双方にとって焦点の一つとなる。

総合的国際機構の域にまで達することを想定したパン・アメリカ連合の強化案は、先述のように一九二〇年代前半の時点で特にラテンアメリカ諸国のなかから提唱されていたが、その頃にはアメリカ政府が全面的な改革に同意しなかった。ラテンアメリカからのパン・アメリカ連合強化案は、モンロー主義を多国間主義化してパン・アメリカ主義と同一化させ、その単独主義や介入主義的性格を除去するという試みの一環であった。しかし、共和党政権で陸軍長官と国務長官を務めアメリカ国際法学会会長でもあったエリフ・ルート（Elihu Root）、アメリカ国際法学会の事務局長、副会長、会長を歴任したジェームズ・ブラウン・スコット（James Brown Scott）らに見られるように、アメリカではあくまでモンロー主義の単独主義性に拘る向きが強かったため、アメリカ政府にとって受け入れられるものではなかった。しかしながら度重なる中米への介入に疲弊した結果、一九三〇年に公表されたいわゆる「クラーク覚書」では単独主義を維持する一方、セオドア・ローズヴェルト（Theodore Roosevelt）大統領が一九〇四年にモンロー主義の拡大解釈としてアメリカを西半球の警察力として位置付け、介入の正当化として機能し続けてきた「ローズヴェルト・コロラリー」を放棄するなど、変化の兆しが現れる(49)。

既に、一九二〇年代末にはモンロー主義の多国間主義化がアメリカでも強く叫ばれていた。ウォルター・リップマンは不戦条約の締結と結び付けつつ、モンロー主義の「国際化」、「協調的国際主義政策への転換」を唱えた。民主党のフランクリン・D・ローズヴェルトは、モンロー主義に直接言及していないとはいえ、反米感情の広がりから単独介入の「終焉」を明言して、米州諸国と協調することこそがアメリカの「義務」であると記していた。これは後の大統領当選後の「善隣政策」にもつながっていく(50)。

この延長線上に、より現実性を持ったパン・アメリカ連合の強化案が浮上してくる。ジョージ・ブレイクスリー（George Blakeslee）らの参加する「ラテンアメリカ政策委員会（Committee on Latin American Policy）」は一九三三年のモンテビデオ（ウルグアイ）におけるパン・アメリカ会議に向け、紛争調停委員会の常設化や事務局の強化などを特徴とするパン・アメリカ連合の恒久的地域機構化に向けた再編案を提言していた。また、ブレイクスリーらによれば、機構が整備される前から域内派兵については必ずパン・アメリカ連合理事会で事前に理由を声明しなければならず、単独派兵を避けて他の米州諸国に参加を招請し、実際に取った行動についても報告を行って、アメリカの介入をパン・アメリカ連合に紐付けるべきであった。若干構想としてまとまりに欠けるが、通商面での協力強化を謳っている点も含め、総合的な地域機構としてパン・アメリカ連合を強化するのが狙いだったのは間違いない。

一方でこの報告書は、チャコ紛争に関してモンテビデオ会議（第七回パン・アメリカ会議）が国際連盟の管轄権を尊重して協力に徹し、連盟理事会の報告書を紛争両当事国が受け入れるよう希望する意思を示すことを求めていた。そして、「パン・アメリカ連合には、他の諸国際機関の任務とは重複もしくは競合する任務を課すべきではない」とその再編に留保を付し、政治、通商双方の側面におけるパン・アメリカの枠組みに則った協力が「より広範な国際協力に敵対的ではなくむしろ補足的だとみなすべき」ことを強調していた[51]。他の国際機構との関係に注意が強く向けられており、パン・アメリカ連合の再編と対連盟協力を両立させようという意識が窺える。ただし、関係設定の必要性への注意喚起にとどまっており、その具体的なあり方はまだ提示されていない。アメリカの対ラテンアメリカ外交の多国間主義への転換が唱えられることで、複数の多国間主義間の調整が必要とされたのである。

国際連盟とパン・アメリカ連合の提携関係構築の試み

一五一―一五二頁で見たように、モンテビデオ会議ではチャコ紛争をめぐり連盟に対する全面的協力が宣言された。連盟のオブザーヴァーが個人の資格で参加するという形式は継続されていたが、スペインやポルトガルからもオブザーヴァーを招請しようという動きもあり、どの範囲まで出席を許すかも含めて、公式にその地位や権限を決定しておく必要性をアメリカのハル国務長官に認識させた。特に連盟の場合には、機構間の関係が定まらないままではその点も決まらない。そこで次回のパン・アメリカ会議において、パン・アメリカ会議及びパン・アメリカ連合と他の国際機構との全面的協力を前提に具体的な協力の形態及び方法を検討し、その次回会議にはパン・アメリカ連合が勧告を提出すべき旨決議がなされた。紛争調停をめぐる協力関係の延長線上に、恒常的な機構間関係を構築する重要性が自覚されたのである[52]。

連盟事務局の側にもこの気運を機構間協力に結実させようとする動きがあった。連盟事務局からモンテビデオ会議に派遣されたフリアン・ノゲイラ（Julian Nogueira, ウルグアイ）は、パン・アメリカ連合事務総長のレオ・ロウを連盟総会に招請するという提案を行ったようである。これに対してウォルターズ連盟政治部長は、総会が招請するよりも事務局間の協調として位置付けるべきだと主張した。ロウとも接触のあったアメリカ出身の事務局員アーサー・スウィーツァーはロウの親連盟性を保証しつつ、連盟総会ではなく連盟事務総長が招請することによって政治的というよりは行政機能に基づいた機構間の協調という性格が打ち出せるとして、ウォルターズに同意した。スウィーツァーは、連盟のレティシア委員会とアメリカの協力、連盟のチャコ委員会とパン・アメリカ連合の協力という半年間で激変した事態を全力で生かさなければならないと訴えている(53)。

そして、一九三四年の連盟総会でコロンビアが「連盟とパン・アメリカ連合の正式で恒常的な連携の構築」を唱えた。「パン・アメリカ連合は、連盟が幸いにもそれに向かって進んでいる国際機構の普遍性の原則に決して反対していない」という立場を尊重するという前提で、ヨーロッパ連合案や小協商、バルカン協商といったヨーロッパにおける「地域グループの組織化」と同質であり、規約第二一条における「地域的了解」の体現であるとして、その存在を正当化する。コロンビアの主張は、連盟の「普遍性」と地域の組織化を両立させるためにも、両者の間で公式な関係が設定されなければならないというものであった。具体的な方策としては、公式オブザーヴァーの交換が提案された(54)。それまでも連盟による非公式オブザーヴァーの派遣は行われていた以上、些末な変化のようにも思われる。しかし、ここで関係を公式化することの意味は決して小さくなかった。オブザーヴァー交換の公式化は、現実に実行されてきたパン・アメリカ会議及びパン・アメリカ連合と国際連盟の水平的協力の公式化となる。オブザーヴァーを非公式にとどめておくことは、本来パン・アメリカ連合との水平的関係を連盟の優位と統制という当為に適っているとはみなさない連盟事務局にとって関係を暫定化する手段でもあった。公式化はこの暫定性を取り払う働きをするであろう。

同時に、ここでは「普遍」と「地域」の均衡点を探るという問題意識の強さが注目されるべきである。ヨーロッパ連合案をめぐる議論では最終的に前者がより強調され、この後のラテンアメリカでは後者に天秤が傾いていく。一九三四年という時点において、「普遍」と「地域」の水平的な協力関係を公式化する試みとして、コロンビア提案は大きな意義を持っていた。

このコロンビア提案は次年の連盟総会における議論を求めていた。しかし、先述した他の国際機構との協力の形態について検討する予定の一九三八年の次回パン・アメリカ会議を待たずに、一九三五年総会において連盟側だけで決定は下せない。また、チャコ紛争における協力が機構間関係の構築を促進した経緯にもかかわらず、連盟によるチャコ紛争の調停は結実しないまま長期化しており、協力の気運が後退し始めていた。そのためパン・アメリカ会議及びパン・アメリカ連合と対立を引き起こしかねない連盟における早期の議論開始に対しては慎重論が優勢であり、アルゼンチンが報告者となった総会第一委員会の報告書によって、パン・アメリカ会議の検討の結果を待つことになった(55)。

結局この問題についてはパン・アメリカ連合側が主導権を保ち、予定通りパン・アメリカ連合が検討を行うためその理事会が委員会を設置した。パン・アメリカ連合に登録された条約や協定、及びパン・アメリカの枠組みにおける条約や協約の批准、登録に関する議事録などを含めた情報をパン・アメリカ連合事務局長から連盟事務総長に伝えることが勧告されて、理事会の承認を受けた(56)。

第八回パン・アメリカ会議（リマ会議、一九三八年）における報告書もこれを踏襲しつつ、パン・アメリカ連合は政治には関わらない規定となっているため連盟の政治的活動についてもそれは適用されるという名目で、安全保障など政治的領域における協力の拒絶を明確化していた。一方で、国際労働機関（ＩＬＯ）と米州諸国政府、連盟知的協力委員会とパン・アメリカ連合の知的協力部門、連盟の保健衛生部門とパン・アメリカ衛生局（Pan American Sanitary Bureau）など連盟技術機関とパン・アメリカ機関の間に存在する協力、出版物の交換、そして先述した条約や協約の通知が、実行されている機構間協力として例示された(57)。最終的に、連盟とパン・アメリカ連合の関係は公式に定義付けられない実務的な協力の積み重ねの段階にとどめられたのである(58)。

パン・アメリカ会議及びパン・アメリカ連合と国際連盟のチャコ紛争の調停における協調、技術的事項における実務協力は、現実に実行されている連盟と地域機構関係のモデルであった。当為として連盟の優越と統制を提示したところで、この水平的関係を変更するのが不可能であることは明白だった。ところがこうした水平的関係の公式化の試みも情報交換のレベルにとどめられた。そのため一九三〇年代後半においても連盟＝地域機構関係は漂流を続けていく。

四　国際連盟改革論における連盟＝地域機構関係

国際連盟改革論の胎動

一九三〇年代に入ってから、満洲事変やエチオピア戦争、日独伊の脱退によって連盟の権威が動揺したことは、連盟の在り方そのものを再考させた。それが本格的な連盟改革論を浮上させ、連盟において実際に議論されるまでに至るのだが、そこでは連盟と地域機構の関係設定も主要な論点の一つであった。連盟自体の地域的分割という選択肢も含めて政府間のレベルで真剣に議論されることになる。

満洲事変を契機に、蠟山政道、神川彦松を始めとした日本の国際主義的な知識人たちが連盟の地域主義的再編を主張したことはよく知られている(59)。ただし一九三三～三五年の時点では、日本政府がこの議論を必ずしも共有していたわけではない。日本政府は満洲事変において連盟の普遍的性格に対する批判を既に行っていたが、それは極東特殊論、つまりは例外性の強調によって連盟の管轄権や規約の適用を回避しようとするものであり、連盟の地域的分割や地域機構の創設を主張してはいなかった(60)。とはいえ、こうした日本による連盟の普遍性批判は、一九二〇年代からクーデンホーフ＝カレルギーらによって唱えられてきた連盟の地域的分割論を想起させたのは間違いない。

連盟改革を政府レベルで初めて積極的に主張したのはイタリアであり、その延長線上に連盟の地域的分割が議論の俎上に載せられる。ファシズム大評議会が脱退をちらつかせながら抜本的な連盟改革を求めたのを背景に、ムッソリーニが連盟の普遍性批判を始めたのを機として（その要求は必ずしも具体的条件を挙げたものではなかったが）、連盟関係者たちは連盟の普遍性擁護と地域的分割反対の論理を練り上げ始めたのである。一九三三年七月に就任したばかりのアヴノル新連盟事務総長は一一月にムッソリーニに対して、太平洋地域では満洲事変における措置が今後日本の抑制に力を発揮する可能性を指摘し、アメリカとの協力の成功に意義を見出していると述べた。またラテンアメリカについては、チャコ委員会の活動及びエルサルバドルからの連盟に対する財政顧問派遣要請を連盟の存在感の高まりの証左とした。ヨーロッパについてはむしろ連盟理事会組織の柔軟性を強調して、大国やヨーロッパ諸国のみで秘密裏に話し合いたいときには理事会内の「ヨーロッパ委員会」設置などで対応できると、連盟内における地域主義実現の見通しを語っている[61]。

連盟事務総長からイギリスの駐伊大使に転出したドラモンドは、「連盟の普遍性」こそが「連盟規約改正が望ましいと考える者にとっては政治的観点において最も魅力的な議題」だと捉えており、それだけ反論も練っていた。ドラモンドの想定する連盟の地域主義的再編案は、ヨーロッパ、米州、アジアの三つの「地域連盟」の上に、「最高理事会（super-Council）」もしくは三つの地域連盟を代表する執行機関を設置し、これが地域連盟間の調整に当たるというものであった。ドラモンドは、こうした構想は「非現実的」かつ「危険」だと考えていた。それは各「地域連盟」が日本やアメリカに支配されかねず、世界を「大陸間の分裂と紛争」に向かわせるからであった。さらにヨーロッパ連盟だけ取り上げても、イギリス帝国やソ連、トルコの位置付けが曖昧である。ドラモンドは、ブリアンのヨーロッパ連合案が結局は連盟の枠内におけるヨーロッパ委員会という位置付けに落ち着いたことを想起させつつ、連盟の既存組織の活用で十分だと結論付けている[62]。

国際連盟の地域的分割構想と日本

イタリアの提起した連盟改革問題に対して日本でも反応は存在した。例えば国際連盟協会刊行の『国際知識』は、一九三四年前半に関連する論文や記事を多数掲載している。そのなかの一つで、国際連盟協会副会長を長く務めた阪谷芳郎元蔵相は、イタリアの連盟改革論に大きな意義を見出し、連盟規約第一六条の削除や通商自由の確立などとともに「東洋及南北米の問題は其の地方限りの特別の機関をして解決せしむること」を唱えている[63]。しかし、それとは異なり外務省の反応は芳しいものではなかった。連盟事務次長兼政治部長であった杉村陽太郎は辞職後に、満洲事変においてもイタリアは「連盟規約を骨抜」にしようとする試みを行っていたが、議論の筋が通っていても「弁士が少し物騒」であったために成功しなかったと振り返っており、イタリアという提案者に問題があるとみなしていた[64]。対連盟政策の所管課である外務省条約局第三課も、イタリアの連盟改革案にはその内容の不透明さや、脱退国としての日本の立場を理由にコミットしない考えであった。むしろ条約局第三課は、連盟の技術的事業が「普遍的ノ性質」を有するため「世界各国之ニ協力」する必要がある以上、日本の協力を拒否してしまえば「世界性」を標榜する連盟自らを否定することになるとして、連盟の普遍性にこそ脱退後の協力の余地を見出していた[65]。

より反連盟的で地域主義への傾倒を見せていた重光葵次官であっても、一二二頁でも見たように、この時点では「集団機構」の否定と「インデヴイデユアル、メソド」の称揚を行っており、連盟の地域主義的再編を主張するには程遠かった。

日本において連盟の地域的再編への呼応論が唱えられたのは、一九三六年頃の欧米派の出先外交官たちからである。杉村陽太郎駐伊大使や澤田廉三駐ニューヨーク総領事がこれを主張した。欧米派や出先外交官の望んでいた脱退後のより協調的な対連盟路線は、中国技術協力、チャコ紛争、エチオピア戦争への対応においてアジア派に傾斜する強硬な外務省中央に敗北しており、連盟の権威のさらなる下落もあってそのままの形では成立し得なくなっていた。そのため、日本の協力の条件として連盟自体の改革を求めるという姿勢を取ったのである[66]。

澤田廉三は現在の連盟が各文化を抑圧して均一化しかねず、さらに「世界遠隔の地方に於ける実相に迂闊であり、且つ無関心」であるのに「複雑なる問題」を解決しようとしていると責め、極東、ヨーロッパ、米州、近東にそれぞれ連盟を設け、各連盟は代表機関としての「大連盟」に合流するのが問題を解決する道だと説いた[67]。

杉村陽太郎もまた、以前は連盟事務局において、続いてイタリアにおいても同僚のドラモンド英駐伊大使に、加盟国を欧州アフリカ、米州、アジアの三つに分類して、小国には理事会において自らの大陸に限定された問題にしか関与を認めない一方で、常任理事国たる大国は世界中全ての地域の問題に関与できるようにする改革を提案している。杉村は連盟規約改正には消極的であったためこうした形式になったが、事実上は理事会の地域的分割案に近い。そして、杉村は満洲事変における連盟の失敗の原因をヨーロッパの小国の対日批判だとしたうえで、この改革が実現した場合の日本の連盟復帰を示唆した。理事会からの小国排除により大国協調の再建を可能にする方策として、理事会の地域主義的再編を持ち出したのである[68]。連盟復帰の示唆が外務省中央の承認を得ていたかは疑わしいが[69]、出先の欧米派たちは代償として連盟の地域主義的改革を要求しつつ、大国協調の回復と連動させた対連盟接近を諦めていなかった。

国際連盟の地域主義的再編構想

国際情勢もまた連盟の地域主義的再編の現実的可能性を生じさせ始めていた。連盟はエチオピア戦争においてイタリアに対し制裁を発動したにもかかわらず、その侵略を止められないまま一九三六年七月に制裁措置を解除したが、制裁の失敗のみならず、制裁を実行したこと自体に多くのラテンアメリカ諸国から不満が噴出していた。種々抜け道を見付けたとはいえ、移民の主要な出身地の一つであり、文化的にも経済的にも強い紐帯を持つイタリアに対する制裁は、不況に苦しむラテンアメリカ諸国にとって苦痛であり、悪化するヨーロッパ情勢に巻き込まれることに対する忌避もさらに増していた。五月にグアテマラが、七月にホンジュラスとニカラグアが脱退するなど、その不満が脱退の連鎖につながっており、それ以上進行すれば「普遍的連盟という概念が根底から覆される」可能性はイギリス外務省も十分認識していた。ラテンアメリカ諸国は、地域協定の締結、もしくは地域機構の創設による集団安全保障の地域化を志向しており、それに一定程度応える必要性があった(70)。

イギリスにもこれに対応する動きはあった。アンソニー・イーデン英外相は、連盟規約には手を加えず金融上の制裁や武器及び軍需品の売買禁止のみに制裁義務を可能な限り限定し、安全保障はそれぞれの国が軍事的コミットメントを受け入れられる範囲の地域協定で集団防衛システムを構築して補完するという意見であった(71)。ただし、ラテンアメリカ諸国のなかでもチリが連盟脱退をちらつかせつつ求めていたのは、連盟規約の改正にまで及ぶ抜本的な改革であった。また、軍事制裁ではなく金融制裁や軍需品売買禁止に限定したところで、対イタリア制裁で見たようにそれ自体がラテンアメリカ諸国の忌避するところであった(72)。イーデン案はチリを始めとしたラテンアメリカ諸国の離脱傾向を止められるものではなかったのである。

ただしチリにとっては、連盟規約第一六条改正で制裁を無力化するだけではなく、連盟の地域主義的改革により制裁の決定や実施を地域化するのも一つの方策であった。どこまで本国の承認を得ていたかは疑わしいが（大統領の賛意は得たが外相から差し止められたと説明されている）、チリの駐英大使兼首席連盟代表であるアグスティン・エドワーズ（Agustin Edwards）はチャコ紛争などが最終的には地域レベルで解決されたことを論拠として、言わば第一審としてヨーロッパ理事会と米州及びそれ以外の地域の理事会を設置するという理事会の地域的分割に近い改革を提案していた(73)。とはいえチリ本国は、地域条約、しかも大陸レベルよりも小さな地域における条約による安全保障こそ現実的だと考えていた(74)。

同じく地域主義志向であっても、強化された地域機構への権限委譲にこそ連盟改革の意義を見出す構想も存在した。パン・アメリカ連合と連盟の公式関係の構築を唱えたコロンビアが、今度は規約改正を前提に、「地域、大陸連合または協定（regional or continental associations or agreements）」の成立による連盟の「脱集権化」を唱えたのである。そこでは、米州の連帯はもちろん、ブリアン以来の「ヨーロッパ連合」案の存在も想定されていた。地域や大陸レベルで対処可能な紛争は地域・大陸連合に任せ、特に軍事制裁は侵略国と同じ大陸に位置する国家のみに限定された義務とされた。コロンビア案における「脱集権化」後の連盟の組織原理の特徴を表すのは、理事国の選出方法である。理事国の候補は地域・大陸連合が予め選定して総会に提出することとされていた。連盟理事国はそれぞれ属する地域・大陸連合を代表するのである。連盟とパン・アメリカ連合の公式関係の構築というコロンビアの一九三四年の要求も、これによって満たされる。連盟理事会は各地域・大陸連合の上部においてそれらの代表により構成され、地域・大陸連合では対処不能な問題を取り扱う。あくまで地域・大陸連合が基本の単位であり、その集積として連盟が存在するのである(75)。

ただし、ここで地域連合・大陸連合として例示されたヨーロッパ連合は、イギリスや連盟事務局にとっては地域機構構想を連盟の委員会のレベルに封じ込めた前例であった。チリ大使からの理事会の地域的分割提案に対しても、イギリス側は紛争ごとに地域的に近接した国々により構成される下部委員会を理事会が設置する案で応えており、その志向は依然継続していた。そして先述のイーデン外相のように連盟規約改正にまでは踏み込むのを忌避する意見が優勢だったこともあり、ラテンアメリカ諸国に「責任逃れの口実」を与える、規約改正を伴う地域主義的再編は認められないとされた(76)。

しかし連盟の地域的分割という構想は日本やラテンアメリカ諸国だけのものではなかった。ラトヴィアの外務事務総長がヨーロッパ、米州、アジア三つの「大陸連盟」を設ける案をイギリス側に提示している。軍事制裁は「大陸連盟」が全会一致すれば実行し、他の大陸の諸国は経済金融制裁の義務しか負わないとすることで、軍事制裁の地域限定化を狙ったものであった。そして連盟の普遍性は、ジュネーヴにおける大陸連盟の「集合体（collective body）」及び、ヨーロッパ連盟及びアジア連盟と可能ならば米州連盟にも参加するイギリスが保証するのであり、これのみが連盟を再活性化するというのである。応対した外務政務次官クランボーン子爵（Viscount Cranborne）が言うように、イギリスが独力で地域を超えた国際秩序全体の維持に当たるのは余りに過剰な負担であって、とても受け入れられるものではなかった。[77]

一九三七年には、イギリス外務省出身でイタリア大使や連盟総会代表などを務めたレンネル男爵（Baron Rennell）が貴族院において、理事会をヨーロッパ、米州、アジアで三分割することを提案している。レンネル案では、世界全体の意見は総会に反映されるのみであった。これに対して回答した外務政務次官のプリマス伯爵（Earl of Plymouth）は、「そのような案を採用すれば事実上、連盟が設立されている基礎を根底から変更する」が、「イギリス政府はそのような変更が望ましくかつ必要だとは確信できない」として反対を明確にしている。[78]

連盟規約の原則の適用研究委員会

この間、連盟改革論の広がりは連盟において、「国際連盟規約の原則の適用研究委員会（Committee to Study the Application of the Principles of the Covenant）」が設置されるまでに至る。まず一九三六年六月に理事会で連盟改革論が取り上げられ、続く七月の特別総会において対伊制裁を取り下げるとともに、連盟規約の適用の改善につき加盟国の提案が求められた。こうした過程で非加盟国の参加を重視して目立っていたのはチリ代表だったとイギリス側は振り返っている。そして、提出された意見書やこの問題に関する提案を研究するための委員会として、一〇月の通常総会で二八カ国（理事国一五カ国＋それ以外の一三加盟国）による連盟規約の原則の適用研究委員会の設置が決定されたのである。[79]

委員会はまず論点を整理したうえでテーマごとに報告者を指名した。そのテーマの一つがまさに「国際連盟の地域的組織・大陸的組織」であり、報告者にはソ連のボリス・シュテイン（Boris Stein）が指名された。

一九三七年八月に提出されたシュテインの報告書は、大筋で従来のイギリス政府や連盟事務局の見解と合致したものであった。まず「大陸連盟の連合により国際連盟に取って代わるという考え」は「連盟規約の根本原則」に反しているため扱わないとして、ラテンアメリカなどにおける大陸連盟案を詳細な検討を加えることも無く切って捨てた。その代わりに称賛されるのがブリアンのヨーロッパ連合構想が辿った顚末であり、連盟総会によって設置されたヨーロッパ連合調査委員会こそが「補完的大陸主義の概念」「大陸機構の補完的性格」の体現だとされたのである。あくまで連盟の下部機関として連盟を補完する地域機構が想定されていたのである。[80] ただし、これではラテンアメリカにおける地域機構強化への動きには対応できないし、既存のパン・アメリカ会議及びパン・アメリカ連合との関係も全く明らかではない。一九三〇年代後半において、連盟の優越だけを主張することはあくまで当為のみを言い立てるに等しかった。

地域主義への対応という点において英仏の本命は地域協定の締結であった。日本の地域主義的論理を用いた圧迫に晒されてきたはずの中国においても、連盟代表を複数回務めた金問泗駐オランダ公使が地域協定（「地域公約」）による地域安全保障を唱えている。この時代における新たな潮流であったことは間違いない。金問泗が提案しているように、地域協定をあくまで「連盟の普遍性を実現（国連普遍性之実現）」するための手段として位置付けることで、連盟の権威を損なわずにその安全保障機能を再建するのである。[81]

フランスは一九三六年七月の特別総会時に、「普遍性の原則を損なうのは大きな誤り」だとして各大陸を分離する愚かさについて述べ立てている。地域・大陸がヨーロッパ連合調査委員会やパン・アメリカ連合のような機関に任務を負わせる可能性は考慮しつつ、あくまでも普遍的な紐帯を重視するのがこの時点のフランスの見解であった。ブリアンの連盟から一定程度独立的なヨーロッパ連合構想ではなく、連盟の下部機関としてのヨーロッパ連合調査委員会が評価されている点が注目される(82)。

一方、連盟規約の原則の適用研究委員会で、フランスのジョゼフ・ポール＝ボンクール元首相が担当したのは「地域相互援助協定についての報告書」である。この報告書はエチオピア戦争で惹起された制裁及び連盟規約第一六条に対する不満を踏まえたうえで、経済制裁と軍事制裁を分離して前者は従来通り規約第一六条に依り発動する一方、軍事制裁の対象となるケースや条件は地域協定で定めることを提案している(83)。イギリスが制裁や軍事的コミットメントの範囲を限定すること自体を目標としたのに対して、フランスは範囲を限定することでむしろ制裁手段の強化を狙っており、力点の置き方に相違はあるが、規約改正は行わず地域協定の締結を目指すこと自体は共通していた。

ただし、これではラテンアメリカ諸国の不満に応えたことにはならない。地域機構の強化と連動した連盟の地域主義的再編やその代案にもなるべき地域機構と連盟の関係再定義には全く触れていないし、チリなどの望む地域協定の締結を目指しても規約改正は前提としないため、連盟規約第一六条に依る経済制裁の可能性は継続する。

チリはあくまで連盟規約の改正を主張し、それが実現しなければ脱退すると明言していたが、ついに一九三八年六月に脱退を通告するに至る。これによってラテンアメリカ諸国の脱退はさらに促進され、連盟改革論の熱心な提唱者だったチリの脱退は改革の動き自体を著しく減速させた。この後の焦点は非加盟国・脱退国との協力や社会経済領域の事業へと急速に収斂していく(84)。

連盟改革論は普遍的国際機構たる連盟の優位という当為を再確認するにとどまった。現実的にはこれを適用できないパン・アメリカ会議、パン・アメリカ連合との関係についても特に定義はされず、そのまま放置された。この一九三〇年代という地域主義の時代でさえ連盟の地域主義的再編論を寄せ付けなかったところに、普遍主義の強さを見て取るべきかもしれない。しかしそのような道を進むならば、既存の地域機構たるパン・アメリカ会議、パン・アメリカ連合との関係設定はなおさら重要だったはずである。そこを置き去りにした普遍主義対地域主義の対立構図が戦時中も、今度は国連構想をめぐって継続していくのである。

おわりに

連盟と地域機構の関係は、そもそもその問題の所在自体が連盟発足前にはほとんど意識されていなかった。最初にこの問題に対処したのは連盟事務局であり、既存のパン・アメリカ会議、パン・アメリカ連合との関係において連盟の優位を理想としつつも、現実的にはオブザーヴァー派遣、テクノクラート間の交流という水平的な実務関係構築に注力した。

政府レベルで本格的な検討が行われたのは、一九二〇年代末のヨーロッパ連合構想に対してであろう。必ずしも連盟との関係は明確ではないが、一定程度の独立性を前提としていたブリアンのヨーロッパ連合構想を連盟の下のヨーロッパ連合調査委員会に封じ込めたのは、英独の主要国及び連盟事務局であった。調査委員会は単なる機構の準備委員会というよりは、ヨーロッパの経済問題を議論する地域委員会としての性格を持つに至った。

ただし、こうした位置付けはこれから誕生する地域機構についてはともかく、既存の地域機構に適用できるものではなかった。第四章で見たように、チャコ紛争の調停をめぐって連盟とパン・アメリカ会議の協力が進展することで、一九三三年のモンテビデオ会議において機構間関係の構築の検討が宣言された。これは従来の事務局間、テクノクラート間の協力を、紛争における機構間協力と相乗的に発展させようとしたものであり、実現していれば連盟と地域機構の間の水平的な協力関係が公式化されたであろう。

ところが連盟とパン・アメリカ会議の協力にもかかわらずチャコ紛争の調停は功を奏さなかったため、機構間協力の気運自体が後退していく。その代わりに浮上したのが連盟自体の地域的分割、もしくは地域機構を基本としたうえでその補完に役割を限定した連盟の再編、つまり連盟の「脱集権化」であった。ただし、こうした動きも普遍的国際機構の優位という当為を突き崩すには至らなかった。あくまでイギリスや連盟事務局の依る、地域機構は連盟の下の地域委員会程度にとどめるべきとの立場が守られたのである。しかし、これでは一九三〇年代の高まる地域主義のエネルギーを吸収できず、実態と当為の距離はますます拡大した。

本章の最初で提示した三つのモデルに基づいてまとめると、連盟の歴史において、①連盟による地域機構の一元的統制は最後まで当為として保たれた一方で内実を伴わなかった。②連盟と地域機構の独立並行的・水平的関係は、次第にテクノクラート間の実務協力や紛争調停をめぐる協力によって大きく発展したが公式化されなかった。③連盟自体の地域的分割、地域連盟の割拠は一九三〇年代において政府レベルの提案と討議の対象となったが、①を突き崩すには遠かったということになる。

一九三〇年代の連盟の地域主義的再編への動きと普遍的国際機構の優位という当為の矛盾は、第二次世界大戦の勃発により連盟が事実上活動を停止した後も、国連構想をめぐって継続していく。連盟の地域主義的再編に反対していたイギリス政府も、国連構想についてはウィンストン・チャーチル（Winston Churchill）首相を筆頭に地域主義に基づいた在り方を唱えており、アメリカにおいてはサムナー・ウェルズ（Sumner Welles）国務次官がこの立場から、普遍主義と地域機構に対する一元的統制を唱えるコーデル・ハル国務長官と対立した。結局、この論争にはハルが勝利して、国連憲章第八章では地域機構に対する国連の統制が規定されたのである(85)。ただし普遍的国際機構の優位が確立すると同時に、地域機構の存在が明示的に規定された意味も大きかった。イギリスや連盟事務局の抱いてきた、あくまで地域機構構想を連盟の下の委員会に封じ込める志向と照らし合わせれば、その意義は明らかであろう。

しかし、国連創設後に憲章第八章の規定が実行されてきたとは言い難かった。国連が地域機構を統制するというよりは、冷戦による国連の機能不全から、集団防衛を前提とした北大西洋条約機構（ＮＡＴＯ）、ワルシャワ条約機構（ＷＰＯ）、ＯＡＳなどが憲章第五一条を根拠に国連を形骸化してきた。憲章第八章自体が「忘れられた章」となり、国際機構と地域機構の関係という問題意識自体が希薄化したのである。ようやく冷戦の終結後に国連が平和維持活動（ＰＫＯ）などで存在感を見せるようになったが、ＰＫＯの憲章上の根拠が不明瞭なため必要な国連の統制の程度についても意見が分かれていることもあり、その地域機構に対する統制・監視機能は大きく制約されている。結局のところ、国連と地域機構は紛争調停やＰＫＯの派遣について、ケースごとに実務協力、分業的協力を展開するなかで役割分担の在り方を模索していると言える[86]。

連盟の短い歴史においても、連盟と地域機構の水平的な実務協力、分業は展開されていた。それが政府レベルで意識されるのはかなり遅く、その定義や公式化も試みられながら実現することは無かった。その後に国連について公式化された普遍的国際機構の優位は内実を伴わなかったが、とはいえ国連の役割を地域機構の補完にまで縮小するのも全く現実的ではないだろう。国連と地域機構双方が著しく発展を遂げた今も、その間の分業的協力関係の構築はまさに現代的課題であり続けている。

終章

国際連盟は普遍的国際機構であることを前提に創設された機構であった。第四章でも引用したように、「モンロー主義が、執行理事会による全会一致の決定の執行をヨーロッパ、米州、アフリカ、もしくはアジアで行うのを妨げるという考えはモンロー主義の誤用である」[1]という了解ができていたのであり、その活動はヨーロッパのみならず米州、アフリカ、アジアでも展開されると想定されていた。しかしながら創設後しばらく、その活動は明らかにヨーロッパに偏っていた。理事会構成のヨーロッパ偏重がそれ以外の地域の国家の意向を汲み取る回路を狭めており、これに対する反発は第一回総会の時点で噴出していた。それに加えて、アメリカの非加盟、ヨーロッパ復興への注力などといった要因も背景にあったのは間違いない。

同時に連盟がアジアやラテンアメリカの紛争に関与しなかったのは必然ではなく、偶然的要因も大きかった。例えば山東半島返還問題については、イギリスの意思決定がより早ければ中国が提訴に踏み切った可能性は十分に存在したし、タクナ＝アリカ紛争については、ボリビアやペルーが連盟規約第一九条による条約改正というフランスや東欧を刺激する回路を選ばなければ違う結果があったかもしれない。アメリカが明確に圧力を掛けたのはパナマ＝コスタリカ紛争のみであり、それもイギリスの逡巡を助長したのは間違いないが、態度を決定付けたとまでは言えない。

一方で、中国が内戦状況に陥った結果、分裂状態から生じた代表権問題に全く効果的な対応ができなかったのは、ヨーロッパの一国一政府モデルを厳格に適用した連盟の欠陥でもある。内戦や分裂状況がその国民に惨禍をもたらし国外にも影響のある国際問題であったにかかわらず、それがむしろ中国問題を連盟から外部化したのである。

とはいえ、ヨーロッパ偏重がアメリカの非加盟やモンロー主義といった、連盟側では簡単に変えようがない要因によって決定付けられていたわけではない以上、状況の変化や制度改革によって連盟のアジアや米州への関わり方は劇的に変わる可能性があった。

そうした改革の一つのなかで特に大きかったのが、国際連盟理事会の拡大と地域配分制度の導入である。一九二〇年の非常任理事国四カ国のうち非ヨーロッパ地域からはブラジルのみの状態から、一九二六年の九カ国のうち四カ国（中国、チリ、エルサルバドル、コロンビア）にまで増加した。さらにラテンアメリカは、地域配分制によってほぼ常時三席を確保した。割合の増加のみならず、ヨーロッパ偏重に不満を抱く国へ門戸を広げるうえでは絶対数が重要であり、その点でも連盟の意思決定への非ヨーロッパ諸国の影響力が大幅に拡大したと言える。特に一九二〇年代末以降のラテンアメリカの紛争への介入はこの改革のもたらした結果であることを強調してもし過ぎることは無い。

満洲事変における連盟の迅速な初動対応も、中国が非常任理事国であったことと切り離せない。だが東アジアにおいてそれは副次的な要因であり、国民政府による中国の統一という状況の変化の方が大きかった。連盟が関与しない理由となっていった代表権問題は解消され、むしろ統一国家としての中国の不完全さは、西洋的近代国家モデルに中国を近付けようとする試みを生んだ。それが中国技術協力であり、満洲事変時においては既に中国で連盟の活動が展開し始めたなかで、中国の分裂を強調することでその提訴を却下するのは不可能であった。

連盟規約からヨーロッパ偏重は導き出せず、普遍的国際機構である連盟にとって本来異常な状態であるという認識が共有されていたことを素地としたうえで、ラテンアメリカでは非常任理事国増員に連盟規約第二一条の解釈再確認が重なり、東アジアでは中国の代表権問題解消と副次的とはいえ非常任理事国増員が相乗することで、連盟の関与・

介入をもたらしたのである。

満洲事変やチャコ紛争における連盟の失敗にもかかわらず、その後に連盟のガヴァナンスが完全に後退したわけではなかった。一九三〇年代後半に入り、エチオピア戦争とドイツのラインラント進駐への対応の失敗、スペイン内戦における不作為によって、ヨーロッパで連盟の権威が決定的に失墜した後、(2)一九三七年七月に日中戦争が勃発した際には既に連盟に対する期待はほとんど存在していなかった。もはや連盟の果たす役割は無いと想定していたショーン・レスター連盟副事務総長は、日中戦争が既に開始されていた七月末に新連盟本部（パレ・デ・ナシオン）で秩父宮夫妻を歓待するような状態であり、当初は緊迫感すら存在していたか怪しいと言ってもよい。しかし、いったん中国が提訴するとすぐに日本の行う都市爆撃への非難決議が発され、戦災に伴う伝染病対策における技術援助も始動した。これについてレスター連盟副事務総長や中国の胡世澤スイス公使・連盟代表は、中国にとって予想以上の成果だと率直に評価を書き留めている。(3)

そして医療を中心とする戦時中国における連盟の活動は、連合国復興救済機関（UNRRA）を始めとした戦中、戦争直後の国際機構による援助にも引き継がれていき、戦後にまでつながっていく。(4)この時期において、連盟はヨーロッパよりも東アジアでこそ存在感を見せたと言えるだろう。そして、ラテンアメリカにおける技術協力は一九三〇年代後半の脱退国の続出後も継続したし、むしろこの時代においてこそ活発化した感がある。(5)達成された連盟の普遍性は一定程度保持されたまま、国連へと引き継がれていくのである。(6)

同時に、普遍的国際機構としての連盟の成長は、地域主義の制度化・組織化への動きと並行していた。ヨーロッパにおいてはパン・ヨーロッパ運動の隆盛やブリアンのヨーロッパ連合案の議論が起こり、米州においてはパン・アメリカ会議、パン・アメリカ連合の強化案が度々浮上した。そうした動きの脆弱なアジア太平洋ですら条約委員会や条約会議の制度化が検討されていたのである。地域主義の組織化の結果としての地域会議や地域機構と連盟がどのような関係を取り結ぶのかという課題が結果として浮上する。

ある程度連盟のプレゼンスが確立したうえで、地域機構の創設が検討されたヨーロッパの場合には、連盟の優位を前提とすることが容易であり（それが地域機構の創設を阻む面もあったが）、より困難なのは一九二〇年代末から連盟が進出していくアジア太平洋やラテンアメリカであった。それでもアジア太平洋では地域主義の制度化・組織化の未熟さ故に連盟に対抗しうる枠組みは結局実体化しなかった。一方、米州には連盟以前からパン・アメリカ会議、パン・アメリカ連合を始めとした地域的枠組みが存在しており、国際連盟はラテンアメリカの紛争に介入した結果としてこれらとまともに競合することを余儀なくされた。チャコ紛争がまさにその実例である。中立諸国委員会の失敗を待ち、その後はアメリカの意向にかかわらずチャコ委員会を派遣するなど連盟が前面に立った。そして自覚されたのは、競合状態をそのまま放置しておくと、それに付け込まれ対抗関係を利用して遅延・妨害工作を行う余地を生んでしまうということであった。また、連盟の措置の実効性を向上させるには当然近隣諸国との協力が必要であり、そのためには地域的枠組みとも協調関係を構築するのが望ましい。

米州の側も、パン・アメリカ会議やパン・アメリカ連合の強化を進める前に、連盟との関係を明確に設定する必要性を認識していた。この点については一九三三年のモンテビデオ会議以降に検討が進められていく。チャコ紛争における実践にしろ米州側の検討作業にしろ、基本的にはヨーロッパについて構想されていたような地域機構が連盟の下部機関化される形ではなく、あくまで水平的な関係が展開されていた。チャコ紛争を見る限りその水平性が管轄権をめぐる競合を常に潜在化させた一方で、中立諸国委員会、連盟、ブエノスアイレス交渉という順で失敗を補完し合うことを容易にしたのも事実である。また、連盟がブエノスアイレス交渉に権限を委譲するうえでも、競合を抑制しつつ連盟の設置した諮問委員会がその経過を見守るという形式を整備した点に教訓が生かされていた。

一九三〇年代後半の連盟改革論においても連盟と地域機構の関係は主要な議題の一つとなった。水平的関係の公式化が模索されると同時に連盟それ自体の地域的分割、もしくは連盟の優位の公式化という選択肢が提示された。ここでは結局のところ、必ずしも実態を伴わない当為としての連盟の優位が再確認されるにとどまった。それに反するパン・アメリカ会議やパン・アメリカ連合との関係については整合性を取ることもなかった点で、現実との乖離は否めなかった。

そして一九九頁でも触れたように、国連憲章第八章では普遍的国際機構の優位というモデルが採用された。ただし一九四五年のサンフランシスコ会議では、第七章、特に第五一条の集団的自衛権の規定が抜け道として用意された。この過程で、連盟期を通じてその普遍的国際機構としてのガヴァナンス拡大のなかに組み込まれた中国やラテンアメリカ諸国は、対照的な立場を取っている。ダンバートン・オークス会議については英米の普遍＝地域機構関係観の相違が取り上げられるが、中国は明確にアメリカ側、つまり普遍的国際機構の優位の明文化を求めていた。直接的には顧維鈞駐英大使の記すように、アメリカが米州にのみ注力して普遍的国際機構を軽視するのを防ぐためというのが理由であったろう。(7) ただし本書の視点から付け加えるならば、地域主義の制度化・組織化の希薄な地域で連盟のみが結局のところ自らを不十分ながら助力した経験が、著しく強化される予定である国連への期待を高めて普遍的国際機構による一元化モデルを採用せしめたと言えようか。

一方で、ラテンアメリカ諸国はサンフランシスコ会議において憲章第五一条を挿入するうえで大きな役割を果たした。ラテンアメリカ諸国は、チャプルテペック協定で既に約していた集団防衛措置を常任理事国の拒否権により阻止されるのを嫌ったのである。こうした地域的集団防衛は戦間期を通じたパン・アメリカ会議、パン・アメリカ連合の強化案との連続性を持っている。そして、この後パン・アメリカ連合は米州機構（ＯＡＳ）へと再編されるのであった。それではラテンアメリカ諸国は完全に地域主義へと舵を切ったのであろうか。彼らは同時に、国連非常任理事国の地域配分として三席を求め、憲章第二三条第一項で非常任理事国の選出条件として「衡平な地理的分配」が挿入されるうえで大きな役割を担った勢力でもあった。これが第一章でも扱った理事国の地域配分と継続性を持っているのは言うまでも無く、さらには連盟の普遍性向上に果たした役割を想起すべきだろう。連盟のガヴァナンスを経験したラテンアメリカ諸国は、積極的な国連政策で「グローバル・サウス」の先駆にもなっていく。戦間期と同じくラテンアメリカ諸国は普遍的国際機構と地域機構双方にコミットしていた(8)。

連盟の経験は、国連憲章に必ずしも全体の整合性を取ることなく個別的に反映された。普遍的国際機構の優位を規定した憲章第八章と集団的自衛権の第五一条は地域防衛機構が存在する限りは矛盾するが、冷戦の結果として後者が事実上優越した。その結果としての普遍＝地域機構関係は優越、もしくは一方によるもう一方の代替関係であり、水平的な関係それ自体があまり発生しなかった。しかしながら冷戦後にPKO派遣などが活発化すると、普遍的国際機構と地域機構の協力や役割分担が問題となる。ここでは憲章の特定の条項に基づくというよりは、実践のなかで関係構築が模索されている(9)。実のところ連盟期の普遍＝地域機構関係も連盟規約で決定されたのではなく、実践のなか手探りで築かれたものであった。それは、連盟規約に普遍＝地域機構関係の規定が存在せず国連憲章には存在するという大きな相違にもかかわらず看取できる共通点である。連盟の一九三〇年代の「失敗」を踏まえたはずの国連も、結局は一九三〇年代の実践に回帰しているのかもしれない。国際主義のさらなる浸透後も、多元性を保つ国際社会を反映する以上は、林立する地域機構と普遍的国際機構の関係も一義的には決定し得ないのであろう。

これからどのような普遍＝地域機構関係を構築するべきか、それはもはや歴史研究の範囲をはるかに越えた問いである。ただし、おそらくは先駆的実践たる連盟の事例を無視して答えるべきものでもないだろう。国際機構の在り方が憲章や設立条約の起草も含めた創設過程のみならず、その具体的運営や実践のなかからもかなりの程度決定されることを本書は示してきた。創設という一時点にとどまらない通時的変化の検討こそ歴史研究の強みが発揮される領域であろう。歴史学による国際機構研究の可能性を示唆して本書の締めくくりとしたい。

注

序章

（1）「危機」において集団安全保障の失敗により瓦解した連盟という同時代以来のイメージについては後世への影響も鑑みて、E・H・カー（原彬久訳）『危機の二十年——理想と現実』（岩波文庫、二〇一一年）〔E. H. Carr, *The Twenty Years' Crisis 1919–1939: An Introduction to the Study of International Relations*, 2nd ed., Macmillan, 1946（1st ed., 1939）〕を挙げておく。

（2）西平等『法と力——戦間期国際秩序思想の系譜』（名古屋大学出版会、二〇一八年）、一二一—一四〇頁。George W. Egerton, “Collective Security as Political Myth: Liberal Internationalism and the League of Nations in Politics and History,” *The International History Review*, Vol. 5, No. 4, 1983. 安全保障理事会の総会に対する優越、拘束力を持つ安保理決議や全会一致ではなく多数決原理の採用による集団安全保障強化、経済社会理事会による国際協力などで連盟の欠点が克服されていることを強調する言説は、日本の場合には戦後間もなくの段階で教科書にも採用されている。文部省『文部省著作教科書 民主主義』（角川ソフィア文庫、二〇一八年）（一九四八年一〇月に上巻、一九四九年八月に下巻が刊行され一九五三年まで中学・高校で使用された教科書の復刊）、三九七—四〇五頁。連盟と国連の相違が強調された理由としては、アメリカは連盟非加盟国でありソ連は連盟から除名されたこと、そして連盟の「失敗」イメージとの断絶を図ったことが指摘される。佐藤哲夫『国際組織法』（有斐閣、二〇〇五年）、七六頁。また、「国連は懸命に連盟の「失敗」から学ぼうとし、ある意味でそれから学びすぎた」一方で、「大国主導の集団安全保障体制」における欠陥はむしろ増幅されたという評価も、国連の性格を捉えるうえでは重要であろう。最上敏樹『国際機構論講義』（岩波書店、二〇一六年）、六一—六二、一〇〇頁。

（3）研究動向の概観としては、Susan Pedersen, “Back to the League of Nations: Review Essay,” *American Historical Review*, Vol. 112, No. 4, 2007 を挙げておく。ただし、刊行後一〇年余りの進展が著しいこと、欧米圏中心のレビューであること

には注意する必要がある。

（4） Alexandru Grigorescu, "Mapping the UN-League of Nations Analogy: Are There Still Lessons to Be Learned from the League?" *Global Governance*, Vol. 11, No. 1, 2005. Carne Ross, "The UN is failing. Is it heading the way of the League of Nations?" March 10, 2016, *The Guardian* [https://www.theguardian.com/commentisfree/2016/mar/10/un-failing-league-of-nations-isis-boko-haram]（二〇一八年一一月三日閲覧）.

（5） クリストファー・ソーン（市川洋一訳）『満州事変とは何だったのか――国際連盟と外交政策の限界』上下巻（草思社、一九九四年）〔Christopher Thorne, *The Limits of Foreign Policy: The West, the League and the Far Eastern Crisis of 1931–1933*, Hamilton, 1972〕。スエズ危機やハンガリー動乱への言及は、例えば上巻、五七、一〇七頁。集団安全保障体制そのものに孕まれた欠陥については、下巻、二八〇―二八四頁。酒井哲哉「解説」（緒方貞子『満州事変――政策の形成過程』岩波現代文庫、二〇一一年〔原題『満州事変と政策の形成過程』（原書房、一九六六年）〕）、四三二頁。

（6） 代表的なものとして、後藤春美『アヘンとイギリス帝国――国際規制の高まり 一九〇六～一九四三年』（山川出版社、二〇〇五年）。同『国際主義との格闘――日本、国際連盟、イギリス帝国』（中公叢書、二〇一六年）。安田佳代『国際政治のなかの国際保健事業――国際連盟保健機関から世界保健機関、ユニセフへ』（ミネルヴァ書房、二〇一四年）。舘葉月「難民保護の歴史的検討――国際連盟の挑戦と「難民」の誕生」（墓田桂ほか編『難民・強制移動研究のフロンティア』現代人文社、二〇一四年）。Daniel Laqua, "Transnational Intellectual Cooperation, the League of Nations, and the Problem of Order," *Journal of Global History*, Vol. 6, No. 2, 2011. Patricia Clavin, *Securing the World Economy: The Reinvention of the League of Nations, 1920–1946*, Oxford University Press, 2013. Juan H. Flores Zendejas and Yann Decorzant, "Going Multilateral? Financial Markets' Access and the League of Nations Loans, 1923–8," *Economic History Review*, Vol. 69, No. 2, 2016. この動向を反映した概説書として、篠原初枝『国際連盟――世界平和への夢と挫折』（中公新書、二〇一〇年）。ただし、ユネスコとの継続性を前提に、個別の国民文化を単位とする国際文化交流の生成を扱った、斎川貴嗣「知的協力から国際文化交流へ――国際連盟知的協力国際委員会における理念変容」（『国際政治』第一九三号、二〇一八年）のように問題性の継承を示唆する視点の存在も指摘しておく必要があるだろう。

（7） E・H・カー（大窪愿二訳）『新版 ナショナリズムの発展』（みすず書房、二〇〇六年）、六七―六八頁〔E. H. Carr, *Nationalism and After*, Macmillan, 1945, p. 45〕。訳は邦訳版に依ったが、唯一「universalism」だけは「世界主義」から「普遍主義」に変更した。

（8）また、普遍主義の失敗を地域主義が代替するという図式は、冷戦による国連の機能不全とともに地域集団防衛機構である北大西洋条約機構（ＮＡＴＯ）やワルシャワ条約機構（ＷＰＯ）、米州機構（ＯＡＳ）などが国連を形骸化してきた戦後の経緯をも説明しやすかった。アキンデレ（R. A. Akindele）や植田隆子の研究は、こうした関心に基づき戦後の地域防衛の起源を連盟期の地域安全保障に探ったものである。R. A. Akindele, *The Organization and Promotion of World Peace: A Study of Universal-Regional Relationships*, University of Toronto Press, 1976. 植田隆子『地域的安全保障の史的研究――国際連盟時代における地域的安全保障制度の発達』（山川出版社、一九八九年）。一方で、冷戦終焉期の植田の研究は、地域的安全保障が普遍的国際機構を支えるものと捉え、国連期も含めて一定程度肯定する立場を取っている。そしてポスト冷戦期以降、これらの機構は地域集団防衛機構から、非伝統的安全保障分野にも進出し国連とも協力するグローバル・ガヴァナンスの担い手へと変化を遂げつつある。こうした動向も、連盟と地域的枠組みの関係を代替ではなく水平的な競合・協力関係と捉える本書にも影響を与えている。渡邊啓貴「地域集団防衛から安全保障グローバル・ガバナンスへ――米欧安全保障共同体（ＮＡＴＯ・ＥＵ）の収斂プロセス」（グローバル・ガバナンス学会編『グローバル・ガバナンス学II　主体・地域・新領域』法律文化社、二〇一八年）。

（9）A. Randle Elliot, "Regionalism in the League of Nations, To the Outbreak of World War II," Ph.D. Thesis, Harvard University, 1949. 数少ない本格的な先行研究であるが、普遍主義の失敗により連盟期において存在した地域主義の萌芽が発展していくというカーと同様の図式が描かれている。時代的に限られた公刊史料のみを用いた研究で、また何に対しても地域主義の萌芽やその優位性を見出していく嫌いは強いが、連盟理事会非常任理事国の地域配分制に地域連帯の契機を看取している点、連盟と関連付けられた地域安全保障協約を重視する点などは先駆的である。

（10）Note by the Secretary-General, March 24, 1927, Confidential Circular 13, 1927, Directors' Meetings Papers and Confidential Circulars 1927, League of Nations Archives [以下 LNA と略], United Nations Office at Geneva, Geneva.

（11）Hedley Bull, "The Emergence of a Universal International Society," in Hedley Bull and Adam Watson, eds., *The Expansion of International Society*, Oxford University Press, 1985 [Paperback Edition, first published 1984], p. 123. 川島真「中国外交における象徴としての国際的地位――ハーグ平和会議、国際連盟、そして国際連合へ」（『国際政治』第一四五号、二〇〇六年）。篠原、前掲『国際連盟』、一一―一三、一〇四―一〇五、二六八―二六九頁。植民地についても保健衛生事業などでは植民地政府間の協力が成立し始め、連盟創設後は現地住民出身のエリートも参加する形で、その協力は連盟の下で組織化された。委任統治制の導入もあわせ、植民地は「普遍的国際社会」に少なくとも部分的に包摂されたと言える。Tomoko Akami, "Imperial Polities, Intercolonialism, and the Shaping of Global Governing Norms: Public Health Expert Networks in Asia and the League of Nations Health Organization, 1908–37," *Journal of Global History*, Vol. 12, No. 1, 2017.

（12） 鳳岡及門弟子編『民国梁燕孫先生士詒年譜』（台湾商務印書館、一九七八年）、八三三頁。この状況は中国技術協力の前まではあまり変わらなかったようで、中国を視察したアメリカの歴史家A・N・ホルコム（A. N. Holcombe）は「彼ら（引用者注—国民党の指導者たち）は連盟が中国のために何もしてきていないため、現在は何も期待していないと言う。彼らはそのように連盟が作られているので、将来もアジア諸国には役立たないだろうという見解に傾いている」と観察している。A. N. Holcombe to W. E. Rappard, March 30, 1928, 50/3769/3769, R 3575, LNA.

（13） 「支那ト国際連盟保健機関「テイー、マドセン」博士ノ声明」、一九三〇年三月一一日（「国際連盟対支技術的援助問題」第一巻、B.9.7.0.8、外務省外交史料館所蔵）。保健衛生事業の地理的拡大については、安田、前掲書、第二章。及び山越裕太「ヘルス・ガバナンスの胎動と国際連盟保健機関——機能的協力、国際機構の併存、世界大恐慌」（『国際政治』第一九三号、二〇一八年）、五一—五二頁。

（14） League of Nations, Sixty-Third Session of the Council, Provisional Minutes of the Second Meeting, May 19, 1931, C/63rd Session/P.V.2.（「国際連盟対支技術的援助問題」第一巻、B.9.7.0.8、外務省外交史料館所蔵）

（15） "The Work of the League of Nations in Relation to the Agenda of the Seventh Pan-American Conference," November 1933, p. 7, 50/6342/6342, R 5708, LNA. 第七回パン・アメリカ会議（モンテビデオ会議）事務局長の要請に応じて、非公式という建前で連盟事務局員たちにより作成された。

（16） W. Koo［顧維鈞］to V. Hoo［胡世澤］, June 24, 1936, Folder 1.9, Box 1, Victor Hoo Papers, Hoover Institution Archives, Stanford. 第五章でも扱う連盟改革問題に関するコメントである。

（17） 満洲事変と国際連盟の古典的研究としては、緒方、前掲『満州事変』。ソーン、前掲書。臼井勝美『満州事変——戦争と外交と』（中公新書、一九七四年）。同『満洲国と国際連盟』（吉川弘文館、一九九五年）。鹿錫俊『中国国民政府の対日政策 一九三一—一九三三年』（東京大学出版会、二〇〇一年）も参照。

（18） 国際連盟史におけるチャコ紛争の位置付けは、F. P. Walters, *A History of the League of Nations*, Oxford University Press, 1960［first published 1952］, pp. 393–395, 525–536. David Armstrong, Lorna Lloyd and John Redmond, *International*

Organization in World Politics, 3rd ed., Palgrave Macmillan, 2004, pp. 25–26. Ruth Henig, *The League of Nations: Makers of the Modern World*, Haus Publishing, 2010, p. 153.

(19) ただし満洲事変については、規範や国際法の形成を重視して、不承認主義の確立や日本の行動を是認しなかったことの意義を評価するのが近年の潮流である。小林啓治『国際秩序の形成と近代日本』（吉川弘文館、二〇〇二年）。伊香俊哉『近代日本と戦争違法化体制——第一次世界大戦から日中戦争へ』（吉川弘文館、二〇〇二年）。篠原初枝『戦争の法から平和の法へ——戦間期のアメリカ国際法学者』（東京大学出版会、二〇〇三年）。

(20) 満洲事変における中小国の日本への非難及び日本に宥和的だとみなされたイギリスを始めとした大国に対する批判については、ソーン、前掲書、下巻、一七九—一八三頁。満洲事変とチャコ紛争の連関については、本書第四章で触れている。

(21) 「本規約ハ仲裁裁判条約ノ如キ国際約定又ハ「モンロー」主義ノ如キ一定ノ地域ニ関スル了解ニシテ平和ノ確保ヲ目的トスルモノノ効力ニ何等ノ影響ナキモノトス」。本書でも幾度か言及するようにこの条文の含意は明確でなく、その解釈が問題となった。以降、連盟規約は外務省編『日本外交年表並主要文書』（原書房、一九六五年）〔日本国際連合協会、一九五五年〕上巻、文書編四九三—五〇〇頁から引用。

(22) Walters, *op. cit.* ウォルターズは連盟創設直後から事務局に勤務し、ドラモンド連盟事務総長の官房長（chef de cabinet）を務め、一九三三年に日本出身の杉村陽太郎連盟事務次長兼政治部長が退任したのに伴ってその後任となった。最終的には副事務総長に昇任している。当事者の著作として史料的価値をも持つ、現在でも引用されることの多い研究である。

(23) James Barros, *Betrayal from Within: Joseph Avenol, Secretary-General of the League of Nations, 1933–1940*, Yale University Press, 1969. *Id.*, *Office without Power: Secretary-General Sir Eric Drummond, 1919–1933*, Oxford University Press, 1979. バロスには個別の紛争に関する連盟研究も存在しており、実証的水準は高い。*Id.*, *The Corfu Incident of 1923: Mussolini and the League of Nations*, Princeton University Press, 1965.

(24) ソーン、前掲書。石田憲『地中海新ローマ帝国への道——ファシスト・イタリアの対外政策 一九三五—三九』（東京大学出版会、一九九四年）。長尾雄一郎『英国内外政と国際連盟——アビシニア危機 一九三五—一九三六年』（信山社出版、一九九六年）。Barros, *The Corfu Incident of 1923*.

(25) 海野芳郎『国際連盟と日本』（原書房、一九七二年）。Christoph M. Kimmich, *Germany and the League of Nations*, University of Chicago Press, 1976. George W. Egerton, *Great Britain and the Creation of the League of Nations: Strategy,*

Politics, and International Organization, 1914-1919, University of North Carolina Press, 1978. Gary B. Ostrower, *Collective Insecurity: The United States and the League of Nations during the Early Thirties*, Associated University Presses, 1979.

(26)　山田哲也『国連が創る秩序――領域管理と国際組織法』（東京大学出版会、二〇一〇年）。Ralph Wilde, *International Territorial Administration: How Trusteeship and the Civilizing Mission Never Went Away*, Oxford University Press, 2010 [Paperback Edition, first published 2008]. Carsten Stahn, *The Law and Practice of International Territorial Administration: Versailles to Iraq and Beyond*, Cambridge University Press, 2010 [Paperback Edition, first published 2008]. 歴史研究としては、等松春夫「満洲国際管理論の系譜――リットン報告書の背後にあるもの」（『国際法外交雑誌』第九九巻六号、二〇〇一年）。同「一九三二年未発の「満洲ＰＫＦ」？――リットン報告書にみられる特別憲兵隊構想」（『軍事史学』第三七巻二・三合併号、二〇〇一年）。同「帝国からガヴァナンスへ――国際連盟時代の領域国際管理の試み」（緒方貞子・半澤朝彦編『グローバル・ガヴァナンスの歴史的変容――国連と国際政治史』ミネルヴァ書房、二〇〇七年）。臼杵英一「ＰＫＯの起源――国際連盟レティシア委員会（一九三三―一九三四年）」（『軍事史学』第四二巻三・四合併号、二〇〇七年）。

(27)　川島真「中華民国の国際連盟外交――「非常任理事国」層から見た連盟論」（緒方・半澤編、前掲書）。唐啓華『北京政府与国際連盟（一九一九―一九二八）』（東大図書公司、一九九八年）。張力『国際合作在中国――国際連盟角色的考察、一九一九―一九四六』（中央研究院近代史研究所、一九九九年）。洪嵐『南京国民政府的国連外交』（中国社会科学出版社、二〇一〇年）。Stefan Hell, *Siam and the League of Nations: Modernisation, Sovereignty and Multilateral Diplomacy 1920–1940*, River Books, 2010. Gerald Chaudron, *New Zealand in the League of Nations: The Beginnings of an Independent Foreign Policy, 1919–1939*, McFarland & Co., 2012. Lorna Lloyd, ""Another National Milestone": Canada's 1927 Election to the Council of the League of Nations," *Diplomacy & Statecraft*, Vol. 21, No. 4, 2010. Id., ""(O)n the Side of Justice and Peace": Canada on the League of Nations Council 1927–1930," *Diplomacy & Statecraft*, Vol. 24, No. 2, 2013. Stephen Legg, "An International Anomaly? Sovereignty, the League of Nations and India's Princely Geographies," *Journal of Historical Geography*, Vol. 43, 2014. イギリス自治領の自立性獲得につき連盟とも関連させつつ論じたものとして、Daniel Gorman, *The Emergence of International Society in the 1920s*, Cambridge University Press, 2012, Chap. 1.

(28)　Alan Mcpherson and Yannick Wehrli, eds., *Beyond Geopolitics: New Histories of Latin America at the League of Na-*

tions, University of New Mexico Press, 2015.

(29)　等松春夫『日本帝国と委任統治――南洋群島をめぐる国際政治　一九一四―一九四七』（名古屋大学出版会、二〇一一年）。Susan Pedersen, *The Guardians: The League of Nations and the Crisis of Empire*, Oxford University Press, 2015. 一国の連盟外交史としては、Thomas W. Burkman, *Japan and the League of Nations: Empire and World Order, 1914–1938*, University of Hawai'i Press, 2008. Peter J. Yearwood, *Guarantee of Peace: The League of Nations in British Policy, 1914–1925*, Oxford University Press, 2009. 和田華子「第一次世界大戦後の国際秩序の再編と日本外交――一九二〇年代における「国際連盟中心主義」の形成とその展開」（お茶の水女子大学提出博士論文、二〇一三年）。樋口真魚「近代日本と「集団安全保障外交」の模索」（東京大学大学院人文社会系研究科提出博士論文、二〇一六年）。思想史的側面からの研究は、マーク・マゾワー（池田年穂訳）『国連と帝国――世界秩序をめぐる攻防の二〇世紀』（慶應義塾大学出版会、二〇一五年）［Mark Mazower, *No Enchanted Palace: The End of Empire and the Ideological Origins of the United Nations*, Princeton University Press, 2009］。同（依田卓巳訳）『国際協調の先駆者たち――理想と現実の二〇〇年』（NTT出版、二〇一五年）［*Id.*, *Governing the World: The History of an Idea*, Penguin, 2012］。

(30)　イギリスの史料に関しては国立公文書館（The National Archives）所蔵の「外務省文書」（FO）、特にFO 371（Foreign Office: Political Departments: General Correspondence from 1906–1966）が中心となるが、イギリスの対連盟政策は必ずしも外務省内のみで決定されているとは限らないため、「内閣文書」（CAB）や私文書も重要となる。特に連盟理事会の拡大問題は大臣レベルでの対立と調整が政策決定に反映されており、それを扱った第一章はCABや私文書を中心に検討している。章によって依拠する史料の種類の割合が異なるのは、政策決定の行われたレベルを反映したものであるため、その点留意されたい。また、イギリスの公文書上における「His Majesty's Government」もしくは「HMG」は正確には「国王陛下の政府」であるが、国際関係史研究としての分かりやすさを優先し「イギリス政府」と訳出する。

(31)　日本に関しては外務省外交史料館所蔵の「外務省記録」を中心に、適宜『日本外交文書』などの公刊史料、私文書も用いた。満洲事変を別として、連盟外交は外務省が軍などの容喙を許さず進められる領域であり（おそらく軍縮については例外だが）、外交文書が検討の中心となる。

(32)　満洲事変時の駐仏大使・連盟代表であった長岡春一は、理事会における席順へのベルギーの児戯的なこだわりを例として、英米仏には向けられない中小国の日本に対する挑戦的態度への憤りを記している。長岡春一「追懐録」、一九三二年（『日本外交

文書 日本外交追懐録（一九〇〇〜一九三五年）』外務省、一九八三年）、四九四―四九五頁。

（33）日本外交において地域主義の論理を本格的に導入したのは重光葵であろう。ただし具体的には日中提携論の形式を取っていた一九三〇年代と「大東亜国際機構」に傾斜する一九四〇年代では、それぞれ二国間外交、多国間外交を志向する点で断絶があることはあまり意識されていないように思われる。酒井哲哉「「英米協調」と「日中提携」」（『年報近代日本研究』第一一号、一九八九年）。波多野澄雄『太平洋戦争とアジア外交』（東京大学出版会、一九九六年）。武田知己『重光葵と戦後政治』（吉川弘文館、二〇〇二年）。さらに重光らの外務省における地域主義と、地域機構構想や連盟の地域的分割論を唱える国際主義的知識人のそれにも無視できない相違がある。後者については、三谷太一郎「国際環境の変動と日本の知識人」（同『学問は現実にいかに関わるか』東京大学出版会、二〇一三年〔初出、一九七二年、増補初出、一九七四年〕）。

（34）中国については台湾の中央研究院近代史研究所档案館や国史館所蔵の「北洋政府外交部档案」、「外交部档案」を中心としつつ、済南事変や満洲事変、中国技術協力など外交部以外が関わる問題に関しては、建設委員会といった他部局の档案や「蔣中正総統文物」「蔣介石日記」を始めとした個人文書、各種編纂史料も用いている。また中国に関しては公刊された外交官の日記類なども充実しており、適宜利用した。

（35）Yannick Wehrli, "A Dangerous League of Nations: The Abyssinian War and Latin American Proposals for the Regionalization of Collective Security," in Mcpherson and Wehrli, eds., *op. cit.* が、アルゼンチン、ウルグアイ、チリ、ペルー、ボリビアといったラテンアメリカ諸国やアメリカの文書館史料を駆使している。マルチ・アーカイヴァル・アプローチによる連盟＝ラテンアメリカ史研究の最先端とも言うべき論文であり、こうした研究の成果も適宜生かしていく。

（36）国際連盟文書は連盟事務局、そして各加盟国の意向を踏まえるため用いている。かつての国際連盟本部を引き継いだ国際連合ジュネーヴ事務所に所在する国際連盟文書室所蔵の文書は、「ショーン・レスター文書（Sean Lester Papers）」を始めとした個人文書・個人ファイルを含めて閲覧した。国際連盟により公刊・頒布された史料は、各国の外交文書や *League of Nations Official Journal*、国際連盟文書室ホームページのデータベース「Digitized Collections: League of Nations Official Documents」[http://libraryresources.unog.ch/c.php?g=462663&p=3163194] に収められており、適宜利用している。

（37）例えば連盟事務総長は連盟規約第一一条一項に依り加盟国の請求に基づいて理事会を直ちに招集し、規約第一五条一項に依って加盟国の付託の通告を受けることが定められていた。規約として事務総長の意思が反映されると想定していたわけではないが、代表権問題が存在するときのように加盟国の請求や付託について何らかの疑義がある場合、事務総長が理事国らと協議しつつ手続き事項としてその資格の判断を行うことは可能であった。第二章で扱う済南事件における対応はその典型である。

（38） ドラモンド連盟事務総長は、一九三〇年に「国際的生活における連盟の重要性が認識」されたことにより、「諸政府が連盟の業務により大きな影響力を及ぼそうとしている」と観察している。E. Drummond to G. Murray, August 25, 1930, MS 278, Papers of Gilbert Murray, Bodleian Library, University of Oxford, Oxford. 事実、一九二七年にイタリアがムッソリーニの官房長ジャコモ・パウルッチ（Giacomo Paulucci di Calboli Barone）を連盟事務次長として送り込んでいる。同年に連盟事務次長兼政治部長に就任した日本の外交官出身の杉村陽太郎も、日本の利益に沿う形で露骨に工作を行っていた。拙稿「杉村陽太郎と日本の国際連盟外交——連盟事務局内外交とその帰結」（『渋沢研究』第三〇号、二〇一八年）。

（39） アメリカについては公刊外交文書である *Foreign Relations of the United States* が中心となっているが、そのほか「スティムソン日記（Henry Lewis Stimson Diaries）」などの私文書も検討した。

（40） 「ヨーロッパ向きの機関」のはずの連盟に突然介入されたという受け止め方がより反発を強くしたと当時の連盟代表兼駐ベルギー大使佐藤尚武は観察している。佐藤尚武『回顧八十年』（時事通信社、一九六三年）、二六五—二六六頁。

第一章

（1） 一九二〇年代の理事会拡大を扱ったものとしては、F. P. Walters, *A History of the League of Nations*, Oxford University Press, 1960［first published 1952］, pp. 316–327. 篠原初枝『国際連盟——世界平和への夢と挫折』（中公新書、二〇一〇年）、九四—一〇一頁。筒井若水「ドイツ加盟外交にみる国際連盟——国際連合における日本の地位との関連において」（『教養学科紀要』第一一号、一九七八年）がある。各国の連盟外交との関連については、David Carlton, “Great Britain and the League Council Crisis of 1926,” *Historical Journal*, Vol. 11, No. 2, 1968. Chris Leuchars, “Brazil and the League Council Crisis of 1926,” *Diplomacy & Statecraft*, Vol. 12, No. 4, 2001. Christoph M. Kimmich, *Germany and the League of Nations*, University of Chicago Press, 1976, Chap. 4. 及び海野芳郎『国際連盟と日本』（原書房、一九七二年）、一二二—一三一頁。唐啓華『北京政府与国際連盟（一九一九—一九二八）』（東大図書公司、一九九八年）、第三章。川島真「中華民国の国際連盟外交——「非常任理事国」層から見た連盟論」（緒方貞子・半澤朝彦編『グローバル・ガヴァナンスの歴史的変容——国連と国際政治史』ミネルヴァ書房、二〇〇七年）、五三—五七頁。

（2） The Smuts Plan, December 16, 1918; The Cecil Plan, January 14, 1919; Wilson’s Second Draft or First Paris Draft,

January 10, 1919, with Comments and Suggestions by D. H. M. [David Hunter Miller]; Cecil-Miller Draft, January 27, 1919; Revision of Mr. Hurst; Draft Covenant, in David Hunter Miller, *The Drafting of the Covenant*, Vol. 2, William S. Hein, 2002 [G. P. Putnam's Sons, 1928], pp. 41–42, 61, 66–70, 132, 142, 232. 篠原、前掲『国際連盟』、三五―三七頁。

（3）同上、四〇―四三頁。唐啓華『巴黎和会与中国外交』（社会科学文献出版社、二〇一四年）、二〇六―二一〇頁。

（4）「九月十一日神戸上陸ノ際新聞記者会見発表ステートメント」（「牧野全権帰朝ノ際ノ演説」所収、R 22、書類の部 316）、「牧野全権の答辞」（R 23、書類の部 320）、「牧野伸顕関係文書」、国立国会図書館憲政資料室所蔵。

（5）第一回総会時の加盟国四二カ国のうち、ラテンアメリカの加盟国は一七、代表を派遣しているのは一六であった。Yannick Wehrli, "Latin America in the League of Nations: Bolívar's Dream Come True?" in Claude Auroi and Aline Helg, eds., *Latin America 1810–2010: Dreams and Legacies*, Imperial College Press, 2012, p. 70.

（6）Leuchars, *op. cit.*, pp. 124, 126. Walters, *op. cit.*, p. 124.「国際連合会全権代表函一件」、一九二一年二月六日収、03–38–007–01–041（北洋政府外交部档案、中央研究院近代史研究所所蔵、台北）。

（7）E. Drummond to A. Balfour, June 29, 1921, P 81: Drummond Papers, League of Nations Archives [以下 LNA と略], United Nations Office at Geneva, Geneva.

（8）連盟総会代表から内田康哉外相、一九二〇年一二月二五日（外務省編『日本外交文書』〔以下『日外』と略〕大正九年第三冊上巻）、三一三―三二五頁。

（9）「国際連合会全権代表函一件」、一九二一年二月六日収、03–38–007–01–041（北洋政府外交部档案、中央研究院近代史研究所所蔵）。

（10）「連合会代表弁事処函一件」、一九二一年七月六日収、03–38–003–01–016（同上）。唐啓華、前掲『北京政府与国際連盟』、一二三―一三三頁。川島、前掲「中華民国の国際連盟外交」、五三―五四頁。

（11）内田から松井慶四郎駐仏大使、一九二〇年八月七日、連盟総会代表から内田、一九二〇年一二月一七日（『日外』大正九年第三冊上巻）、二五八、三一〇頁。一二月二三日に王鴻年駐日公使代理から手渡された礼状が、内田外相から連盟総会代表・小幡酉吉駐華公使、一九二〇年一二月二四日（「国際連盟 山東問題」2.4.2–26、外務省外交史料館所蔵）に付属している。内田から連盟総会代表、一九二二年九月九日（『日外』大正一一年第三巻）、四五六頁。公式の中国支持と内心のギャップについては、福永文夫・下河辺元春編『芦田均日記 一九〇五―一九四五』（柏書房、二〇一二年）第二巻、一九二一年一〇月五日条、四九〇

―四九一頁も参照。

(12)　Wehrli, “Latin America in the League of Nations,” pp. 70–76.

(13)　Consul London to the Cabinet, September 11, 1922, W 7595/6805/98, FO 371/8332, The National Archives［以下 TNA と略］, Kew. L. Bourgeois and A. Balfour to the President of the Council, September 15, 1922, *League of Nations Official Journal*, November 1922, pp. 1415–1416. セシルによれば総会前のジュネーヴでは、各国が重要・著名な人物を代表に派遣しなくなったことやラテンアメリカの主要国の欠席が連盟の権威の低下として受け止められていたという。セシルはこうした評価に反駁しているが、何らかの方法で権威の再建を行う必要性の認識は共有されていたと言えよう。Memmorandum by R. Cecil, August 30, 1922, NBKR 4/483, Papers of Philip Noel-Baker, Churchill Archives Centre, Churchill College, University of Cambridge, Cambridge.

(14)　The Smuts Plan, December 16, 1918, *The Drafting of the Covenant*, Vol. 2, pp. 41–42.

(15)　Consul London to the Cabinet, September 11, 1922, W 7595/6805/98, FO 371/8332, TNA.

(16)　内田から中村巍駐アルゼンチン公使、一九二〇年九月三〇日（「国際連盟総会第一回」第一巻、2.4.2.20-1、外務省外交史料館所蔵）。連盟総会代表から内田、一九二二年九月一四日（『日外』大正一一年第三巻）、四二四―四二五頁。

(17)　Minutes of Fourteenth Meeting, September 21, 1922, Council/21th Session/P. V. 14 (1)［W 8452/5594/98, FO 371/8331, TNA］. League of Nations［以下 LN と略］, “Report by the First Committee to the Assembly on the Increase in the Number of Non-Permanent Members of the Council” by M. Lapointe, September 23, 1922, A. 119. 1922. V; Resolution Adopted by the Assembly at Its Meeting, September 25, 1922［CP 4273, CAB 24/139, TNA］. 外務省臨時平和条約事務局「第三回国際連盟総会経過調書」、一九二三年四月（「国際連盟総会 第三回総会 調書」2.4.2.20-3-3、外務省外交史料館所蔵）。

(18)　バルフォアによると小協商の代表選出に失敗したのは、候補国がチェコスロヴァキアではなく、連盟代表の個人的評判の悪いユーゴスラヴィア（セルビア人・クロアチア人・スロヴェニア人王国）になったからだという。A. Balfour to the Cabinet, September 30, 1922, W 8319/6805/98, FO 371/8332, TNA. 当時の北京政府は国務総理が王寵恵、外交総長は顧維鈞という国際派内閣であり、再選が覚束ないことを自覚しつつも尽力した結果の勝利であった。ただし、翌年に国内情勢がより悪化し分担金支払いの見込みもさらに薄れたため、中国は再選に失敗してその席をチェコスロヴァキアに奪われている。唐啓華、前掲『北京政府与国際連盟』、一三四―一四二頁。

（19）Memorandum by E. Drummond, June 12, 1922, Add. MSS 51110, Cecil of Chelwood Papers, British Library〔以下BLと略〕, London. バルフォア宛メモランダムの写しである。

（20）Walters, *op. cit.*, p. 318. Leuchars, *op. cit.*, pp. 126–127. 連盟規約第五条一項にあるように、理事会の決定は明示された例外を除き原則として全会一致であり、一国の反対が否決につながった。このことが常任理事国増員問題をめぐる紛糾を生み出すのである。

（21）幣原喜重郎外相から杉村陽太郎連盟帝国事務次長、一九二四年八月一一日、幣原から駐日スペイン代理公使、一九二四年八月一三日（「国際連盟理事会関係一件 理事会理事国選出関係（理事増員問題ヲ含ム）」〔以下「理事国選出関係」と略〕第一巻、B.9.1.0.1-2、外務省外交史料館所蔵）。

（22）外務省から駐日スペイン公使館、一九二四年一〇月一六日（同上）。

（23）田付七太駐ブラジル大使から幣原、一九二五年七月二九日（同上）。ブラジル自身、ヨーロッパ問題を主に扱う連盟の日々の活動に深い利益と関心を持っていたというよりは理事国の地位に自国の威信を賭けていた。ブラジルは自らの理事国という位置付けに、大国の一員、西半球の第一人者としての承認という意義を見出していたのである。Leuchars, *op. cit.*, p. 128. Stanley E. Hilton, "Brazil and the Post-Versailles World: Elite Images and Foreign Policy Strategy, 1919–1929," *Journal of Latin American Studies*, Vol. 12, No. 2, 1980, pp. 350–353.

（24）幣原から石井菊次郎駐仏大使、一九二五年七月二五日（前掲「理事国選出関係」第一巻、外務省外交史料館所蔵）。

（25）Walters, *op. cit.*, pp. 316–317.

（26）「波蘭国ヨリ国際連盟理事会常任理事選任ノ件ニ関シ伊太利参事官来話ノ件」（前掲「理事国選出関係」第一巻、外務省外交史料館所蔵）。

（27）Conclusions of a Meeting of the Cabinet, November 11, 1925, CC 52 (25), CAB 23/51, TNA.

（28）Conclusions of a Meeting of the Cabinet, February 17, 1926, CC 6 (26); Conclusions of a Meeting of the Cabinet, March 3, 1926, CC 9 (26), CAB 23/52, TNA. A. Chamberlain to R. Cecil, February 9, 1926; R. Cecil to A. Chamberlain, February 25, 1926, Add. MSS 51078, Cecil of Chelwood Papers, BL. Carlton, *op. cit.*, pp. 355–359.

（29）永井松三駐スウェーデン公使から幣原、一九二六年二月一六日着（『日外』大正一五年第一冊）、二一頁。非常任理事国層については、中国をその層に位置付けた、川島、前掲「中華民国の国際連盟外交」。

（30）安達峰一郎駐ベルギー大使から幣原、一九二六年二月一五日着、安達から幣原、一九二六年二月二一日着（前掲「理事国選出関係」第一巻、外務省外交史料館所蔵）。

（31）杉村から幣原、一九二六年二月二〇日着、幣原から杉村、一九二六年二月二六日（『日外』大正一五年第一冊）、二九―三一頁。Chao Hsin Chu to the Secretary-General, March 1, 1926［LN, C. 131. 1926. VII, Letter from the Chinese Minister in Rome, March 5, 1926. http://biblio-archive.unog.ch/Dateien/CouncilDocs/C-131-1926-VII_EN.pdf］, "Digitized Collections: League of Nations Official Documents."［http://libraryresources.unog.ch/c.php?g=462663&p=3163194］

（32）杉村から幣原、一九二六年二月一七日着（『日外』大正一五年第一冊）、二一―二三頁。

（33）幣原から杉村、一九二六年二月一九日（同上）、二六頁。

（34）杉村から幣原、一九二六年二月二七日着（同上）、三一―三二頁。

（35）A. Chamberlain to R. Cecil, February 9, 1926, Add. MSS 51078, Cecil of Chelwood Papers, BL.

（36）石井から幣原、一九二六年三月一二日着、石井から幣原、一九二六年三月一三日着（『日外』大正一五年第一冊）、三五―四〇頁。ドイツにとって致命的なのは、ポーランドの常任理事国化によって連盟を通じた国境修正の可能性がほとんど消えてしまうことであった。Jonathan Wright, *Gustav Stresemann: Weimar's Greatest Statesman*, Oxford University Press, 2007［Paperback Edition, first published 2002］, p. 352.

（37）石井から幣原、一九二六年三月一三日着（『日外』大正一五年第一冊）、四〇―四一頁。

（38）石井から幣原、一九二六年三月一五日着（同上）、四二―四四頁。

（39）石井から幣原、一九二六年三月一六日着、石井から幣原、一九二六年三月一七日着（同上）、四四―四七頁。スペインに関しては、ドイツが常任理事国となることに賛成したうえでその後脱退する決心がついたとみなされていた。

（40）石井から幣原、一九二六年三月一七日着、石井から幣原、一九二六年三月一八日着（同上）、四七―四九頁。Kimmich, *op. cit.*, p. 84.

（41）田付から幣原、一九二六年四月七日（前掲「理事国選出関係」第二巻、外務省外交史料館所蔵）。

（42）LN, C. 207. 1926, Committee on the Constitution of the Council, Report by Viscount Ishii, March 18, 1926（前掲「理事国選出関係」第一巻、外務省外交史料館所蔵）.

（43）アルゼンチンは連盟不参加国だったが、ブラジルを牽制することを狙ったスウェーデンが招請を提議したのだという。永井から幣原、一九二六年三月三一日（『日外』大正一五年第一冊）、五八―六一頁。アルゼンチンは一九二〇年の第一回総会で代表が退出して以来、一九三三年の復帰まで正式な脱退はしていないが、連盟の活動には参加しなかった。Walters, *op. cit.*, pp. 124, 561–562.

(44) 安達から幣原、一九二六年三月二五日着（前掲「理事国選出関係」第一巻、外務省外交史料館所蔵）。

(45) 杉村から幣原、一九二六年四月三日着（『日外』大正一五年第一冊）、六一―六二頁。

(46) 幣原から松田道一駐オランダ公使、一九二六年四月一〇日（同上）、六二―六三頁。

(47) 三谷太一郎「国際環境の変動と日本の知識人」（同『学問は現実にいかに関わるか』東京大学出版会、二〇一三年〔初出、一九七二年、増補初出、一九七四年〕）。

(48) 理事会直前の閣議で共同責任を負ったため、セシルはスタンリー・ボールドウィン（Stanley Baldwin）首相に理事会中はチェンバレンの独断専行が続いたと伝えることで、事実上責任がないことを主張している。R. Cecil to S. Baldwin, March 21, 1926, CHAR 2/147/53–54, Chartwell Papers［Papers of Winston Churchill］, Churchill Archives Centre, Churchill College, University of Cambridge, Cambridge.

(49) E. Drummond to R. Cecil, April 24, 1926; E. Drummond to R. Cecil, May 4, 1926［ff. 19–21］, Add. MSS 51111, Cecil of Chelwood Papers, BL.

(50) R. Cecil to E. Drummond, April 28, 1926, *ibid.*

(51) E. Drummond to R. Cecil, May 4［ff. 19–21］, 1926, *ibid.*

(52) 松田から幣原、一九二六年六月四日附属の「連盟理事会構成問題研究委員会第一回会合経過報告書」（前掲「理事国選出関係」第二巻、外務省外交史料館所蔵）。ここから特に注記しない限り、連盟理事会構成問題委員会の議論はこの史料による。

(53) ここまで「連盟理事会構成問題研究委員会第一回会合経過報告書」（同上）。地域配分について報告に挿入された部分は、Report to the Council, May 17, 1926, C.C.C. 17 (1)［LN, C. 299. 1926. V, Committee on the Composition of the Council, Report on the Work of the First Session of the Committee Held at Geneva from May 10th to 17th, 1926 with the Minutes and Appendices, May 29, 1926, https://biblio-archive.unog.ch/Dateien/CouncilDocs/C-299-1926-V_EN.pdf, "Digitized Collections: League of Nations Official Documents"］からあらためて訳出した。この会議における議論を見る限り、ラテンアメリカと南米（South America）という言葉は区別なく混用されている。例えば、ブラジル代表は「南米、皆さんがそう言いた

いならラテンアメリカは」と言い換えている。Minutes of the Committee and Appendices, *ibid.*, p. 65.

（54）Walters, *op. cit.*, p. 325.

（55）「法館会晤問答」、一九二六年五月一九日、03-11-010-03-018、「日来弗朱代表十八日電」、一九二六年六月一九日収、03-38-019-01-017、「総長与徳博使晤談問答一件」、一九二六年六月二一日収、03-38-019-01-018（北洋政府外交部档案、中央研究院近代史研究所所蔵）。

（56）在ジュネーヴ会議全権から幣原、一九二六年九月一日（『日外』大正一五年第一冊）、六七頁。

（57）在ジュネーヴ会議全権から幣原、一九二六年九月三日（同上）、七二頁。

（58）在ジュネーヴ会議全権から幣原、一九二六年九月四日（同上）、七二―七三頁。Minutes of Forty-First Session of the Council［Secret Meeting］, September 4, 1926, 14/9887/2385, R 6228, LNA.

（59）在ジュネーヴ会議全権から幣原、一九二六年九月八日（『日外』大正一五年第一冊）、七三頁。

（60）在ジュネーヴ会議全権から幣原、一九二六年九月一六日着（同上）、七三―七四頁。

（61）Walters, *op. cit.*, pp. 325, 388–389. 連盟規約第一条三項により、脱退が正式に発効する前に二年間の予告期間があった。

（62）在ジュネーヴ会議全権から幣原、一九二六年九月一六日（『日外』大正一五年第一冊）、七四―七五頁。

（63）篠原、前掲『国際連盟』、二七七頁、「非常任理事国一覧」参照。非常任理事国は、一九三三年に一〇カ国、一九三六年に一一カ国に増員されている。

（64）後藤春美『国際主義との格闘――日本、国際連盟、イギリス帝国』（中公叢書、二〇一六年）、五二頁。

（65）青木節一「国際連盟の一九二六年」（『国際知識』第七巻一号〔一九二七年一月号〕）、一〇〇―一〇一頁。

（66）R. Cecil to A. Chamberlain, October 21, 1926, Add. MSS 51079, Cecil of Chelwood Papers, BL.

第二章

（1）例えば、西田敏宏の一連の研究がある。西田は、連盟を排除した「ワシントン体制」がアメリカとイギリスの政策転換によってその性格を変化させたと論じている。しかし、満洲事変以前のアメリカの政策転換が主に不戦条約について検討されたため必ずしも連盟それ自体を対象とはしておらず、イギリスについても主に二次文献や公刊文書に依っている。Nishida Toshihiro, "U.S.-Japanese Relations and the Increasing Influence of the League of Nations in East Asia, 1927–1931"（『藝』第二号、二〇〇五年)、西田敏宏「ワシントン体制と国際連盟・集団安全保障――日・米・英の政策展開を中心として」(伊藤之雄・川田稔編『二〇世紀日本と東アジアの形成 一八六七―二〇〇六』ミネルヴァ書房、二〇〇七年)。

(2) 明確にこのような見解を取った研究として、例えば河合秀和「北伐へのイギリスの対応――「クリスマス・メッセージ」を中心として」(細谷千博・斎藤真編『ワシントン体制と日米関係』東京大学出版会、一九七八年)。後藤春美『上海をめぐる日英関係 一九二五―一九三二年――日英同盟後の協調と対抗』(東京大学出版会、二〇〇六年)。

(3) 唐啓華「北洋外交与「凡爾賽-華盛頓体系」」(金光耀・王建朗編『北洋時期的中国外交』復旦大学出版社、二〇〇六年)、七九頁。川島真(廖敏淑訳)「再論華盛頓体制」(同上)、八七―九〇頁。

(4) 高原秀介『ウィルソン外交と日本――理想と現実の間 一九一三―一九二一』(創文社、二〇〇一年)、第四章第二節。中谷直司『強いアメリカと弱いアメリカの狭間で――第一次世界大戦後の東アジア秩序をめぐる日米英関係』(千倉書房、二〇一六年)、一五三、一五八―一五九頁。

(5) 中国の動きについては、唐啓華『北京政府与国際連盟(一九一九―一九二八)』(東大図書公司、一九九八年)、第二章第二節。川島真『中国近代外交の形成』(名古屋大学出版会、二〇〇四年)、二五九―二六四頁。

(6) 内田康哉外相から小幡酉吉駐華公使、一九二〇年一月一四日(外務省編『日本外交文書』〔以下『日外』と略〕大正九年第二冊上巻)、三―四頁。

(7) 内田から松井慶四郎駐仏大使、一九二〇年四月二六日(「国際連盟 山東問題」2.4.2.26、外務省外交史料館所蔵)。

(8) 内田から松井、一九二〇年九月七日(「国際連盟総会第一回」第一巻、2.4.2.20-1、外務省外交史料館所蔵)。林権助駐英大使から内田、一九二〇年九月二五日(『日外』大正九年第三冊上巻)、二六六―二六七頁。

(9) 「閣議決定」、一九二〇年一一月九日(同上)、二七三―二八〇頁。

(10) F.O. to Clive, September 17, 1920, F 2087/33/10, FO 371/5321, The National Archives [以下 TNA と略], Kew.

(11) Minute by M. W. Lampson, November 10, 1920; Minute by V. Wellesley, November 10, 1920, F 2697/33/10; Minute by M. W. Lampson, November 15, 1920, F 2823/33/10, *ibid.* イギリスは部(Department, 局と訳す場合もある)担当の事務次官補が各地域部を監督するシステムを取っていたが、一九二一年に部長が置かれることで事務次官補は事務次官とともに政務を統括することとなった。大久保明『大陸関与と離脱の狭間で――イギリス外交と第一次世界大戦後の西欧安全保障』(名古屋大学出版会、二〇一八年)、二三―二六頁。ウェルズリーは極東部担当の事務次官補、極東部長、事務次官補、筆頭事務次官補というキャリアを辿っている。

（12） M. Hankey to Balfour, November 19, 1920, F 2871/33/10, FO 371/5321, TNA.

（13） "Memorandum on the Shantung Question," November 26, 1920, F 2960/33/10, *ibid.*

（14） Brigadier-General Wilson to Curzon, November 26, 1920, *Documents on British Foreign Policy 1919–1939*〔以下 *DBFP* と略〕, First Series, Vol. XIV, pp. 185–186.

（15） "Foreign Office Memorandum Respecting the Shantung Question," December 8, 1920, *ibid.*, pp. 192–193.

（16） 「収法京顧代表電」、一九二〇年一一月八日収、中央研究院近代史研究所編『中日関係史料――山東問題 中華民国九年至十五年』（中央研究院近代史研究所、一九八七年）上巻、二八八頁。

（17） 服部龍二『東アジア国際環境の変動と日本外交 一九一八―一九三一』（有斐閣、二〇〇一年）、九九―一〇二頁。ただし、鉄道の共同経営については日本側が譲歩して一五年払いの国庫証券による償還とその間の運輸・会計主任の邦人任命にとどめたとはいえ、間接返還という形式や鉱山経営の日中合弁について合意するなど大筋としては日本の主張が通る形となった。だが、連盟に提起していればそれ以上日本を譲歩させられたかは定かではないだろう。

（18） 「国際連合会全権代表函一件」、一九二一年二月六日収、03-38-007-01-041（北洋政府外交部档案、中央研究院近代史研究所档案館所蔵、台北）。

（19） Eighth Plenary Meeting, September 9, 1922, p. 83, Records of the Third Assembly Plenary Meetings, Vol. I, Text of the Debates, *League of Nations Official Journal*.

（20） 鉄道国際管理案への中国の対応は、汪朝光「臨城動車案及其外交交渉」（金光耀・王建朗編、前掲書）、三八九―三九六頁。顧維鈞（中国社会科学院近代史研究所訳）『顧維鈞回憶録』第一分冊（中華書局、一九八三年）、三二七―三三〇頁。日本の対応は、馬場明「臨城事件と日本の対応」（同『日中関係と外政機構の研究――大正・昭和期』原書房、一九八三年）。酒井一臣『近代日本外交とアジア太平洋秩序』（昭和堂、二〇〇九年）、一七九―一八五頁を参照。先述したように、ワシントン体制が北京政府の統治能力強化を要求していたという定義を取るならば、一九二三年のこの時点で既にワシントン体制は大きく動揺していたことになる。川島、前掲「再論華盛頓体制」、八七頁。日本外交史研究でも中国情勢や北京政府・国民政府の統治能力との連関を重視したワシントン体制論が現れているが、そこでも臨城事件に象徴される北京政府弱体化は体制流動化の原因として強調される。中谷直司「東アジアの国際秩序の変動と日中の対応」（波多野澄雄・中村元哉編『日中戦争はなぜ起きたのか――近代化をめぐる共鳴と衝突』中央公論新社、二〇一八年)。

(21) Minute by V. Wellesley, January 23, 1924; Minute by W. Tyrrell; MacDonald to R. Macleay, February 5, 1924, F 83/83/10, FO 371/10258, TNA.

(22) R. Macleay to R. MacDonald, April 15, 1924, F 1914/237/10, FO 371/10274, TNA. 中国の財政国際管理は第一次世界大戦後、幾度となく外交サークルや金融界で議論されたことがあり、さらに時代が後になるほどその担い手は連盟とされていった。これについて筆者は学会報告を行ったことがあり(「戦間期における中国国際管理論の位相――列強による中国共同管理論から国際連盟の対中事業へ」史学会第一一二回大会報告、近現代史部会、日本史部会、於東京大学本郷キャンパス、二〇一四年一一月九日)、別稿を準備中である。

(23) Minute by S. P. Waterlow, June 19, 1924, F 1914/237/10, FO 371/10274, TNA.

(24) ウォーターロウは分裂する中国の発展可能性それ自体に懐疑的で、担い手が何であれ対中支援自体に消極的だった。同じ対米協調論者のマクリーも新四国借款団の枠組みには懐疑的であったようで、香港上海銀行側から反借款団論者として位置付けられている。W. E. Leveson to C. Addis, September 10, 1924, PPMS 14/012/410, box 39, Papers of Charles Stewart Addis, School of Oriental and African Studies Archives, University of London, London.

(25) 内田から芳澤謙吉駐華公使、「大正一二年八月二四日閣議決定」(『日外』大正一二年第二冊)、五四五―五四八頁。

(26) 「対支政策綱領」、一九二四年五月三〇日(『日外』大正一三年第二冊)、八一七頁。酒井一臣、前掲書、一七九―一八五頁。服部龍二『幣原喜重郎と二十世紀の日本――外交と民主主義』(有斐閣、二〇〇六年)、九一―九四頁。小林道彦『政党内閣の崩壊と満州事変　一九一八～一九三二』(ミネルヴァ書房、二〇一〇年)、三三―三九頁。

(27) 在ジュネーヴ連盟総会代表から伊集院彦吉外相、一九二三年九月二三日、諸井六郎駐ギリシャ臨時代理公使から伊集院、一九二三年九月二七日(『日外』大正一二年第三冊)、三八〇―三九二頁。石井菊次郎のコルフ島事件における対応を満洲事変の前史とした史料紹介的研究として、河村一夫「国際連盟と石井菊次郎(Ⅰ)――中国問題審議に対する配慮について」(『政治経済史学』第一六二号、一九七九年)。連盟規約第一二条は国交断絶に至るおそれのある紛争は仲裁裁判または連盟理事会の審査に付すことを約す条項、第一五条はその国交断絶に至るおそれのある紛争が理事会に付された場合の手続きを定めた条項である。規約第一二、一三条、一五条を無視して戦争に訴えた国に対しては規約第一六条に依る制裁を実行できた。

(28) Nigel Nicolson, ed., *The Harold Nicolson Diaries, 1907–1964*, Phoenix, 2005 [Paperback Edition, first published 2004],

September 4–19, 1923, p. 37.

（29）「報告九月三日連合会開第四届大会経過情形並会議希義間争執問題」、一九二三年一〇月一一日収、03–38–010–01–010、「続陳第四届大会会議義希等案各情」、一九二三年一一月二日収、03–38–010–01–012（北洋政府外交部档案、中央研究院近代史研究所档案館）。

（30）「連盟総会ハ適用不能ト為リタル条約ノ再審議又ハ継続ノ結果世界ノ平和ヲ危殆ナラシムヘキ国際状態ノ審議ヲ随時連盟国ニ慫慂スルコトヲ得」。

（31）唐啓華、前掲『北京政府与国際連盟』、一〇〇―一〇六頁。

（32）「収日来仏朱王代表電」、一九二六年九月一九日収、03–38–033–01–006（北洋政府外交部档案、中央研究院近代史研究所档案館）。

（33）「収日来仏朱王代表電」、一九二六年九月二六日収、03–06–034–02–007、「国際連合会第七届大会臨時報告」、一九二六年一〇月二四日収、03–38–033–01–012（北洋政府外交部档案、中央研究院近代史研究所档案館）。

（34）同上。

（35）Minute by V. Cavendish-Bentinck, January 5, 1927; Minute by A. Chamberlain, January 25, 1927, F 115/115/10, FO 371/12443, TNA.

（36）Killearn Diaries, December 30, 1927, Sir Miles Lampson, 1st Baron Killearn Collection, Middle East Centre Archive［以下 MECA と略］, St. Antony's College, University of Oxford, Oxford.

（37）石川禎浩『シリーズ中国近現代史3 革命とナショナリズム』（岩波新書、二〇一〇年）、八―一〇、一九―二三頁。

（38）Minute by V. Cavendish-Bentinck, July 8, 1925; Minute by G. S. Moss, July 9, 1925; Minute by V. Wellesley, July 27, 1925, F 2987/835/10, FO 371/10954, TNA.

（39）J. D. Stewart to G. Mousney, May 10, 1927; Finlayson, "Memorandum Respecting the Position of Shanghai"; Minute by J. T. Pratt, May 25, 1927, F 4594/25/10, FO 371/12418, TNA. 同じ一九二七年の第二回太平洋会議では、円卓会議運動への参加で知られ、チャタムハウスの名誉幹事、後には上海共同租界工部局の顧問を務めたイギリスのライオネル・カーティス（Lionel Curtis）が、上海共同租界の行政を改革することについて連盟とその専門家が研究、報告することを提案し、手続き論にまで踏み込んだ議論が行われた。オブザーヴァーとして参加していた連盟事務局員のH・R・カミングス（H. R. Cummings）は、中国の同意無しで進めることができる可能性は極めて低いと説明している。H. R. Cummings, "Memorandum on the Honolulu Conference of the Institute of Pacific Relations（Honolulu, July 1927)," August 31, 1927, 40/61624/47610, R 1604, League of Nations Archives［以下 LNA と略］, United Nations Office at Geneva, Geneva.

（40） Killearn Diaries, February 25, 1929, MECA. スワイヤの発言は具体的には記されていないが、ランプソンの反論が連盟とダンツィヒに集中していることから、連盟による上海共同租界問題の解決に触れていたのは間違いないだろう。後の一九三二年に、日英米仏伊独中らによる上海の「諸国実業団体首脳者」が形式は委任統治、期限は三〇年間で、上海を「国際市」、「自由都市特別区制」とする案を連盟事務局に提出したという報道が日本でされている。ここでは租税が中国に払われ、工部局の行政委員に中国政府代表が含まれるなどの点で中国に対する配慮が一応強調されている。「上海を国際市とする案――大なる福音」、『大阪毎日新聞』一九三二年五月二日（「神戸大学附属図書館デジタルアーカイブ新聞記事文庫」http://www.lib.kobe-u.ac.jp/sinbun/）。北伐から第一次上海事変までの時期において、工部局やその周辺の人士が連盟などの外部介入を伴う上海共同租界の改革・再編案を検討していたことについては、王敏「上海何去何従？――論南京国民政府初期英美的「上海問題」政策」（『近代史研究』二〇一四年第五期）。

（41） 実際、中国外交官はイギリス主導の連盟による中国国際管理を警戒していた。「収駐義唐公使電」、一九二五年六月二一日収、中国第二歴史档案館編『北洋政府档案』第八二巻（中国档案出版社、二〇一〇年）、三七八―三七九頁。

（42） 複数の列強との間で従属関係にある中国を「集団非公式帝国」という言葉で定義したのは、ピーター・ドウス（浜口裕子訳）「日本／西欧列強／中国の半植民地化」（『岩波講座 近代日本と植民地2 帝国統治の構造』岩波書店、一九九二年）。「集団非公式帝国」としての中国に国際主義的契機が読み込まれていたことを明らかにしたものとして、酒井哲哉「近代日本外交史」（李鍾元ほか編『日本の国際政治学4 歴史の中の国際政治』有斐閣、二〇〇九年）、一九八―二〇〇頁。

（43） Statement by M. Lampson, December 18, 1926, *British Documents on Foreign Affairs: Reports and Papers from the Foreign Office Confidential Print*, Part II, Series E, Vol. 31, pp. 359–363. Richard S. Grayson, *Austen Chamberlain and the Commitment to Europe: British Foreign Policy 1924–29*, Frank Cass, 1997, pp. 174–187. ロイド・ガードナー（河合秀和訳）「極東国際政治と英米関係」（細谷千博・斎藤真編『ワシントン体制と日米関係』東京大学出版会、一九七八年）、八三頁。ジェームズ・B・クラウリー（河合秀和訳）「日英協調への模索」（同上）、一〇四―一〇六頁。チェンバレンのランプソンに対する信頼の厚さ、及びその派遣が極東政策の立て直しにおいて大きな意味を持っていたことは、A. Chamberlain to Ida, December

2, 1926, in Robert C. Self, ed, *The Austen Chamberlain Diary Letters: The Correspondence of Sir Austen Chamberlain with His Sisters Hilda and Ida, 1916–1937*, Cambridge University Press, 1995, pp. 296–297.

(44) 鳳岡及門弟子編『民国梁燕孫先生士詒年譜』(台湾商務印書館、一九七八年)、八二一—八二五頁。

(45) Report to the Secretary-General by L. Rajchman, February 4, 1926, 40/49378/49378, R 1604, LNA. ライヒマンの東アジア訪問については、安田佳代『国際政治のなかの国際保健事業——国際連盟保健機関から世界保健機関、ユニセフへ』(ミネルヴァ書房、二〇一四年)、第二章。

(46) E. Drummond to R. Cecil, April 24, 1926, Add. MSS 51111, Cecil of Chelwood Papers, British Library〔以下 BL と略〕, London.

(47) 後藤、前掲『上海をめぐる日英関係』、九八—九九頁。

(48) Minute by V. Cavendish-Bentinck, January 5, 1927, F 115/115/10, FO 371/12443, TNA. 連盟規約第一一条一項は国際平和を維持するため連盟が措置を取るべきであり、連盟事務総長は加盟国の請求により理事会を招集すること、第二項は国際平和または各国間の了解を攪乱するおそれのある事態について、加盟国は総会及び理事会の注意を喚起する権利があることを規定していた。

(49) Minute by A. Chamberlain, January 10, 1928, F 65/65/10, FO 371/13198, TNA.

(50) 後藤、前掲『上海をめぐる日英関係』、九八—一〇五頁。河合、前掲論文、一七二—一七六頁。Grayson, *op. cit.*, pp. 187–193.

(51) *Ibid.*, pp. 105–106.

(52) R. Cecil to A. Chamberlain, January 25, 1927, F 115/115/10, FO 371/12443, TNA.

(53) 「総長会晤英藍使談話記略」、一九二七年一月二八日、03-25-001-01-020(北洋政府外交部档案、中央研究院近代史研究所档案館)。

(54) Minute by R. Cecil, January 26, 1927, F 115/115/10, FO 371/12443, TNA.

(55) Minute by G. Mounsey, January 25, 1927, *ibid.*

(56) Minute by A. Chamberlain, January 25, 1927, *ibid.* チェンバレンの連盟に対する姿勢については、Grayson, *op. cit.*, Chap. 4. チェンバレンは連盟の限界を認識しつつも、その着実で漸進的な発展を望んでいた。*Ibid.*, pp. 80–81.

（57） Conclusions of a Meeting of the Cabinet, January 26, 1927, CC 4 (27), CAB 23/54, TNA.

（58） 「英国政府派遣重兵来華与華府会議之各議決案及国際連盟会盟約之精神相背特提出抗議請速撤回以固邦交照会」、一九二七年一月三一日、沈雲龍編『外交公報』第六七―六八期（文海出版社、一九八七年）、第六七期、政務一―二頁。"The Situation in China"（「支那内乱関係一件 国民軍ノ北伐関係 上海防備関係 英国ノ対支出兵関係」A.6.1.5.1-2-19-1、外務省外交史料館所蔵）。連盟規約第一〇条は加盟国の領土保全と政治的独立の尊重を定めた条項である。

（59） A. Chamberlain to E. Drummond, February 8, 1927, F 1203/115/10, FO 371/12443, TNA.

（60） R. Cecil to E. Drummond, February 24, 1927, Add. MSS 51111, Cecil of Chelwood Papers, BL.

（61） Crewe to A. Chamberlain, February 1, 1927; Minute by F. Gwatkin, February 7, 1927, F 971/2/10, FO 371/12400, TNA.

（62） Conclusions of a Meeting of the Cabinet, February 10, 1927, CC 9（27）, CAB 23/54, *ibid.*

（63） A. Chamberlain to Crewe, February 24, 1927, F 1802/2/10, FO 371/12402, *ibid.*

（64） A. Chamberlain to Crewe, February 15, 1927, F 971/2/10, FO 371/12400, *ibid.*

（65） "Britain and China," *Daily Telegraph*, February 14, 1927; "Mandate from Both Sides," *Morning Post*, February 14, 1927（F 1563/115/10, FO 371/12443, TNA）.

（66） 「駐法総部為中比不平等条約事派代表赴国際連盟之経過」、一九二七年四月五日、漢 14828（漢口档案、中国国民党文化伝播委員会党史館所蔵、台北）。『晨報』（影印版、第四二分冊、人民出版社、一九八一年）、一九二七年七月一〇日、八六頁。唐啓華、前掲『北京政府与国際連盟』、一七三頁。

（67） Minutes of the Directors' Meeting, April 13, 1927, Directors' Meetings Papers and Confidential Circulars 1927, LNA.

（68） Note by the Secretary-General, March 24, 1927, Confidential Circular 13, 1927, *ibid.*

（69） 石川、前掲書、二五―四八頁。

（70） 服部、前掲『東アジア国際環境の変動と日本外交』、二〇二―二〇七頁が日中双方の史料に基づき、その発生と拡大の要因を検討している。

（71） 周美華編『蒋中正総統档案――事略稿本3 民国十七年四月至七月』（国史館、二〇〇三年）、一九二八年五月六日条、二八〇―二八五頁。

(72)「国民政府主席為日軍在済南啓釁通告国際連盟会要求国際調査公断電」、一九二八年五月一〇日発（中華民国重要史料初編編輯委員会編『中華民国重要史料初編――対日抗戦時期 緒編（一）』中国国民党中央委員会党史委員会、一九八一年）、一四〇―一四一頁。ここで国民政府が加盟国による総会、理事会への注意喚起の権利に言及した規約第一一条二項に依りつつ、一一条一項で定められた連盟事務総長による理事会招集を求めた理由は不明である。

(73) 済南事件への国民政府の対応については、高文勝「済南事件をめぐる国民政府の対応について」（『日本福祉大学研究紀要――現代と文化』第一一二号、二〇〇五年）。特に連盟提訴については、三七―三九頁。引用は三七頁。

(74) イギリス外務省のキャヴェンディッシュ＝ベンティンクも、加盟国の請求に基づく理事会の招集は連盟事務総長の権限だと判断している。Minute by V. Cavendish-Bentinck, May 11, 1928, F 2327/65/10, FO 371/13198, TNA.

(75)「済南事変」、及びその添付書類、杉村陽太郎連盟事務次長から佐藤尚武連盟帝国事務局長（添付書類第四号）、一九二八年五月一一日、杉村から佐藤（添付書類第五号）、一九二八年五月一一日（「国際連盟事務局関係一件 東京支局関係 杉村次長報告集」〔以下「杉村次長報告集」と略〕、B.9.1.0.4-4-1、外務省外交史料館所蔵）。杉村から阪谷芳郎、一九二八年八月一五日（「阪谷芳郎関係文書」R 13、書簡の部 278-11、国立国会図書館憲政資料室所蔵）。済南事件への対応にも触れつつ杉村の中国観を明らかにしたものとして、小池聖一「「国家」としての中国、「場」としての中国――満州事変前、外交官の対中国認識」（同『満州事変と対中国政策』吉川弘文館、二〇〇三年〔初出、一九九五年〕）。

(76)「事件ト国際連盟」（「松本記録 支那内乱関係一件 国民軍ノ北伐関係 帝国ノ出兵撤兵関係」〔以下「松本記録 帝国ノ出兵撤兵関係」と略〕第一一節、松 A.6.1.5.1-2-9、外務省外交史料館所蔵）。

(77) Killearn Diaries, May 16, 1928, MECA. Minute by A. Chamberlain, May 12, 1928, F 2327/65/10; M. Lampson to F.O., May 18, 1928, F 2494/65/10, FO 371/13198, TNA. とはいえ、ランプソンは中国の問題を連盟に持ち込むことに、「直感的に」反対であることは率直に日記へ記している。

(78) 杉村から佐藤（添付書類第五号）、一九二八年五月一一日（前掲「杉村次長報告集」、外務省外交史料館所蔵）。

(79)「済南事変」及びその添付書類「ウォルターズ電報写シ」（前掲「杉村次長報告集」、外務省外交史料館所蔵）。「事件ト国際連盟」（前掲「松本記録 帝国ノ出兵撤兵関係」、外務省外交史料館所蔵）。「外務省記録」の収録する済南事件当時のメモ書きには「好意ヲ有ス夏追出ス」とある。日本側は夏の動きに苛立っていた。「済南事件ト連盟」、一九二八年五月（「国際連盟極秘記録」B.9.3.0.6、外務省外交史料館所蔵）。夏奇峰は元々国民党員であり、国民政府寄りの言動が余りに目立っていたため、この月に辞職に追い込まれている。夏については、Hsia Chi-Feng, *China and the League and My Experiences in the Secretariat*, Commercial Press, 1928 [Royal Asiatic Society (Hong Kong Branch) Collection, 香港中央図書館]. 拙稿「杉村陽太郎と日本の国際連盟外交――連盟事務局内外交とその帰結」(『渋沢研究』第三〇号、二〇一八年)、三一―三二頁。

(80) Minute by C. Hurst, May 16, 1928, F 2327/65/10, FO 371/13198, TNA. 規約第一一条とは異なり、先述の通り規約第一五条を無視して戦争に訴えた国に対しては規約第一六条に依る制裁を発動することができた。

(81) 「国務会議議案」、一九二八年五月一〇日、03-33-182-02-173(北洋政府外交部档案、中央研究院近代史研究所档案館)。

(82) 『晨報』(影印版、第四五分冊)、一九二八年五月一〇日、三九二頁。北京政府を掌握して元首に就任した張作霖だが、大総統として国会の承認を受ける困難や煩わしさ、そして規定上の権限の制約を受けないために大元帥を称した。申晓雲『民国政体与外交』(南京大学出版社、二〇一三年)、一五六―一五七頁。通電とは、清末から民国期にかけて見られた、電報を政府機関や諸団体、新聞へ同時に発することで見解を公にする手法であり、中国の分裂状況における公論の形成機能を果たしていた。川島、前掲『中国近代外交の形成』、五五一頁注15。

(83) 「致保定張楊軍団長電」、一九二八年五月一二日発、03-33-182-02-068(北洋政府外交部档案、中央研究院近代史研究所档案館)。

(84) 『晨報』(影印版、第四五分冊)、一九二八年五月一一日、四〇二頁。

(85) 国民政府秘書処致中国国民党中央執行委員会秘書処函、一九二八年五月一一日発(001-070553-00002-004)、「五三済南惨案(一)」(国民政府档案、国史館、台北)。「収法京来電」、一九二八年五月一三日収、03-33-182-02-087(北洋政府外交部档案、中央研究院近代史研究所档案館)。

(86) 沈雲龍編『黄膺白先生年譜長編』(連経出版事業公司、一九七六年)上巻、三四八頁。このとき王寵恵はジュネーヴに赴いて感触を探っていた。『晨報』(影印版、第四五分冊)、一九二八年五月一二日、一五日、四一三、四四二頁。

(87) 『晨報』(影印版、第四五分冊)、一九二八年五月一五日、一六日、四四二、四五二頁。胡漢民「在法交渉山東事件之経過及其他――民国十九年九月十八日講於南京新亜細亜学会」、中国国民党中央委員会党史史料編纂委員会編『革命文献』第一九輯(中央文物供應社、一九五七年)、一三九五―一三九七頁。

(88) 蔣中正致呉忠信電、一九二八年五月一二日発(002-020100-00017-090)、「革命文献――第二期敵情概況与我軍戦略」、蔣中正致馮玉祥電、一九二八年五月一二日発(002-020100-00021-002)、「革命文献――底定京津」、蔣中正致譚延闓馮玉祥閻錫山電、

一九二八年五月一二日発（002–080200–00033–053）、「一般資料——民国十七年（五）」（蔣中正総統文物、国史館）。蔣介石に対しては、国共合作に反対して国民党を除籍されるまでは南方政府や党で外交を担当し当時は張作霖陣営に投じていた馬素から対外一致を求める電報があった。馬素致蔣中正電、一九二八年五月一〇日収（002–090200–00001–031）、「済南惨案（一）」、同上。蔣介石は張作霖側が「力を使い尽くし外交問題に名を借りて和を求める」動きだと理解したようである。「蔣介石日記」、一九二八年五月一一日条〔Chaing Kai-shek Diaries, Hoover Institution Archives, Stanford. 以下英文表記は省略〕。

（89）ワシントン会議をめぐる統一論議と全権代表・代表団の選定過程を検討したうえで、単一の中華民国としての資格でのみ参加可能な国際会議が、国内政治に対外的一致の契機を与えることを明らかにしたものとして、川島、前掲書、第Ⅳ部第三章・第四章。特に、五一五—五一七頁。

（90）「済南事変」（前掲「杉村次長報告集」、外務省外交史料館所蔵）。

（91）同上。

（92）「済南ニ於ケル日支両国軍隊衝突事情」、一九二八年五月二八日公表（『日外』昭和期Ⅰ第一部第二巻）、三八四—三八九頁。

（93）M. Lampson to F.O., May 18, 1928, F 2494/65/10; Minute by F. Gwatkin, May 22, 1928, F 2524/65/10, FO 371/13198, TNA. 済南事件直後のイギリスが日本に同情的であったことは、後藤、前掲『上海をめぐる日英関係』、一四七—一五三頁。

（94）Minute by G. Mounsey, May 22, 1928; Minute by V. Wellesley, May 22, 1928, F 2524/65/10, FO 371/13198, TNA.

（95）「済南事変」（前掲「杉村次長報告集」、外務省外交史料館所蔵）、「事件ト国際連盟」（前掲「松本記録 帝国ノ出兵撤兵関係」、外務省外交史料館所蔵）。

（96）後藤、前掲『上海をめぐる日英関係』、一五三—一六六頁。

（97）上海市档案館訳『顔恵慶日記（一九二一—一九三六）』第二巻（中国档案出版社、一九九六年）、一九二八年六月一三日、六月二一日条、四三〇—四三二頁。佐藤から田中義一外相、一九二八年六月二二日着、佐藤から田中、一九二八年六月二三日着、田中から加藤外松天津総領事、一九二八年六月二三日、加藤から田中、一九二八年六月二四日着（『日外』昭和期Ⅰ第一部第二巻）、四四九、四五〇、四五二—四五三頁。顔恵慶の任命については、唐啓華、前掲『北京政府与国際連盟』、一八七、二八三頁。

（98）李済深致蔣中正電、一九二八年五月二三日収（002–090200–00001–115）、「済南惨案（一）」、（蔣中正総統文物、国史館）。実際、五月一六日には連盟事務局に朱からの好意的考慮の要請が届いていることは確認できる。「済南事変」（前掲「杉村次長報告集」、外務省外交史料館所蔵）。

(99) 安達峰一郎から小川平吉、一九二八年八月一二日（小川平吉文書研究会編『小川平吉関係文書2』みすず書房、一九七三年）、五三九頁。

(100) 「覚え 八月十四日記ス」、「支那問題其他秘密書類」所収（「牧野伸顕関係文書」R 32、書類の部 460、国立国会図書館憲政資料室所蔵）。覚書が所収されたこの史料から、柴田紳一は中国情勢に関する昭和天皇と側近の動きを詳細に明らかにしている。この覚書は侍従長珍田捨巳（もしくは使いの侍従）から伝えられた昭和天皇の意向を八月一四日に内大臣牧野伸顕が筆記したものであり、石井が昭和天皇に進講したのは六月七日である。柴田紳一『昭和期の皇室と政治外交』（原書房、一九九五年）、一六―一二三頁。『昭和天皇実録』第五巻（東京書籍、二〇一六年）、一九二八年六月七日条、一〇一頁。

(101) 田中から佐藤、一九二八年六月二六日（「国際連盟総会関係一件 第九回総会関係 人事関係」B.9.1.0.2-9-1、外務省外交史料館所蔵）。藤村のほかは、安達峰一郎駐仏大使と永井松三駐ベルギー大使。

(102) "Benefits to China at Assembly Seen by Baron Fujimura," *Japan Times & Mail*, July 9, 1928（「国際連盟総会関係一件 第九回総会関係」第一巻、B.9.1.0.2-9、外務省外交史料館所蔵）. 神山晃令「史料紹介 昭和三年一〇月一一日付吉田茂宛佐藤尚武意見書」（『外交史料館報』第二五号、二〇一二年）。

(103) 入江啓四郎「国連の中華人民政府容認問題」（『アジア研究』第一巻一号、一九五四年）、三〇―三六頁。

(104) 臼井勝美「済南事件交渉経緯」（同『日中外交史研究――昭和前期』吉川弘文館、一九九八年〔初出、一九九〇年〕）、六頁。

(105) 『時報』（上海）、一九二八年八月三一日、第一張。在ジュネーヴ連盟三全権から田中、一九二八年九月一三日（『日外』昭和期Ｉ第二部第二巻）、二四一頁。

(106) 北京政府期に連盟全権代表弁事処秘書長などを務め、長く国際連盟外交を担当した周緯も、五月に国民政府の提訴が受け入れられなかったのは代表権問題が理由であり、国民政府の代表が承認を受けた以上、もう一度提訴すれば連盟が干渉するのは疑いないとした。そうならなかったのは国民政府が別の方法を取って提訴せず、連盟も日中両国の主権を尊重したからだと論じている。周緯「退出或利用国際連盟会問題」（『中央日報副刊 中外評論』第七期〔一九二九年四月五日号〕）、二頁。

(107) 国際連盟総会全権から田中、一九二八年九月二八日（前掲「国際連盟総会関係一件 第九回総会関係」第一巻、外務省外交史料館所蔵）。連盟事務局内ではピエール・コメール（Pierre Comert, フランス）情報部長やアーサー・スウィーツァー（Arthur Sweetser, アメリカ）情報部員が中国の総会への提起を支持しており、推進さえしていた形跡もある。杉村陽太郎「「ドラモンド」総長ノ支那問題ニ関スル内話」、一九二八年八月二三日、連盟三全権から田中、一九二八年九月二七日（『日外』昭和期

Ⅰ第二部第二巻）、二三七―二四〇、二四三―二四四頁。「済南事変」（前掲「杉村次長報告集」、外務省外交史料館所蔵）。

(108) 木村の外務省における位置付けは、服部、前掲『幣原喜重郎と二十世紀の日本』、一〇一―一〇二、一一三―一一四、一三五―一三六頁。

(109) 例えば、総会代表の一人であり連盟や国際会議における活躍で知られた安達峰一郎駐仏大使は、一九一七年から駐ベルギー公使（後に大使昇格）を一〇年余り務めた後、駐仏大使に転任している。佐藤尚武連盟帝国事務局長に至っては、後に林銑十郎内閣の外相となるまで、「本省で仕事をしたのはわずかに任官当時の二ヵ月に過ぎ」なかった。佐藤尚武『回顧八十年』（時事通信社、一九六三年）、三四九頁。いわゆる「連盟派」が省内で主流の位置になかったことは、矢嶋光「外務省連盟派とその政策――戦前外交官のキャリアパスと「機関哲学」の形成と継承」（『名城法学』第六八巻一号、二〇一八年）、一九―二八頁。

(110) 木村鋭市駐チェコスロヴァキア公使から吉田茂次官、一九二八年一〇月一日（「国際連盟帝国事務局関係一件（国際会議帝国事務局）人事関係」B.9.1.0.5-1、外務省外交史料館所蔵）。

(111) 「済南事変」（前掲「杉村次長報告集」、外務省外交史料館所蔵）。

(112) 後藤春美『国際主義との格闘――日本、国際連盟、イギリス帝国』（中公叢書、二〇一六年）第二章第一節。杉村陽太郎『国際外交録』（中央公論社、一九三三年）、一七三頁。外交部公函、一九二九年三月一日収（001-060200-00008-001）、「蔣作賓建議参加国際連盟会議応有措施及報告」（国民政府档案、国史館）。

(113) 中国技術協力の具体的活動については、張力『国際合作在中国――国際連盟角色的考察、一九一九―一九四六』（中央研究院近代史研究所、一九九九年）。技術協力を財政金融方面や借款問題に拡大しようとする動きは、この頃には香港上海銀行やイングランド銀行界隈で、連盟に補助的役割を担わせることで借款団と中国の関係を再編することが検討されるまでに発展していた。Committee of Treasury Minutes, March 4, 1931, G8/59, Bank of England Archive, London. このときの杉村の動きについては、拙稿、前掲「杉村陽太郎と日本の国際連盟外交」、三三二―三三五頁。イギリス側や中国側の動きについてはさらに別稿で詳細に検討したい。

(114) Memorandum by L. Rajchman, February 5, 1930（「国際連盟対支技術的援助問題」第一巻、B.9.7.0.8、外務省外交史料館所蔵）.

(115) ライヒマンが観察していた通り、北伐完了後も国民政府による中央集権化は進まず、地方軍事勢力の支配を追認するにとどまっていたことは、光田剛『中国国民政府期の華北政治』（御茶の水書房、二〇〇七年）、第一章を参照。

(116) 一九二九年五月一一日の杉村との会談におけるアヴノルの発言。「支那問題ニ関スル内談」（前掲「杉村次長報告集」、外務省外交史料館所蔵）。

(117) R. Cecil to Drummond, August 1, 1930, Add. MSS 51112, Cecil of Chelwood Papers, BL.

(118) 後藤、前掲『国際主義との格闘』、第二章第三節。拙稿、前掲「杉村陽太郎と日本の国際連盟外交」、三二―三五頁。

(119) 「支那ト国際連盟保健機関「テイー、マドセン」博士ノ声明」、一九三〇年三月一一日（前掲「国際連盟対支技術的援助問題」第一巻、外務省外交史料館所蔵）。

(120) 新渡戸稲造（佐藤全弘訳）「連盟活動の拡大」、一九三一年二月一一日、新渡戸稲造全集編集委員会編『新渡戸稲造全集』第二〇巻（教文館、一九八五年）、二二九頁（原文は、"Extension of League Activities," February 11, 1931,『新渡戸稲造全集』第一六巻（教文館、一九六九年）、一六四―一六五頁）。新渡戸は連盟の活動で注目を集めているのは「政治的性質のもの」よりも「社会的、経済的、道徳的なもの」であり、それが空間的に拡大した表れとしてライヒマンやソルターの対中協力を捉えている。そのソルターは技術協力を中心とした連盟の対アジア関与の積極化・恒常化を前提に連盟の常設極東支部の設置を提案していた。インド、中国、日本それぞれに事務所を置いたうえでこれらを統括する本部は三国を二年ごとに移動し、本部の長には部長（Director）級の高位事務局員を任命するという構想であった。"A League Office in the Far East," SALT 1/10, Papers of Arthur Salter, Churchill Archives Centre, Churchill College, University of Cambridge, Cambridge. 日付は明記されていないが、一九三一年の極東訪問報告書の一つである。

(121) League of Nations, Sixty-Third Session of the Council, Provisional Minutes of the Second Meeting, May 19, 1931, C/63rd Session/P.V.2（前掲「国際連盟対支技術的援助問題」第一巻、外務省外交史料館所蔵）.

(122) 幣原喜重郎外相から澤田節蔵連盟帝国事務局長、一九三一年五月一一日（『日外』昭和期Ⅰ第二部第二巻）、三〇〇―三〇二頁。

(123) 中ソ紛争の経緯については、臼井勝美「一九二九年中ソ紛争と日本の対応」（同『日中外交史研究』（初出、一九九四年））。服部、前掲『東アジア国際環境の変動と日本外交』、二五五―二六三頁。種稲秀司「第二次幣原外交初期の日中交渉――一九二九年の中ソ紛争の影響を中心に」（同『近代日本外交と「死活的利益」――第二次幣原外交と太平洋戦争への序曲』芙蓉書房出版、二〇一四年（初出、二〇〇八年））。中国外交については国史館所蔵の外交部档案を中心に検討した、王文隆「中東路事件期間国民政府尋求国際調解的嘗試」（周恵民編『国際秩序与中国外交的形塑』政大出版社、二〇一四年）がある。これは連盟提訴という選択肢が指示されながらも実行は先延ばしになる過程を描いている。同上、一七八—一八六頁。

(124) 北京師範大学・上海市档案館編『蔣作賓日記』（江蘇古籍出版社、一九九〇年）、一九二九年八月二六、二七日条、八六頁。蔣作賓は、フランスが「国際共管」を目的として中東鉄道問題の連盟提起を狙っているとの情報を得ており、中国が提出した場合にその機に乗じられることを恐れていた。

(125) 三全権から幣原、一九二九年九月一八日（「国際連盟総会関係一件 第十回総会関係」第一巻、B.9.1.0.2-10、外務省外交史料館所蔵）。

(126) Note by the Secretary-General, February 27, 1930, 1A/19175/13390, R 1852, LNA. 連盟規約第四条四項は「世界ノ平和ニ影響スル一切ノ事項」に対する理事会の管轄権を確認している。規約第一一条は先述の通り国際平和維持のための措置に関する条項。第一七条は連盟加盟国と非加盟国の紛争、非加盟国間の紛争について加盟国と同じ義務を非加盟国が受諾するよう勧誘すること、受諾した場合に規約第一二条から一六条までの条項は理事会が必要な修正を加えて適用すること、それに違反して戦争に訴えた場合には規約第一六条に依る制裁を実行できること、義務の受諾勧誘を拒否した場合にも連盟は敵対行為防止と紛争解決のための措置及び勧告ができることを定めている。

(127) 三全権から幣原、一九二九年九月一八日（前掲「国際連盟総会関係一件 第十回総会関係」第一巻、外務省外交史料館所蔵）。

(128) 『蔣作賓日記』、一九二九年一〇月二六日、一一月一三日条、一〇六、一一三頁。外交部致駐徳蔣公使電、一九二九年一一月一三日発、「中東路事件（十一）」（020-990600-1960）、外交部档案、国史館。

(129) 『蔣作賓日記』、一九二九年一一月二三日、二五日、二七日条、一一六—一一八頁。外交部致駐徳蔣公使電、一九二九年一一月二〇日発、外交部致駐徳蔣公使電、一九二九年一一月二五日発、駐徳蔣公使致外交部電、一九二九年一一月二九日収、「中東路事件（十一）」、外交部档案、国史館。

(130) 「蔣介石日記」、一九二九年一一月二七日条。

(131) 「露支紛争ニ関スル幣原外務大臣、汪支那公使会談要録」、一九二九年一一月二七日（『日外』昭和期I第一部第三巻）、三八八—三九〇頁。

(132) A. Henderson to M. Lampson, November 29, 1929, F 6217/3568/10, FO 371/13955, TNA.

(133) Minutes of the Sixth Meeting of the Foreign Office Committee on Disarmament and Arbitration, December 3, 1929, W 11415/50/98, FO 371/14116, *ibid*.

(134) 臼井、前掲「一九二九年中ソ紛争と日本の対応」、三四―三六頁。服部、前掲『東アジア国際環境の変動と日本外交』、二六一頁。

(135) 芳澤謙吉連盟理事会代表から幣原（第四五号）、九月二〇日着、芳澤から幣原（第四六号）、九月二〇日着、幣原から芳澤、九月二一日（『日外』満州事変第一巻第三冊）、一五二―一五三、一五六―一五七頁。

(136) 芳澤から幣原（第四八号）、九月二〇日着（同上）、一五三―一五四頁。

(137) 「外交部致日内瓦施代表等電」、一九三一年九月一九日発（『中華民国重要史料初編――対日抗戦時期 緒編（一）』）、三二一―三二二頁。「蔣介石日記」、一九三一年九月二〇日、二一日条。日本軍との全面衝突を避けた済南事件の際に、蔣介石は「敵国を内部崩壊させる」、「敵国の国際的地位を不安定化させる」、「敵国を経済破産させる」、「敵国の中国における地位を不安定化させる」方法について自問していたが、この二つ目に合致するものとして連盟提訴という方法が浮上したものと思われる。「蔣介石日記」、一九二八年五月二二日条。

(138) 張学良致蔣中正・王正廷電、一九三一年九月一九日収（002-090200-00003-098）、「瀋陽事変（一）」（蔣中正総統文物、国史館）。Killearn Diaries, September 19, 1931, MECA. 顧維鈞は国民政府の北京掌握後に全国指名手配を受けて国外（ヨーロッパ）に脱出した後、張学良に乞われて帰国し、正式な顧問就任要請は断ったものの事実上の外交方面の相談役となっていた。金光耀『顧維鈞伝』（河北人民出版社、一九九九年）、一二七―一三二頁。

(139) 「蔣介石日記」、一九三一年九月二一日、二三日、二四日、二六日条。

(140) Killearn Diaries, September 19, 1931, MECA. A. Cadogan to the Marquess of Reading, September 22, 1931; The Marquess of Reading to Patteson, September 22, 1931, *DBFP*, Second Series, Vol. VIII, pp. 672–673. Conclusions of a Meeting of the Cabinet, September 22, 1931, CC 62 (31), CAB 23/68, TNA.

(141) 「我駐日内瓦施代表照会国際連合会秘書長」、一九三一年九月二一日発（『中華民国重要史料初編――対日抗戦時期 緒編（一）』）、三二三―三二四頁。芳澤から幣原（第六八号）、一九三一年九月二三日着（『日外』満州事変第一巻第三冊）、一六七―一六八頁。

(142) 幣原から澤田節蔵、一九三一年一一月二〇日（『日外』満州事変第一巻第三冊）、六〇九―六一〇頁。「国際連盟脱退通告文」、一九三三年三月二七日通告・公表（『日外』満州事変第三巻）、六一四―六一八頁。

(143) E. Drummond to R. Cecil, December 29, 1931, Add. MSS 51112, Cecil of Chelwood Papers, BL.

（144）「国際連盟調査委員会報告書」（『日外』満州事変別巻）、三一―三三、四五―四六、二五一―二五三頁〔英文は pp. 17, 23–24, 151〕。

（145）井上寿一『危機のなかの協調外交――日中戦争に至る対外政策の形成と展開』（山川出版社、一九九四年）、第一章。

（146）Report to the Secretary-General by L. Rajchman, February 4, 1926, 40/49378/49378, R 1604, LNA.

（147）脱植民地化期の国連の技術協力事業についても、強烈なナショナリズムと折り合いをつけながら国家建設に貢献して体制の正統性を高めることで、主権国家体制の拡大に寄与する過程が看取できるだろう。David Webster, “Development Advisors in a Time of Cold War and Decolonization: The United Nations Technical Assistance Administration, 1950–1959,” *Journal of Global History*, Vol. 6, No. 2, 2011. Eva-Maria Muschik, “Managing the World: The United Nations, Decolonization and the Strange Triumph of State Sovereignty in the 1950s and 1960s,” *Journal of Global History*, Vol. 13, No. 1, 2018.

第三章

（1）第一項「連盟国ハ本規約ノ条項ト両立セサル連盟国相互間ノ義務又ハ了解カ各自国ノ関スル限リ総テ本条約ニ依リ廃棄セラルヘキモノナルコトヲ承認シ且今後本規約ノ条項ト両立セサル一切ノ約定ヲ締結セサルヘキコトヲ誓約ス」、第二項「連盟国ト為ル以前本規約ノ条項ト両立セサル義務ヲ負担シタル連盟国ハ直ニ該義務ノ解除ヲ得ルノ処置ヲ執ルコトヲ要ス」。

（2）国連の創設神話として、連盟における「戦争違法化」と集団安全保障における欠如を国連が克服したという筋が描かれてきたため、連盟の具体的な紛争解決手続き・手段にはこれまで余り注意が及んでいなかったと指摘するのは、西平等『法と力――戦間期国際秩序思想の系譜』（名古屋大学出版会、二〇一八年）、一二一―一四〇頁。

（3）ワシントン体制「新外交」論は、入江昭『極東新秩序の模索』（原書房、一九六八年）〔Akira Iriye, *After Imperialism: The Search for a New Order in the Far East, 1921–1931*, Harvard University Press, 1965〕。細谷千博「ワシントン体制の特質と変容」（細谷千博・斎藤真編『ワシントン体制と日米関係』東京大学出版会、一九七八年）もその前提を引き継いでいる。ワシントン体制論においては、中国の侵略の相互抑制の取り決めとしての側面がまず取り上げられ、四カ国条約や九カ国条約の具体的な紛争解決のための規定には全く注意が注がれていないのが現状である。

（4）篠原初枝『戦争の法から平和の法へ――戦間期のアメリカ国際法学者』（東京大学出版会、二〇〇三年）。

（5）Nishida Toshihiro, “U.S.-Japanese Relations and the Increasing Influence of the League of Nations in East Asia, 1927–

1931"『藝』第二号、二〇〇五年). 西田敏宏「ワシントン体制と国際連盟・集団安全保障——日・米・英の政策展開を中心として」(伊藤之雄・川田稔編『二〇世紀日本と東アジアの形成 一八六七—二〇〇六』ミネルヴァ書房、二〇〇七年)。アントニー・ベスト(小舘尚文訳)「戦間期東アジアにおける国際連盟——国際協調主義・地域主義・ナショナリズム」(緒方貞子・半澤朝彦編『グローバル・ガヴァナンスの歴史的変容——国連と国際政治史』ミネルヴァ書房、二〇〇七年)。クリストファー・ソーン(市川洋一訳)『満州事変とは何だったのか——国際連盟と外交政策の限界』上下巻(草思社、一九九四年)[Christopher Thorne, *The Limits of Foreign Policy: The West, the League and the Far Eastern Crisis of 1931–1933*, Hamilton, 1972]、上巻二一〇、二四三頁、下巻一四〇、一九八、二一三頁。西田の指摘は、アメリカ外交に普遍主義への傾斜をもたらした不戦条約のインパクトを評価したものとして意義が大きい。ただし、連盟規約による制裁と不戦条約の前提となった世論による制裁を結びつけ、集団安全保障の一環としての連盟と不戦条約の同質性を強調することで、満洲事変時においても保たれた連盟と不戦条約の潜在的緊張関係が捨象されている。不戦条約に結実したアメリカの戦争違法化思想と連盟の競合性を指摘したものとして、三牧聖子『戦争違法化運動の時代——「危機の二〇年」のアメリカ国際関係思想』(名古屋大学出版会、二〇一四年)。

(6) A. Balfour to Lloyd George, November 11, 1921, *Documents on British Foreign Policy 1919–1939* [以下 *DBFP* と略], First Series, Vol. XIV, p. 468.「華盛頓会議帝国全権委員ニ対スル訓令」、一九二一年一〇月一二日外交調査委員会決定(外務省編『日本外交文書』〔以下『日外』と略〕ワシントン会議上巻)、一八三頁。

(7) Minutes of the Directors' Meeting, July 8 [sic], 1921, Directors' Meetings Papers and Confidential Circulars, League of Nations Archives [以下 LNA と略], United Nations Office at Geneva, Geneva.

(8) 全権から内田康哉外相、一九二一年一一月二九日着、全権から内田、一九二一年一二月一日着(『日外』ワシントン会議上巻)、五五一—五五二、五六三頁。

(9) 堀内謙介「英国案ノ考察」、一九二一年一一月二八日(同上)、五五五—五五七頁。

(10) 四カ国条約第一条二項「締約国ノ何レカノ間ニ太平洋問題ニ起因シ且前記ノ権利ニ関スル争議ヲ生シ外交手段ニ依リテ満足ナル解決ヲ得ルコト能ハス且其ノ間ニ幸ニ現存スル円満ナル協調ニ影響ヲ及ホスノ虞アル場合ニ於テハ右締約国ハ共同会議ノ為他ノ締約国ヲ招請シ当該事件全部ヲ考量調整ノ目的ヲ以テ其ノ議ニ付スヘシ」。以降、四カ国条約は外務省編『日本外交年表並主要文書』(原書房、一九六五年)〔日本国際連合協会、一九五五年〕上巻、文書編五三六—五三九頁から引用。

(11) 全権から内田、一九二一年一二月一三日着(『日外』ワシントン会議上巻)、五八六頁。

(12) 全権から内田、一九二一年一二月一四日着、「内田外務大臣記者会見談要領」、一九二一年一二月一四日（同上）、五八九—五九三頁。

(13) 一九二二年の第三回総会において、日本は連盟総会副議長に落選したが、「総会幹部会ハ我国ニトリ支那事件ヲ控フル間ハ特ニ重要ナリシモ今トナリテハ実際ノ必要ナク殆ト体面ノミノ問題」だと報告されていた。再び危機感が高まる契機となったのは、第二章で触れたように一九二三年のコルフ島事件であろう。連盟総会代表から内田、一九二二年九月一一日（『日外』大正一一年第三冊）、四五八頁。

(14) 「四国条約解釈」（「華盛頓会議一件 太平洋四国条約関係」（以下「太平洋四国条約関係」と略）第三巻、B.11.0.0.1-4、外務省外交史料館所蔵）。日付は記されていないが、これから開始される英仏米の「批准予想」が述べられており、条約調印から日が経たずに作成されたことは間違いない。

(15) Memorandum by the Secretary to the British Empire Delegation of a Conversation at the Home of the Secretary of State, December 8, 1921, *Foreign Relations of the United States*［以下 *FRUS* と略］, 1922, Vol. I, p. 21. Memorandum of a Conversation Held at Mr. Hughes' Private House, December 8, 1921（前掲「太平洋四国条約関係」第三巻、外務省外交史料館所蔵）. 全権から内田、一九二一年一二月一三日着（『日外』ワシントン会議上巻）、五八六頁。

(16) 条約局第二課「四国条約ニ関スル調書」、一九四〇年九月（前掲「太平洋四国条約関係」第三巻、外務省外交史料館所蔵）。

(17) 全権から内田、一九二一年一二月一四日着（『日外』ワシントン会議上巻）、五九一頁。

(18) 北岡伸一『後藤新平——外交とヴィジョン』（中公新書、一九八八年）、二〇二頁。

(19) 九カ国条約第七条「締約国ハ其ノ何レカノ一国カ本条約ノ規定ノ適用問題ヲ包含シ且右適用問題ノ討議ヲ為スヲ望マシト認ムル事態発生シタルトキハ何時ニテモ関係締約国間ニ充分ニシテ且隔意ナキ交渉ヲ為スヘキコトヲ約定ス」。以降、九カ国条約は前掲『日本外交年表並主要文書』下巻、文書編一五—一九頁から引用。

(20) 川島真『中国近代外交の形成』（名古屋大学出版会、二〇〇四年）、第II部第四章。Ian Nish, *Alliance in Decline: A Study in Anglo-Japanese Relations 1908–1923*, Athlone Press, 1972, p. 380.

(21) 国務院公函、一九二二年三月一日収、03-39-011-01-001（北洋政府外交部档案、中央研究院近代史研究所档案館、台北）。唐啓華「北洋外交与「凡爾賽‐華盛頓体系」」（金光耀・王建朗編『北洋時期的中国外交』復旦大学出版社、二〇〇六年）、六五—六六頁。

(22) 川島真「第一次大戦後の中国と日仏関係――ワシントン体制と仏領インドシナをめぐる」(『日仏文化』第八三号、二〇一四年)、三三―三五頁。

(23) 「支那関税特別会議ニ関スル一般方針」、一九二五年一〇月一〇日、「関税特別会議ニ於ケル其他ノ問題」、一九二五年一〇月一〇日、在北京関税特別会議帝国代表から幣原喜重郎外相、一九二五年一〇月二八日、松井慶四郎駐英大使から幣原、一九二五年一二月一八日着(『日外』大正一四年第二冊下巻)、一〇七二―一〇七五、一〇八〇―一〇八一、一一〇二―一一〇三、一一七六―一一七八頁。ワシントン会議における「極東問題諮議院」設置の決議については、『日外 ワシントン会議極東問題』、二五九―二六〇頁。

(24) 「日英関係ニ関シ出淵次官ト英国大使館一等書記官「ピーターソン」ト会談ノ件」、一九二七年三月五日(「自大正十四年五月至昭和二年四月 出淵外務次官会談録」所収、「外務省文書:MF」、R・UD29、国立国会図書館憲政資料室所蔵)。第一次幣原外相期(加藤高明内閣~第一次若槻礼次郎内閣)における日英関係の不調を重視するものとして、西田敏宏「幣原喜重郎と国際協調――北京関税会議・北伐をめぐる外交再考」(伊藤之雄・中西寛編『日本政治史の中のリーダーたち――明治維新から敗戦後の秩序変容まで』京都大学学術出版会、二〇一八年)。

(25) 北岡伸一「ワシントン体制の崩壊とマクマリ・メモランダム」(同『門戸開放政策と日本』東京大学出版会、二〇一五年〔初出、一九八四年〕)、一七六―一七七頁。

(26) ロカルノ条約中のライン協定(英仏独伊ベルギー五カ国による相互保障条約)では、違反行為の向けられた国への締約国の援助供与は連盟理事会の違反認定を受けて実行することとされ、明白な違反に対し緊急の必要で直ちに援助が供与された場合にも、その後に理事会へ通知して当事国以外の全会一致でなされた理事会の勧告に従うとされていた。植田隆子『地域的安全保障の史的研究――国際連盟時代における地域的安全保障制度の発達』(山川出版社、一九八九年)、第三章、特に六一―六五頁。

(27) Zara Steiner, *The Lights That Failed: European International History 1919–1933*, Oxford University Press, 2007 [Paperback Edition, first published 2005], pp. 420–422. Richard S. Grayson, *Austen Chamberlain and the Commitment to Europe: British Foreign Policy 1924–29*, Frank Cass, 1997, pp. 76–77, 84, 94–104, 107. P. G. Edwards, "Britain, Mussolini and the "Locarno-Geneva System"," *European Studies Review*, Vol. 10, No. 1, 1980, p. 11.

(28) A. Chamberlain to H. F. Spender, January 10, 1927, FO 800/260: Papers of Austen Chamberlain, The National Archives [以下 TNA と略], Kew. ジュネーヴ国際アヘン会議については、後藤春美『アヘンとイギリス帝国――国際規制の高ま

り一九〇六～一九四三年』（山川出版社、二〇〇五年）、第二章第六節。唐啓華『北京政府与国際連盟（一九一九―一九二八）』（東大図書公司、一九九八年）、三〇七―三一七頁。

（29）Address at the University of Glasgow, November 2, 1926, in Austen Chamberlain, *Peace in Our Time: Addresses on Europe and the Empire*, Philip Alan, 1928, p. 161.

（30）連盟事務局の戦争違法化運動観について、アメリカ人の連盟事務局員アーサー・スウィーツァーによるメモがある。A. Sweetser to E. Drummond, June 9, 1927, 40/60106/60106, R1607, LNA. スウィーツァーは戦争違法化運動の反連盟的性格を指摘しつつ、指導者であるサーモン・O・レヴィンソン（Salmon O. Levinson）の連盟観の変化に期待を掛けていた。レヴィンソンについては、三牧、前掲書。

（31）E. Drummond to W. Tyrrell, January 30, 1928; E. Drummond to A. Chamberlain, March 7, 1928, *DBFP*, Series IA, Vol. IV, pp. 531–532, 584–585.

（32）佐藤尚武連盟帝国事務局長から田中義一外相、一九二八年三月八日着（『日外』昭和期Ⅰ第二部第一巻）、四二頁。

（33）A. Chamberlain to E. Drummond, March 7, 1928, *DBFP*, IA, Vol. IV, pp. 585–586.

（34）*DBFP*, IA, Vol. IV 及び Vol. V には外務省法律顧問セシル・ハーストのメモランダムや独仏の法律顧問との会談録が多く収められている。

（35）French Draft of Treaty for the Condemnation and Renunciation of War as an Instrument of National Policy, Received April 20, 1928; F. Kellogg to A. Houghton, April 30, 1928, *FRUS*, 1928, Vol. I, pp. 32–34, 41–42.

（36）David Hunter Miller, *The Peace Pact of Paris*, Ulan Press, 2012［G. P. Putnam's Sons, 1928］, pp. 130–133.

（37）Walter Lippmann, "Public Opinion and the Renunciation of War," *Proceedings of the Academy of Political Science*, Vol. 13, No. 2, 1929, pp. 49–51.

（38）Statement by S. O. Levinson, Reel 79, Henry Lewis Stimson Papers［Microfilm edition］, Yale University Library, New Haven. Levinson to H. Stimson, September 23, 1929 に添付されている。三牧、前掲書、一六七―一六八、一七〇―一七二頁。Gary B. Ostrower, *Collective Insecurity: The United States and the League of Nations during the Early Thirties*, Associated University Presses, 1979, pp. 134–135, p. 241n.

（39）Daniel Gorman, *The Emergence of International Society in the 1920s*, Cambridge University Press, 2012, pp. 303–304.

(40) G. Murray to R. Cecil, January 31, 1930, Mss. 207, Reel 66, Papers of Gilbert Murray, Bodleian Library, University of Oxford, Oxford.

(41) 三牧、前掲書、一七六―一八二頁。伊香俊哉『近代日本と戦争違法化体制――第一次世界大戦から日中戦争へ』(吉川弘文館、二〇〇二年)、五三―五九頁。

(42) 信夫淳平「不戦条約の本質(特に連盟規約との関係に就て)」(『外交時報』第五七八号、一九二九年一月)。信夫の場合は具体的な紛争解決の方法・手段に関心の焦点があり、それが日中間の国際紛争調停常設機関の設置提案へとつながる。酒井哲哉「古典外交論者と戦間期国際秩序――信夫淳平の場合」(同『近代日本の国際秩序論』岩波書店、二〇〇七年〔初出、二〇〇四年〕)、一〇二―一〇三頁。

(43) Franklin D. Roosevelt, "Our Foreign Policy: A Democratic View," *Foreign Affairs*, Vol.6, No. 4, 1928, pp. 580–582, 585–586. 神川彦松「米国提案不戦条約」(『帝国大学新聞』〔復刻版第三巻、不二出版〕第二三七号、一九二八年一月二三日)。神川彦松「不戦条約の価値批判」(『外交時報』第五七二号、一九二八年一〇月)、六八―六九頁。

(44) Inaugural Address, March 4, 1929, in William Starr Myers, ed., *The State Papers and Other Public Writings of Herbert Hoover*, Doubleday, Doran & Company, 1934, Vol. 1, p. 9. 不戦条約が締結後のアメリカの外交政策においてどのように生かされたかの概観は、Harold Josephson, "Outlawing War: Internationalism and the Pact of Paris," *Diplomatic History*, Vol. 3, No. 4, 1979. 篠原、前掲『戦争の法から平和の法へ』、第三章第四節、第四章にも随所にそうした関心が見られる。

(45) Miller, *The Peace Pact of Paris*, pp. 143–145. 安達峰一郎から斎藤実、一九三〇年五月一一日(安達峰一郎博士顕彰会編『国際法にもとづく平和と正義を求めた安達峰一郎――書簡を中心にして』安達峰一郎博士顕彰会、二〇一一年)、一六二頁。ただしミラー自身は、理論上司法的解決が可能な紛争でも、両当事国が政治的解決を望んだ場合にはそれが「政治的紛争」だという立場を取っている。David Hunter Miller, "The Settlement of Political Disputes through Conference, Conciliation and Diplomacy," *Proceedings of the Academy of Political Science*, Vol. 13, No. 2, 1929, p. 95.

(46) 安達から斎藤実、一九三二年五月二七日(前掲『国際法にもとづく平和と正義を求めた安達峰一郎』)、二〇六―二〇七頁。満洲事変勃発直後の一九三一年一〇月四日には、蒋介石が常設国際司法裁判所判事の王寵恵にしばらく休暇を取り、その間訪米して宣伝を行うよう要請しており、中国にも常設国際司法裁判所に提訴する発想は薄かったことが窺える。蒋中正致王寵恵電、一九三一年一〇月一四日発(002–020200–00012–022)、「革命文献――瀋陽事変(一)」(蒋中正総統文物、国史館、台北)。

（47）　Ostrower, *op. cit.*, p. 190.

（48）　H. Stimson to P. Claudel, July 25, 1929, *FRUS*, 1929, Vol. II, pp. 242–244. この委員会案を始めとした不戦条約アプローチの画期性を強調するのが、芳井研一「中東鉄道問題とパリ不戦条約」（『環日本海研究年報』第三号、一九九六年）。服部龍二もスティムソンの「新秩序」、「新外交」構想として扱っている。服部龍二『東アジア国際環境の変動と日本外交 一九一八―一九三一』（有斐閣、二〇〇一年）、二五五―二六三頁。そして、このスティムソンのアプローチをアメリカの東アジア外交における連盟への接近の端緒として重視するのが西田の一連の研究である。本書もこれらの視点を引き継いでいるが、イギリスや連盟事務局がアメリカのアプローチを連盟と対立的に捉えていたことや、スティムソンやフーヴァーがこの手法を連盟とは全く結び付けていないことから、むしろ不戦条約と紛争調停機構としての連盟との緊張関係を強調している。

（49）　E. Howard to F.O., July 27, 1929, F 3812/3568/10, FO 371/13953, TNA.

（50）　Minute by G. Mounsey, July 29, 1929; Minute by V. Wellesley, July 29, 1929, *ibid.*

（51）　“China and Russia,” Written Answers（Commons）of July 24, 1929, *Hansard*, Series 5, Vol. 230, c1344W, “Hansard 1803–2005.”［http://hansard.millbanksystems.com/］ケロッグ条約、もしくはケロッグ平和条約とは不戦条約のこと。

（52）　A. Chamberlain to E. Howard, May 16, 1928, *DBFP*, IA, Vol. V, p. 660.

（53）　F.O. to E. Howard, August 9, 1929, F 4043/3568/10, FO 371/13954, TNA.

（54）　出淵勝次駐米大使から幣原、一九二九年七月二八日着、幣原から出淵、一九二九年七月三〇日（『日外』昭和期I第一部第三巻）、三三四―三三七頁。

（55）　佐藤から田中、一九二八年五月四日（『日外』昭和期I第二部第一巻）、二二二―二二三頁。佐藤から田中、一九二八年八月二三日（「戦争抛棄ニ関スル国際会議及条約関係一件 不戦条約拡充交渉関係（招請参加ヲ含ム）」第一巻、B.10.3.0.1–2、外務省外交史料館所蔵）。

（56）　Note by H. Hoover, October 1, 1929; H. Stimson to H. Hoover, October 1, 1929; “Proposed Article III for Kellogg-Briand Pact,” Reel 79, Henry Lewis Stimson Papers, Yale University Library. フーヴァーとスティムソンの不戦条約への追加条項案は、Robert H. Ferrell, *American Diplomacy in the Great Depression: Hoover-Stimson Foreign Policy, 1929–1933*, Yale University Press, 1957, pp. 81–83 で明らかにされている。本書は、不戦条約委員会と連盟の関係をめぐるイギリスや連盟事務局の懸念を中心に論じる。

（57） Memorandum by R. MacDonald Respecting His Conversations with H. Hoover, October 4 to 10, 1929, *DBFP*, Second Series, Vol. I, pp. 115–116.

（58） Parliamentary Question, November 27, 1929, F 6263/3568/10, FO 371/13955, TNA.

（59） 外交部致駐美伍公使電、一九二九年一一月二〇日発、外交部致駐徳蔣公使電、一九二九年一一月二五日発、「中東路事件（十一）」（020–990600–1960）、外交部档案、国史館。J. P. Moffat to H. Stimson, November 27, 1929, *FRUS*, 1929, Vol. II, pp. 354–355.

（60） 芳井、前掲論文、一七一–一九頁。H. Stimson to E. Neville, November 26, 1929; H. Stimson to Certain Diplomatic Representatives, December 1, 1929, *FRUS*, 1929, Vol. II, pp. 350–352, 371–373.「露支紛争ニ関スル幣原外務大臣、米国代理大使会談要録」、一九二九年一一月二七日（『日外』昭和期I第一部第三巻）、三九〇–三九一頁。

（61） 幣原喜重郎『外交五十年』（中公文庫、二〇〇七年）〔読売新聞社、一九五一年〕、一二三–一二八頁。

（62） Conclusion of a Memorandum on the Sino-Soviet Dispute by G. C. Hanson; S. Hornbeck to H. Stimson, November 4, 1930, Reel 80, Henry Lewis Stimson Papers, Yale University Library. 国務省極東部に一時配属されていたハルビン領事G・C・ハンソン（G. C. Hanson）を中心に、他の極東部員も協力して作成されたメモランダムの結論部である（マイクロフィルムに収められているのは結論部のみ）。スタンリー・ホーンベック（Stanley Hornbeck）極東部長が結論部には賛成である旨付言したうえでスティムソン国務長官に送られた。

（63） E. Drummond to J. Avenol, December 11, 1929, P 16: Avenol Papers, LNA. この書簡に端を発する一連のやり取りは、連盟関係者やその周辺において写しが回覧されたようである。この書簡の内容をソルターが知っており、ソルターとドラモンドの間の往復書簡が大英図書館所蔵の「セシル文書」［Cecil of Chelwood Papers］に収められていることからそれが窺える。

（64） A. Salter to E. Drummond, December 20, 1929, P 81: Drummond Papers, LNA. Cecil of Chelwood Papers の Add. MSS 51111 にも写しが収められている。

（65） E. Drummond to A. Salter, December 23, 1929, Add. MSS 51111, Cecil of Chelwood Papers, British Library, London.

（66） "Note on America & the League" by A. Salter, Add. MSS 51112, *ibid.* 日付は明記されていないが、E. Drummond to R. Cecil, January 3, 1930, *ibid.* に添付されている。

（67） 満洲事変は戦間期国際政治史のなかでも最も研究の蓄積が豊富な対象の一つであり、本節もそれらに多くを依っている。新史料や従来顧みられなかった史料に基づいているわけではないが、事変史を連盟と多国間枠組みの緊張関係という視角から再構成することで、国際機構史及び国際機構をめぐる外交史に新たな知見を提供できると考えている。先行研究のうち特に参照したのは、ソーン、前掲書。臼井勝美『満州事変——戦争と外交と』（中公新書、一九七四年）。同『満洲国と国際連盟』（吉川弘文館、一九九五年）。鹿錫俊『中国国民政府の対日政策　一九三一—一九三三年』（東京大学出版会、二〇〇一年）。及び、Ostrower, *op. cit.*

（68）例外的に近年は直接交渉論が日中双方に共有されていた事実が注目されている。例えば、鹿、前掲書。服部、前掲『東アジア国際環境の変動と日本外交』、第五章第二節。

（69）M. Lampson to the Marquess of Reading, September 19, 1931, *DBFP*, Second Series, Vol. VIII, pp. 665–666. N. Johnson to H. Stimson, September 19, 1931; P. Gilbert to H. Stimson, September 20, 1931, *FRUS*, 1931, Vol. III, pp. 12, 17–19. N. Johnson to H. Stimson, September 21, 1931, 793.94/1811, General Records of the Department of State〔Microfilm edition〕, RG 59, National Archives II, College Park.

（70）「外交部致日内瓦施代表等電」、一九三一年九月一九日発、「我駐日内瓦施代表照会国際連合会秘書長」、一九三一年九月二一日発（中華民国重要史料初編編輯委員会編『中華民国重要史料初編——対日抗戦時期　緒編（一）』中国国民党中央委員会党史委員会、一九八一年）、二二一—二二四頁。「蔣介石日記」、一九三一年九月二一日条〔Chaing Kai-shek Diaries, Hoover Institution Archives, Stanford. 以下英文表記は省略〕。

（71）Henry Lewis Stimson Diaries〔Microfilm edition〕, September 19, 1931, Yale University Library, New Haven. Memorandum by M. J. McDermott, September 19, 1931, *FRUS*, 1931, Vol. III, pp. 15–16.

（72）S. Hornbeck to H. Stimson, September 20, 1931, in Justus Doenecke, ed., *The Diplomacy of Frustration: The Manchurian Crisis of 1931–1933 as Revealed in the Papers of Stanley K. Hornbeck*〔以下 *Papers of Stanley K. Hornbeck* と略〕, Hoover Institution Press, 1981, pp. 64–66.

（73）H. Stimson to H. Wilson, September 22, 1931, Memorandum of Trans-Atlantic Telephone Conversation, September 23, 1931, *FRUS*, 1931, Vol. III, pp. 26, 43–47. Henry Lewis Stimson Diaries, September 23, 1931, Yale University Library. スティムソンが調査委員会案に反対だったのは日本の軍部やナショナリストを刺激するのを避け、信頼する幣原の事態収拾を助ける道筋を考えていたためである。*Ibid.*, September 22, 1931 も参照。

(74)　A. Cadogan to the Marquess of Reading, September 22, 1931; The Marquess of Reading to Patteson, September 22, 1931, *DBFP*, Second Series, Vol. VIII, pp. 672–673. Conclusions of a Meeting of the Cabinet, September 22, 1931, CC 62 (31), CAB 23/68, TNA.

(75)　出淵から幣原、一九三一年九月二二日着、出淵から幣原、一九三一年九月二四日着（『日外』満州事変第一巻第三冊）、二一―二三、七―八頁。高橋勝浩編「「出淵勝次日記」（三）――昭和六年―八年」、一九三一年九月二二日条（『国学院大学日本文化研究所紀要』第八六輯、二〇〇〇年）、一〇四頁。

(76)　P. Gilbert to H. Stimson, September 23, 1931, *FRUS*, 1931, Vol. III, p. 38.

(77)　H. Stimson to P. Gilbert, October 5, 1931, *ibid.*, pp. 116–117. Henry Lewis Stimson Diaries, October 3, 4, 5, 1931, Yale University Library.

(78)　*Ibid.*, October 5, 9, 1931. Memo by S. Hornbeck, October 2, 1931, *Papers of Stanley K. Hornbeck*, pp. 66–69. ホーンベック署名のメモだが、意見具申の部分は極東部のランスフォード・S・ミラー（Ransford S. Miller）のメモランダムを貼り付けたものである。

(79)　Memorandum of Conversation between H. Stimson and W. Borah, October 6, 1931, Henry Lewis Stimson Diaries, Yale University Library. 同日の日記に付属。Henry Lewis Stimson Diaries, October 8, 9, 1931.

(80)　「中央政治会議特種外交委員会第十六次会議紀録」、一九三一年一〇月一七日（『中華民国重要史料初編――対日抗戦時期緒編（一）』）、二九五―二九六頁。特種外交委員会は満洲事変勃発後に中央政治会議の外交組を元に顔恵慶、顧維鈞らを加えて設置され、対連盟政策や対日政策を決定してそれを外交部に執行させた。一九三二年一月に中央政治会議外交委員会に改組された。申暁雲『民国政体与外交』（南京大学出版社、二〇一三年）、二〇四―二〇五頁。

(81)　Henry Lewis Stimson Diaries, October 10, 1931, Yale University Library. H. Stimson to P. Gilbert, October 10, 1931, *FRUS*, 1931, Vol. III, p. 154.

(82)　H. Stimson to P. Gilbert, October 12, 1931, *ibid.*, pp. 167–168. Henry Lewis Stimson Diaries, October 12, 1931, Yale University Library.

(83)　Record of a Conversation at Geneva between the Marquess of Reading and K. Yoshizawa, October 12, 1931, *DBFP*, Second Series, Vol. VIII, pp. 755–756. Memorandum of Trans-Atlantic Telephone Conversation, October 13, 1931; P. Gilbert to H. Stimson, October 16, 1931, *FRUS*, 1931, Vol. III, pp. 178–182, 215–218. 五人委員会は、九月二二日の理事会で設置され、大国主導で秘密会形式を用いながら満洲事変の解決を図った。篠原初枝『国際連盟——世界平和への夢と挫折』（中公新書、二〇一一年）、二〇〇—二〇二頁。

（84） Memo by S. Hornbeck, October 16, 1931, *Papers of Stanley K. Hornbeck*, pp. 70–71.

（85） Henry Lewis Stimson Diaries, October 17, 1931, Yale University Library. Moffat Diaries, October 20, 1931, in Nancy Harvison Hooker, ed., *The Moffat Papers: Selections from the Diplomatic Journals of Jay Pierrepont Moffat*, Harvard University Press, 1956, pp. 47–48.

（86） Henry Lewis Stimson Diaries, October 18, 19, 1931, Yale University Library. Memorandum of Trans-Atlantic Telephone Conversation（793.94/2207$\frac{1}{2}$）, October 19, 1931; H. Stimson to P. Gilbert, October 19, 1931（793.94/2220a）; Memorandum of Trans-Atlantic Telephone Conversation, October 19, 1931（793.94/2207$\frac{3}{4}$）; H. Stimson to P. Gilbert, October 19, 1931（793.94/2336）, *FRUS*, 1931, Vol. III, pp. 241–260. Patteson to R. Vansittart, October 17, 1931; Patteson to F. Lindsay and M. Lampson, October 17, 1931, *DBFP*, Second Series, Vol. VIII, pp. 781–784.

（87） Memorandum by R. Cecil, October 19, 1931, *ibid.*, pp. 797–800.

（88） Minute by C. Orde, October 20, 1931, F 5876/1391/10, F 371/15493, TNA. そしてこうした予測の通り一〇月二四日には、一一月一六日の次の理事会までに日本軍の満鉄付属地への撤兵完了を求めた決議案が日本の反対で否決された。臼井、前掲『満州事変』、九七頁。

（89） Minute of Interview with Chiang Kai-shek, October 17, 1931, *DBFP*, Second Series, Vol. VIII, pp. 801–804. Killearn Diaries, October 17, 1931, Middle East Center Archive, St. Antony's College, University of Oxford, Oxford.

（90） ソーン、前掲書、上巻、二四三、二四八頁。

（91） 外交部致張北平主任電、一九三一年一月二七日発、「東省事変声請国連」（020–010112–0034）、外交部档案、国史館。「蔣介石日記」、一九三一年一〇月一四日条。鹿、前掲書、六七—六九頁。

（92） H. Stimson to Shaw, November 14, 1931, *FRUS*, 1931, Vol. III, pp. 441–442. S. Hornbeck to H. Stimson, October 17, 1931, *Papers of Stanley K. Hornbeck*, pp. 72–75. ホーンベックは中国側に対しても、連盟による調停継続中の九カ国条約会議招集の可能性を否定している。厳鶴齢致外交部電、一九三一年一一月一九日収、「美国対満洲問題政策」第一冊（020–050202–

0014)、外交部档案、国史館。

(93) Memo by S. Hornbeck [No. 16], November 21, 1931; Memo by S. Hornbeck [No. 17], November 21, 1931, *Papers of Stanley K. Hornbeck*, pp. 83–88. Henry Lewis Stimson Diaries, December 6, 1931, Yale University Library.

(94) Memorandum by H. Stimson, January 5, 1932; H. Stimson to W. Peck, January 7, 1932, *FRUS*, 1932, Vol. III, pp. 4–5, 7–8.

(95) J. Simon to R. Lindsay, January 9, 1932, *DBFP*, Second Series, Vol. IX, pp. 101–102. イギリスの対応をほぼ全面的に対日関係を悪化させない配慮として解釈したのは、Robert A. Hecht, “Great Britain and the Stimson Note of January 7, 1932,” *Pacific Historical Review*, Vol. 38, No. 2, 1969. しかし、連盟加盟国としての立場という名分が果たした機能は無視できるものではない。特にスティムソンの通告に追随せず、むしろスティムソン・ドクトリンを連盟側に取り込んだ後の経緯を考慮すると、その意味は大きかったと考えられる。

(96) この経緯については、ソーン、前掲書、下巻、六六一―九三頁が詳細である。直接引用は、Memorandum by R. Vansittart on a Conversation with R. Atherton, February 16, 1932, *DBFP*, Second Series, Vol. IX, pp. 511–512. 二月一六日の警告は、Patteson to J. Simon, February 16, 1932, *ibid.*, pp. 508–510.

(97) Memo by S. Hornbeck, January 12, 1932, *Papers of Stanley K. Hornbeck*, pp. 123–125.

(98) Henry Lewis Stimson Diaries, February 16, 1932, March 11, 1932, Yale University Library.

(99) “Castle's Statement on American Foreign Policies”: Extract from the *New York Times* of May 5, 1932, A 3001/1992/45, FO 371/15879, TNA.「フーヴァー・ドクトリン」という呼称にフーヴァーとスティムソンの微妙な緊張関係が現れている。この演説草稿にはあらかじめ大統領が目を通し承認を与えてもいた。Moffat Diaries, May 4, 1932, *The Moffat Papers*, pp. 65–67.

(100) Memo by S. Hornbeck, November 20, 1931, *Papers of Stanley K. Hornbeck*, pp. 81–83.

(101) 上海市档案館訳『顔恵慶日記（一九二一―一九三六）』第二巻（中国档案出版社、一九九六年）、一九三二年二月四日、六日、七日、八日、九日、一一日、一三日、一五日、一七日、一八日、一九日、三月五日条、六三一―六三五、六四〇頁。

(102) 郭泰祺致外交部電、一九三二年七月二九日収、「美国対満洲問題政策」第二冊（11–33–02–02–015)、外交部档案。北京師範大学・上海市档案館編『蔣作賓日記』（江蘇古籍出版社、一九九〇年）、一九三二年九月七日条、四七〇頁。外交部致蔣中正電、

一九三二年九月八日収（002–080200–00055–007）の批示、「一般資料——民国二十一年（三）」（蔣中正総統文物、国史館）。M. Ingram to J. Simon, October 24, 1932, *DBFP*, Second Series, Vol. XI, pp. 17–18.「第二次ワシントン会議」として九カ国条約会議開催を求める動きは日中戦争まで続き、それがブリュッセル会議につながった。李君山「一九三七年「九国公約」布魯塞爾会議之探討」（黄自進・潘光哲編『中日戦争和東亜変局』下冊、稲郷出版、二〇一八年）。

(103)　E. Drummond to J. Simon, October 24, 1932, *DBFP*, Second Series, Vol. XI, pp. 18–20.

(104)　Minute by E. H. Carr, November 3, 1932; Minute by V. Wellesley, November 4, 1932; Minute by R. Vansittart, November 4, 1932, *ibid.*, pp. 20–21nn. カーのコメントは抜粋の収録である。日本側の総会における小国の対日批判への不満及びそれを抑制しない大国への不満は、澤田節蔵連盟帝国事務局長から内田康哉外相、一九三二年一一月一九日着（『日外』満州事変第三巻）、四八—四九頁。イギリスに対する小国の怒りについては、ソーン、前掲書、下巻、一七九—一八三頁。

(105)　Minutes of a Meeting on October 26, 1932, *DBFP*, Second Series, Vol. XI, pp. 33–36. アメリカ大使館による訂正は、*ibid.*, p. 35n. Memorandum by the American Embassy in Great Britain, October 26, 1932; H. Wilson to H. Stimson, November 15, 1932, *FRUS*, 1932, Vol. IV, pp. 330–333, 346.

(106)　Memo by S. Hornbeck, October 4, 1932, *Papers of Stanley K. Hornbeck*, pp. 191–192.

(107)　H. Stimson to H. Gibson, November 14, 1932, *FRUS*, 1932, Vol. IV, pp. 342–343. フーヴァーとローズヴェルトの関係は険悪で、引き継ぎを前提とした政策実行が可能な状況にもなかった。井口治夫『誤解された大統領——フーヴァーと総合安全保障構想』（名古屋大学出版会、二〇一八年）、一〇〇—一〇二頁。中国に対してアメリカは、日本に受諾の意思が無いことを実行困難な理由として強調している。施公使致外交部電、一九三二年一一月八日収、「美国対満洲問題政策」第三冊（020–050202–0016）、外交部档案、国史館。

(108)　Memorandum by J. Simon, November 18, 1932, *DBFP*, Second Series, Vol. XI, pp. 64–66. 日本側の会談記録にはこの発言が記されていない。その直前のドラモンドとの会談のほぼ繰り返しだとして、記録自体が会談の内容をほとんど省略しているためである。連盟代表から内田、一九三二年一一月二〇日着（『日外』満州事変第三巻）、五一—五三頁。

(109)　J. Simon, "The Lytton Report: Japan and the League of Nations," November 19, 1932, C. P. 404 (32), CAB 24/235, TNA. サイモンは九カ国条約会議開催の場合にはソ連やドイツも招請するつもりだったようである。

(110)　「済南事変」（「国際連盟事務局関係一件 東京支局関係 杉村次長報告集」、B.9.1.0.4–4–1、外務省外交史料館所蔵）。

（111）連盟代表から内田、一九三二年一〇月一九日着（『日外』満州事変第三巻）、一四―一五頁。

（112）服部、前掲『東アジア国際環境の変動と日本外交』、第五章第二節。伊香、前掲書、第四章。酒井哲哉「「英米協調」と「日中提携」」（『年報近代日本研究』第一一号、一九八九年）、八〇―八一頁。

（113）同上、八〇―八三頁。吉田茂から牧野伸顕、一九三二年三月二二日、吉田から牧野、一九三二年六月七日（吉田茂記念事業財団編『吉田茂書翰』中央公論社、一九九四年）、六二八―六三三頁。

（114）「十二日会談要旨」、一九三二年七月一二日、「十四日会談要旨」、一九三二年七月一四日（『日外』満州事変第二巻第一冊）、九五六―九五九頁。近代日本外交における「死活的利益《ヴァイタル・インタレスト》」の概念については、種稲秀司『近代日本外交と「死活的利益」――第二次幣原外交と太平洋戦争への序曲』（芙蓉書房出版、二〇一四年）。

（115）緒方貞子『満州事変――政策の形成過程』（岩波現代文庫、二〇一一年）（原題『満州事変と政策の形成過程』（原書房、一九六六年））、二九五―三一七頁。直接引用は、内田から出淵、長岡春一駐仏大使、一九三二年八月二四日付属の「国際関係ヨリ見タル時局処理方針」（『日外』満州事変第二巻第二冊）、三八四頁。

（116）冨塚一彦「「連盟脱退ノ根本義」と日本外務省における「東亜」概念の生成――国際会議における「東亜」問題討議への拒絶方針を中心に」（『國學院大學日本文化研究所紀要』第九二輯、二〇〇三年）。

（117）条約局第三課「第六十五回議会用擬問擬答」、一九三四年一月（「帝国議会関係雑件 説明資料関係（条約局）」第一巻、A.5.2.0.1-3、外務省外交史料館所蔵）（当該簿冊は、外務省外交史料館編『外交史料館所蔵 外務省記録総目録 戦前期』（原書房、一九九二年）第二巻、一九頁では「帝国議会関係雑件 説明資料関係」全三七巻のなかに含まれており、国立公文書館アジア歴史資料センター［https://www.jacar.go.jp/］では「帝国議会関係雑件 説明資料関係」第九巻として登録されている）。

（118）重光葵「「我外交ノ基調」ニ就イテ 本協会総会ニ於ケル重光外務次官ノ挨拶」、一九三四年五月一一日、重光葵「国際関係ヨリ見タル日本ノ姿」、一九三五年八月一日（「重光大使ノ欧州政局報告」、A.2.0.0.X-1、外務省外交史料館所蔵）。重光葵「我外交陣容ノ充実改善ニ就テ」、一九三五年三月二二日（濱口學「史料紹介 外務省陣容強化に関して重光次官が昭和十年三月二十二日に行った講演」（『外交史料館報』第一七号、二〇〇三年）に全文所収）、九四―九七頁。満洲事変時の直接交渉論では幣原と重光が共通していたことは、酒井哲哉、前掲「「英米協調」と「日中提携」」、八〇―八四頁。アーサー・ソルターが日本への対抗策を考慮するうえで、ワシントン諸条約のことを「原則上ロカルノと同種で連盟システムの地域的ミニチュアであるところの九カ国の「集団的システム」」と表現していたのも興味深い。九カ国条約始めワシントン諸条約の「集団的システム」性は、満洲事変によって破られ始めてこそ意識されるようになったのだろう。“Letter from Sir Arthur Salter,” February 25, 1935, SALT 1/10, Papers of Arthur Salter, Churchill Archives Centre, Churchill College, University of Cambridge, Cambridge.

（119）　Arthur Salter, *Recovery: The Second Effort*, rev. ed., G. Bell and Sons, 1933［1st ed., 1932］, p. 279.

（120）　国際会議や「集団機構」自体を否定する日本が、外相となった重光の下で地域「集団機構」＝大東亜国際機構を構想するのは太平洋戦争中のことである。波多野澄雄『太平洋戦争とアジア外交』（東京大学出版会、一九九六年）、特に第六章第一節。同「「国家平等論」を超えて――「大東亜共栄圏」の国際法秩序をめぐる葛藤」（浅野豊美・松田利彦編『植民地帝国日本の法的展開』信山社、二〇〇四年）。

第四章

（1）　Samuel Guy Inman, *Inter-American Conferences 1826–1954: History and Problems*, University Press of Washington, D.C. and the Community College Press, 1965.

（2）　臼杵英一「ＰＫＯの起源――国際連盟レティシア委員会（一九三三―一九三四年）」（『軍事史学』第四二巻三・四合併号、二〇〇七年）。Pierre-Etienne Bourneuf, ““We Have Been Making History”: The League of Nations and the Leticia Dispute (1932–1934),” *International History Review*, Vol. 39, No. 4, 2017.

（3）　前者は Bryce Wood, *The United States and Latin American Wars 1932–1942*, Columbia University Press, 1966, Part 1. 及び山澄亨「チャコ戦争をめぐるアメリカと国際連盟」（『二十世紀研究』第四号、二〇〇三年）。後者は Bruce W. Farcau, *Chaco War: Bolivia and Paraguay, 1932–1935*, Praeger, 1996. 山澄論文は、一九三三年前半にアメリカが連盟の介入を容認するに至る過程を検討しており、善隣政策を掲げるフランクリン・D・ローズヴェルト政権の登場、アルゼンチンの突出に対する牽制を要因として重視している。さらには一九三四年後半以降のアメリカの対連盟協力の後退を西半球の平和機構構想への移行の転換点とした。より連盟そのものに焦点を当てた論文としては、山澄亨「国際連盟によるチャコ戦争調停交渉(1)――調査団の派遣」（『社会とマネジメント』第一巻二号、二〇〇四年）。こちらはチャコ委員会に焦点を絞りつつ、一九三〇年代後半の連盟の失敗の一つから連盟の限界を明らかにするという古典的な関心による研究である。

（4）　Margaret Macmillan, *Paris 1919: Six Months That Changed the World*, Random House, 2003［Paperback Edition, first published 2001］, pp. 95–97. 植田隆子『地域的安全保障の史的研究――国際連盟時代における地域的安全保障制度の発達』

(山川出版社、一九八九年)、第Ⅰ部第一章第一節。

(5) 一九三一年のメキシコ連盟加盟の際の宣言や、アルゼンチンの一九二八年及び一九三三年の連盟における活動復帰の際の宣言は、それぞれモンロー主義を連盟規約第二一条で言及される「地域協定」としては承認しない旨留保している。"The Work of the League of Nations in Relation to the Agenda of the Seventh Pan-American Conference," November, 1933, pp. 64–66, 50/6342/6342, R 5708, League of Nations Archives〔以下 LNA と略〕, United Nations Office at Geneva, Geneva.

(6) Alan Mcpherson, "Anti-Imperialism and the Failure of the League of Nations," in Alan Mcpherson and Yannick Wehrli, eds., *Beyond Geopolitics: New Histories of Latin America at the League of Nations*, University of New Mexico Press, 2015, p. 26.

(7) Minutes of the Fifteenth Meeting of the Commission on the League of Nations, April 11, 1919, in David Hunter Miller, *The Drafting of the Covenant*, Vol. 2, William S. Hein, 2002〔G. P. Putnam's Sons, 1928〕, p. 383.

(8) "The Tacna-Arica Question," by G. H. F. Abraham, June 28, 1927, 1A/2042/2042, R 1836, LNA.「国際連盟第二回総会準備調書第七号 智利対秘露及智利対「ボリビア」条約改訂問題」、一九二一年五月末日(官扱344、外務省外交史料館所蔵)。E・H・カーはこの平和に対する脅威無くして規約第一九条を適用できないという論理を、「国際政治においては、戦争の脅威ないし潜在的脅威がない場合、いかなる重要な平和的変革も達成されることはない」という教訓を確認するものだとしている。E・H・カー(原彬久訳)『危機の二十年——理想と現実』(岩波文庫、二〇一一年)〔E. H. Carr, *The Twenty Years' Crisis 1919–1939: An Introduction to the Study of International Relations*, 2nd ed., Macmillan, 1946 (1st ed., 1939)〕、四一〇—四一一頁。

(9) 在ジュネーヴ連盟総会代表から内田康哉外相、一九二一年九月八日(外務省編『日本外交文書』〔以下『日外』と略〕大正一〇年第三冊上巻)、一四二—一四四頁。

(10) 同上。League of Nations〔以下 LN と略〕, A. 33. 1921, Bolivia's Claim against Chile for the Revision of the Treaty of Peace of 1904: Letter from the Chilean Delegation, September 3, 1921, A 6678/105/51; LN, A. 73. 1921. VII, Bolivia's Claim for the Revision of the Treaty of Peace of 1904: Letter and Memorandum from the Bolivian Delegation, September 14, 1921, A 7090/105/51, FO 371/5570, The National Archives〔以下 TNA と略〕, Kew. チリが強気な態度に出られたのは、アメリカから西半球以外の政府ではなく米州諸国が仲裁するべきだという言質を得ていたためだと思われる。B. Colby to J. H.

Shea, February 2, 1921, *Foreign Relations of the United States* 〔以下 *FRUS* と略〕, 1921, Vol. I, p. 239.

(11) Minute by T. M. Snow, September 14, 1921; Minute by H. J. Seymour, September 14, 1921; Minute by R. Sperling, September 15, 1921; Minute by W. Tyrrell, September 16, 1921, A 6678/105/51, FO 371/5570, TNA.

(12) Bennett to Curzon, February 27, 1921, A 1482/1389/32; Graham to Curzon, March 1, 1921; Minute by H. J. Seymour, March 2, 1921, A 1500/1389/32, FO 371/5600, *ibid.*

(13) R. Cecil to Curzon, March 1, 1921, A 1483/1389/32; Minute by H. J. Seymour, March 2, 1921; A. Sperling to R. Cecil, March 4, A 1500/1389/32, *ibid.*

(14) A. Geddes to Curzon, March 3, 1921; Minute by H. J. Seymour, March 4, 1921, A 1608/1389/32, *ibid.*

(15) Bennett to Curzon, March 2, 1921, A 1618/1389/32; Bennett to Curzon, March 4, 1921, A 1661/1389/32, *ibid.*

(16) F. P. Walters, *A History of the League of Nations*, Oxford University Press, 1960 〔first published 1952〕, pp. 325, 393.

(17) R. Cecil to A. Chamberlain, October 21, 1926, Add. MSS 51079, Cecil of Chelwood Papers, British Library, London.

(18) E. Drummond to G. Murray, January 12, 1927, MS 199, Papers of Gilbert Murray, Bodleian Library, University of Oxford, Oxford. Paul Weindling, "The League of Nations Health Organization and the Rise of Latin American Participation, 1920–1940," *História, Ciências, Saúde–Manguinhos*, Vol. 13, No. 3, 2006 〔http://www.scielo.br/pdf/hcsm/v13n3/en_01.pdf〕, p. 5. この会議は連盟がラテンアメリカで主催した初の会議だとされる。山越裕太「ヘルス・ガバナンスの胎動と国際連盟保健機関――機能的協力、国際機構の併存、世界大恐慌」(『国際政治』第一九三号、二〇一八年)、五一頁。

(19) R. Castro to the President of the Council, July 19, 1928, 50/6472/2837, R 3569, LNA. Walters, *op. cit.*, p. 325.

(20) *Ibid.*, pp. 390–392. A. Sweetser to E. Drummond, August 22, 1928; Telegram to H. E. the Secretary of State for Foreign Affairs of Costa Rica, September 1, 1928, 50/6869/2837, R 3569, LNA.

(21) "League Reform," June 30 〔sic〕, 1937, W 12698/250/98, FO 371/21242, TNA.

(22) 外務省欧米局第二課「欧米政情研究資料(第十四輯)「ボリヴィア」、「パラグァイ」両国国境紛争問題(其二)」、一九三三年二月(「「パラグァイ」「ボリヴィア」戦争関係一件(チャコ紛争問題)」〔以下「チャコ紛争問題」と略〕、第一巻、A.7.0.0.5、外務省外交史料館所蔵)。

(23) Wood, *op. cit.*, p. 21.

(24) 野田良治駐ブラジル代理大使から田中義一外相、一九二八年一二月一二日、森安三郎駐チリ公使から田中、一九二八年一二月一四日（前掲「チャコ紛争問題」第一巻、外務省外交史料館所蔵）。F. Kellogg to E. Morgan, April 14, 1928, *FRUS*, 1928, Vol. 1, pp. 621–622.

(25) 佐藤尚武国際連盟帝国事務局長から田中、一九二九年一月四日附属、「第五十三回連盟理事会及其後ニ於ケル「ボリビア」「パラガイ」紛争問題経過」（前掲「チャコ紛争問題」第一巻、外務省外交史料館所蔵）。A. Briand to G. Tanaka, December 15, 1928（同上）.

(26)「第五十三回連盟理事会及其後ニ於ケル「ボリビア」「パラガイ」紛争問題経過」（同上）。

(27) 同上。

(28) 同上。A. Briand to G. Tanaka, December 15, 1928（前掲「チャコ紛争問題」第一巻、外務省外交史料館所蔵）. 第一三条は仲裁裁判及び司法的解決に付すことのできる紛争についての条項。

(29) A. Briand to the Members of the Council, December 21, 1928, 1A/8946/2042, R 1836, LNA.

(30)「第五十三回連盟理事会及其後ニ於ケル「ボリビア」「パラガイ」紛争問題経過」（前掲「チャコ紛争問題」第一巻、外務省外交史料館所蔵）。これらの電報や決議文は、Presented by the Secretary of State for Foreign Affairs to Parliament by Command of His Majesty, 1929, Documents Received from the President of the Council of the League of Nations Relative to Certain Incidents on the Frontier of Bolivia and Paraguay（同上）を参照。

(31) 出淵勝次駐米大使から田中、一九二八年一二月二〇日、出淵から田中、一九二九年一月一一日（同上）。アルゼンチンは不参加。

(32) 出淵から田中、一九二九年一月一五日（同上）。議定書については、Text of Protocol Signed by Bolivia and Paraguay（同上）を参照。

(33) 森から幣原喜重郎外相、一九二九年一〇月三日、出淵から幣原、一九二九年一〇月二五日（同上）。マッコイはのち満洲事変においてリットン調査団のアメリカ委員として派遣される。臼井勝美『満洲国と国際連盟』（吉川弘文館、一九九五年）、四五頁。Wood, *op. cit.*, p. 22. 山澄、前掲「チャコ戦争をめぐるアメリカと国際連盟」、四頁。

(34)「第五十三回連盟理事会及其後ニ於ケル「ボリビア」「パラガイ」紛争問題経過」（前掲「チャコ紛争問題」第一巻、外務省外交史料館所蔵）。

（35）“A South American Dispute,” *The Times* [London], December 14, 1928.

（36）“World Peace Procedure: Bolivia-Paraguay and the League of Nations,” January 1929, 1A/8946/2042, R 1837, LNA.

（37）Memorandum by A. V. Burbury, December 19, 1928, A 8925/382/51, FO 371/12731, TNA.

（38）Third Plenary Meeting, September 3, 1929, pp. 38–39; Fifth Plenary Meeting, September 4, 1929, pp. 44–46, Records of the Tenth Ordinary Session of the Assembly, *League of Nations Official Journal*. パラグアイとボリビアはその時点での交渉の経過について簡単に報告してもいる。Fifteenth Plenary Meeting, September 19, 1929, p. 128, *ibid*.

（39）森から幣原、一九二一年七月二二日（前掲「チャコ紛争問題」第一巻、外務省外交史料館所蔵）。

（40）Wood, *op. cit*., pp. 26–27.

（41）出淵から内田、一九三二年八月四日（前掲「チャコ紛争問題」第一巻、外務省外交史料館所蔵）。The Representatives of Nineteen American Republics Assembled in Washington to the Ministers for Foreign Affairs of Bolivia and Paraguay, August 3, 1932, *FRUS*, 1932, Vol. V, pp. 159–160.

（42）来栖三郎駐ペルー公使から芳澤謙吉外相、一九三二年四月一六日（前掲「チャコ紛争問題」第一巻、外務省外交史料館所蔵）。

（43）H. Wilson to H. Stimson, September 14, 1932, *FRUS*, 1932, Vol. V, pp. 228–229.

（44）J. Matos to the Secretary General, July 29, 1932, in LN, C. 572. 1932. VII, Dispute between Bolivia and Paraguay［以下 DBP と略］, August 1, 1932（前掲「チャコ紛争問題」第一巻、外務省外交史料館所蔵）.

（45）森から内田、一九三二年九月一〇日（同上）。

（46）Memorandum for the Secretary of State by P. M. Roberts, July 25, 1932, A 4642/423/51; Minute by P. M. Roberts, August 2, 1932, A 4831/423/51, FO 371/15788, TNA.

（47）F. White to H. Wilson, August 15, 1932, *FRUS*, 1932, Vol. V, pp. 222–228.

（48）連盟代表から内田、一九三二年九月二八日（前掲「チャコ紛争問題」第一巻、外務省外交史料館所蔵）。外務省条約局第三課「第六十八第六十九回国際連盟理事会調書（於寿府昭和七年九月二十三日ヨリ十月十五日迄）」、一九三二年一〇月（同上）。

（49）ただしパラグアイ側は三人委員会の面子に不満であり、委員長が国際的に権威ある人物ではないとして不服を唱えていた。中小国主導による介入が、大国の指導者たちが前面に出てくる場合よりも迫力に欠けるのは否めなかっただろう。T. Smith to

R. Macleay, November 9, 1932, A 8039/423/51, FO 371/15789, TNA.

（50）外務省条約局第三課「第六十八第六十九回国際連盟理事会調書（於寿府昭和七年九月二十三日ヨリ十月十五日迄）」、一九三二年一〇月（前掲「チャコ紛争問題」第一巻、外務省外交史料館所蔵）。

（51）斎藤博駐米代理大使から内田、一九三二年一二月一六日（同上）。

（52）澤田節蔵国際連盟帝国事務局長から内田、一九三二年一二月一七日（同上）。

（53）斎藤博から内田、一九三二年一二月二一日（同上）。Wood, *op. cit.*, p. 48.

（54）F. White to E. Drummond, December 31, 1932, *FRUS*, 1932, Vol. V, pp. 258–259.

（55）H. Wilson to H. Stimson, November 17, 1932, *ibid.*, p. 248.

（56）澤田節蔵から内田、一九三三年一月二九日（前掲「チャコ紛争問題」第二巻、外務省外交史料館所蔵）。

（57）澤田節蔵から内田、一九三三年二月三日（同上）。

（58）H. Stimson to H. Wilson, January 30, 1933, *FRUS*, 1933, Vol. IV, pp. 263–264. Henry Lewis Stimson Diaries［Microfilm edition］, January 4, February 27, 1933, Yale University Library, New Haven.

（59）Patteson to F.O., February 2, 1933, A 820/3/51, FO 371/16519, TNA.

（60）Moffat Diaries, January 6, 1933, in Nancy Harvison Hooker, ed., *The Moffat Papers: Selections from the Diplomatic Journals of Jay Pierrepont Moffat*, Harvard University Press, 1956, pp. 80–81. Henry Lewis Stimson Diaries, January 6, 1933, Yale University Library.

（61）斎藤博から内田、一九三二年一二月二一日（前掲「チャコ紛争問題」第一巻、外務省外交史料館所蔵）。出淵から内田、一九三三年一月一〇日（前掲「チャコ紛争問題」第二巻、外務省外交史料館所蔵）。

（62）出淵から内田、一九三三年一月二〇日（前掲「チャコ紛争問題」第二巻、外務省外交史料館所蔵）。Robert A. Divine, *The Illusion of Neutrality*, University of Chicago Press, 1962, pp. 35–36.

（63）澤田節蔵から内田、一九三三年二月二七日（前掲「チャコ紛争問題」第二巻、外務省外交史料館所蔵）。

（64）澤田節蔵から内田、一九三三年三月四日（同上）。S. Lester to the Secretary of the Department of External Affairs［Dublin］, March 4, 1933, SLP-1933-Mar-4-VD［D 2767］, Sean Lester Papers, LNA. 規約第一一条は平和維持のための措置に関する規定である。

（65）施公使致外交部電、一九三三年二月二四日収、「美国対満洲問題政策」第三冊（020-050202-0016）、外交部档案、国史館、台北。アントニー・ベスト（武田知己訳）『大英帝国の親日派――なぜ開戦は避けられなかったか』（中公叢書、二〇一五年）、五〇―五一頁。

（66）S. Lester to the Secretary of the Department of External Affairs [Dublin], March 7, 1933, SLP-1933-Mar-7-VD [D 2769], Sean Lester Papers, LNA.

（67）横山正幸国際会議帝国事務局長代理兼総領事から広田弘毅外相、一九三四年五月二五日（「国際連盟武器取引取締問題一件」、B.9.4.0.7、外務省外交史料館所蔵）。

（68）出淵から内田、一九三三年五月一〇日（前掲「チャコ紛争問題」第二巻、外務省外交史料館所蔵）。

（69）伊藤述史国際連盟帝国事務局長代理から内田、一九三三年五月一二日（同上）。

（70）伊藤から内田、一九三三年五月二三日（同上）。規約第一六条は制裁について規定した条項である。

（71）J. Simon to Nosworthy, May 27, 1933, A 4079/3/51, FO 371/16521, TNA.

（72）伊藤から内田、一九三三年七月四日（前掲「チャコ紛争問題」第二巻、外務省外交史料館所蔵）。LN, C. 440. M. 222. 1933. VII, DBP, Report by the Committee of the Council, July 24, 1933（前掲「チャコ紛争問題」第一巻、外務省外交史料館所蔵）.

（73）Memorandum by F. White, June 1, 1933; W. Phillips to F. Roosevelt, June 9, 1933, *FRUS*, 1933, Vol. IV, pp. 339–341.

（74）W. Phillips to H. Wilson, June 27, 1933, *ibid.*, pp. 343–344. 出淵から内田、一九三三年六月二八日（前掲「チャコ紛争問題」第二巻、外務省外交史料館所蔵）。

（75）LN, C. 449. M. 229. 1933. VII, DBP, Report of the Committee of the Council, Rapporteur: the Representative of the Irish Free State, August 3, 1933（前掲「チャコ紛争問題」第一巻、外務省外交史料館所蔵）.

（76）*Ibid.* LN, C. 447. M. 223. 1933. VII, DBP, Report by the Committee of the Council, August 1, 1933; Annex 1, The Bolivian Delegates to the President of the Council Committee, July 26, 1933, The Paraguayan Delegate to the President of the Council Committee, July 26, 1933（前掲「チャコ紛争問題」第一巻、外務省外交史料館所蔵）. Tyrrell to F. O., July 31, 1933, A 5618/3/51, FO 371/16522, TNA. 伊藤から内田、一九三三年八月八日（前掲「チャコ紛争問題」第二巻、外務省外交史料館所蔵）。

（77）M. Franco, M. Ferrari, R. Carcano and G. Calderon to the Acting President of the Council, October 1, 1933, in LN, C.

551. M. 266. 1933. VII, DBP, Communication from the Governments of the Neighbouring Powers, October 2, 1933（前掲「チャコ紛争問題」第一巻、外務省外交史料館所蔵）.

（78）LN, C. 559. M. 270. 1933. VII, DBP, Report of the Committee of the Council, October 4, 1933（同上）. 一九三三年七月から連盟事務総長にはアヴノルが就任している。

（79）Record of Conversation between R. Craigie and the Uruguayan Chargé d'affaires, December 14, 1933, A 9265/3/51, FO 371/16525, TNA.

（80）C. Najera to C. Rels, October 27, 1933, in LN, C. 616. M. 289. 1933. VII, DBP, October 30, 1933（前掲「チャコ紛争問題」第一巻、外務省外交史料館所蔵）.

（81）国際連盟事務局東京支局「チャコ委員会報告書概要」、一九三四年六月二〇日（前掲「チャコ紛争問題」第二巻、外務省外交史料館所蔵）。これは、LN, Summary of the Report Framed by the Chaco Commission for the Council of the League of Nations, Information Section, May 12, 1934（前掲「チャコ紛争問題」第三巻、外務省外交史料館所蔵）の和訳である。

（82）国際連盟事務局東京支局「チャコ委員会報告書概要」、一九三四年六月二〇日（前掲「チャコ紛争問題」第二巻、外務省外交史料館所蔵）。

（83）同上。山崎次郎駐アルゼンチン公使から広田、一九三三年一二月一九日（前掲「チャコ紛争問題」第二巻、外務省外交史料館所蔵）。

（84）国際連盟事務局東京支局「チャコ委員会報告書概要」、一九三四年六月二〇日（同上）。

（85）C. Hull to W. Phillips, December 24, 1933, *FRUS*, 1933, Vol. IV, p. 207.

（86）山崎から広田、一九三三年一二月一九日（前掲「チャコ紛争問題」第二巻、外務省外交史料館所蔵）。

（87）国際連盟事務局東京支局「チャコ委員会報告書概要」一九三四年六月二〇日（同上）。

（88）F. P. Walters to J. A. Buero, March 24, 1934, 1/10358/5435, R 3636, LNA. レティシア委員会については、臼杵、前掲論文。

（89）国際連盟事務局東京支局「チャコ委員会報告書概要」、一九三四年六月二〇日（前掲「チャコ紛争問題」第二巻、外務省外交史料館所蔵）。山崎から広田、一九三四年三月一五日（同上）。

（90）国際連盟事務局東京支局「チャコ委員会報告書概要」、一九三四年六月二〇日（同上）。

(91)　同上。

(92)　同上。

(93)　同上。

(94)　伊藤から内田、一九三三年八月八日（前掲「チャコ紛争問題」第二巻、外務省外交史料館所蔵）。

(95)　斎藤博駐米大使から広田、一九三四年五月二六日（同上）、斎藤博から広田、一九三四年五月二九日（前掲「国際連盟武器取引取締問題一件」、外務省外交史料館所蔵）。

(96)　Patteson to F.O., May 14, 1934, A 3782/4/51, FO 371/17443, TNA. 横山から広田、一九三四年五月二五日、横山から広田、一九三四年六月九日（前掲「国際連盟武器取引取締問題一件」、外務省外交史料館所蔵）。横山から広田、一九三四年六月二日（第一二六号）（前掲「チャコ紛争問題」第二巻、外務省外交史料館所蔵）。W. Strang to C. Najera, June 11, 1934; “Germany and the Embargo” by F. P. Walters, June 14, 1934, 1/11349/343, R 3616, LNA. 連盟側はドイツの意向については、当初できるだけ内密にするよう配慮していたが、ドイツ側はむしろアメリカのジャーナリストや各国外交筋にこの情報を広めようとしていた。対米協調、国際協調の姿勢をアピールできると考えていたのであろう。

(97)　横山から広田、一九三四年六月六日（前掲「チャコ紛争問題」第二巻、外務省外交史料館所蔵）。矢野真駐チリ公使から広田、一九三四年六月六日、山崎から広田、一九三四年六月六日、山崎から広田、一九三四年六月八日、横山から広田、一九三四年六月九日、横山から広田、一九三四年六月一二日（前掲「国際連盟武器取引取締問題一件」、外務省外交史料館所蔵）。LN, C. 262. M. 111. 1934. VII, DBP, Supply of Arms and War Material to Bolivia and Paraguay, Report to the Council, by the Chairman of the Committee of Three, on the consultations to which he proceeded with a view to the prohibition of the export and re-export of arms and war material to Bolivia or Paraguay, June 14, 1934, 1/11349/343, R 3616, LNA.

(98)　M. Cruchaga to Chairman of the Committee of Three, July 26, 1934, in LN, C. 322. M. 146. 1934. VII, DBP, Supply of Arms and War Material to Bolivia and Paraguay, Reply from the Chilean Government to the Circular Telegram Despatched on July 25 by the Chairman of the Committee of Three at the Request of the United Kingdom Government, July 27, 1934 [http://biblio-archive.unog.ch/Dateien/CouncilMSD/C-322-M-146-1934-VII_EN.pdf], “Digitized Collections: League of Nations Official Documents.” [http://libraryresources.unog.ch/c.php?g=462663&p=3163194]

(99)　LN, DBP, Information Section, March 7, 1935（前掲「チャコ紛争問題」第三巻、外務省外交史料館所蔵）.

（100）*Ibid.*

（101）Patteson to F.O., September 28, 1934, A 7749/4/51, FO 371/17444; Record by United Kingdom Delegation of First Meeting of the Committee Appointed by the Assembly, October 15, 1934, A 8220/4/51, FO 371/17445, TNA.

（102）横山から広田、一九三四年一一月一九日（前掲「チャコ紛争問題」第二巻、外務省外交史料館所蔵）。

（103）同上。Verbatim Record of the Special Session of the Assembly of the League of Nations Convened in Conformity with the Assembly Resolution of September 27, 1934, Relating to the Dispute between Bolivia and Paraguay, Second Plenary Meeting, November 21, 1934（「「パラグァイ」「ボリヴィア」戦争関係一件 国際連盟ニ於ケル討議関係」〔以下「チャコ紛争問題 国際連盟」と略〕、A.7.0.0.5-1、外務省外交史料館所蔵）.

（104）Special Session of the Assembly of the League of Nations Convened in Conformity with the Assembly Resolution of September 27, 1934, Relating to the Dispute between Bolivia and Paraguay, List of Members of Delegations and Verbatim Record of the First Plenary Meeting, November 20, 1934（同上）.

（105）Verbatim Record of the Special Session of the Assembly of the League of Nations Convened in Conformity with the Assembly Resolution of September 27, 1934, Relating to the Dispute between Bolivia and Paraguay, Second Plenary Meeting, November 21, 1934（同上）.

（106）*Ibid.*

（107）*Ibid.*

（108）横山から広田、一九三四年一一月二四日（前掲「チャコ紛争問題」第二巻、外務省外交史料館所蔵）。

（109）内山岩太郎駐ブラジル代理大使から広田、一九三四年一二月二〇日（同上）。

（110）LN, DBP, Information Section, March 7, 1935（前掲「チャコ紛争問題」第三巻、外務省外交史料館所蔵）.

（111）横山から広田、一九三五年一月二一日（同上）。L. Riart to the Chairman of the Advisory Committee, December 26, 1934, in LN, C. 37. M. 15. 1935. VII, DBP, Communication from the Paraguayan Government, January 14, 1935（前掲「チャコ紛争問題 国際連盟」、外務省外交史料館所蔵）.

（112）横山から広田、一九三五年一月二一日（前掲「チャコ紛争問題」第三巻、外務省外交史料館所蔵）。LN, C. 54. M. 24. 1935. VII, Report by the Advisory Committee on the Situation Created by the Replies of Bolivia and Paraguay, January 16,

1935（前掲「チャコ紛争問題 国際連盟」，外務省外交史料館所蔵）.

(113) Wood, *op. cit.*, pp. 75–76. H. Koht to J. Avenol, May 2, 1935, in LN, DBP, Supply of Arms and War Material to Bolivia and Paraguay, Reply of the Norwegian Government to the Secretary-General's Circular Letter of January 26, 1935, C. 87（11）. M. 39（11）. 1935. VII, May 7, 1935（前掲「チャコ紛争問題 国際連盟」，外務省外交史料館所蔵）.

(114) L. Riart to J. Avenol, February 23, 1935, in LN, C. 104. M. 49. 1935, Notification by the Paraguayan Government of Its Intention to Withdraw from the League of Nations, February 25, 1935（同上）.

(115) W. Strang to R. Craigie, March 7, 1935; Minute by R. Craigie, March 7, 1935, A 2352/93/51, FO 371/18688, TNA.

(116) LN, No. 7274, Information Section, March 12, 1935（前掲「チャコ紛争問題」第三巻，外務省外交史料館所蔵）.

(117) LN, No. 7275, Information Section, March 13, 1935（同上）.

(118) LN, No. 7274, Information Section, March 12, 1935（同上）.

(119) LN, No. 7275, Information Section, March 13, 1935（同上）.

(120) *Ibid.* LN, No. 7278, Information Section, March 14, 1935（前掲「チャコ紛争問題」第三巻，外務省外交史料館所蔵）.

(121) LN, C. 125. M. 63. 1935. VII, DBP, Report to the Assembly Adopted by the Advisory Committee on March 15, 1935（同上）.

(122) F.O. to G. Clerk, March 18, 1935, A 2352/93/51, FO 371/18688, TNA.

(123) 澤田節蔵駐ブラジル大使から広田，一九三五年三月二三日（前掲「チャコ紛争問題」第三巻，外務省外交史料館所蔵）。R. M. Gonçalvez to J. Avenol, March 19, 1935, in LN, C. 130. M. 67. 1935. VII, DBP, Communication from the Brazilian Government, March 20, 1935, 1/5631/343, R 3616, LNA.

(124) 澤田節蔵から広田，一九三五年五月二日（前掲「チャコ紛争問題」第三巻，外務省外交史料館所蔵）。

(125) LN, No. 7348, Information Section, May 16, 1935（同上）.

(126) LN, No. 7349, Information Section, May 16, 1935（同上）.

(127) LN, A.（Extr）1. 1935. VII, DBP, Report to the Assembly Adopted by the Advisory Committee on May 17, 1935, May 18, 1935（同上）.

(128) Special Session of the Assembly of the League of Nations Convened by the Advisory Committee Set up by the Assem-

bly to Follow the Dispute between Bolivia and Paraguay（Resolution of the Advisory Committee Dated March 15, 1935), List of Members of Delegations and Verbatim Record of the First Plenary Meeting, May 20, 1935（同上）.

(129) Special Session of the Assembly of the League of Nations Convened by the Advisory Committee Set up by the Assembly to Follow the Dispute between Bolivia and Paraguay（Resolution of the Advisory Committee Dated March 15, 1935), Second Plenary Meeting, May 21, 1935（同上）.

(130) *Ibid.*

(131) *Ibid.*

(132) *Ibid.* 採択された決議案は注128を参照。

(133) 山崎から広田、一九三五年七月二〇日に附属、休戦議定書（西語本文全訳）（前掲「チャコ紛争問題」第三巻、外務省外交史料館所蔵）。

(134) 「国際連盟第十六回通常総会報告」、一九三五年一〇月（「国際連盟総会関係一件 第十六回総会関係」第一巻、B.9.1.0.2-16、外務省外交史料館所蔵）。アメリカは、両国に対する武器売却禁止を一一月二九日に解除すると一四日に宣言した。H. Wilson to J. Avenol, November 17, 1935, in LN, C. 257（o). M. 129（o). 1935. VII, DBP, Supply of Arms and War Material to Bolivia and Paraguay, Communications from the Government of the United States of America, November 18, 1935（前掲「チャコ紛争問題 国際連盟」、外務省外交史料館所蔵）.

(135) T. Smith to F.O., May 9, 1935, A 4320/93/51, FO 371/18691, TNA. 一九三五年に入ってからの戦況は、Farcau, *op. cit.*, Chap. 23.

(136) チャコ平和会議の経過は、Wood, *op. cit.*, Chap. IV, V 参照。チャコ平和会議と地域防衛の合意や米州機構創設に向かう道程の起源となった一九三六年の臨時パン・アメリカ会議（ブエノスアイレス特別会議）の連関については、山澄亨「チャコ戦争終結後のアメリカの平和機構構想とブエノスアイレス会議開催の経緯」（『アメリカ史評論』第二四号、二〇〇六年）。

(137) 「国際連盟第十六回通常総会報告」、一九三五年一〇月（前掲「国際連盟総会関係一件 第十六回総会関係」第一巻、外務省外交史料館所蔵）。

(138) 内山岩太郎駐アルゼンチン公使から宇垣一成外相、一九三八年七月二五日、内山から近衛文麿外務大臣、一九三八年一〇月一一日、平和条約のテキストは、斎藤博から宇垣、一九三八年七月三〇日に付属、Department of State, Text of Treaty of

Peace, Friendship and Boundaries between the Republics of Bolivia and Paraguay Signed at Buenos Aires, July 21, 1938（前掲「チャコ紛争問題」第三巻、外務省外交史料館所蔵）. Wood, *op. cit.*, pp. 160–164.

(139)　内山から宇垣、一九三八年七月三〇日（前掲「チャコ紛争問題」第三巻、外務省外交史料館所蔵）。

(140)　篠原初枝『国際連盟――世界平和への夢と挫折』（中公新書、二〇一〇年）、二五三頁。脱退の続出に対して、連盟は非加盟国も含めた技術協力の拡大で後退を食い止めようとした。Amelia M. Kiddle, "Separating the Political from the Technical: The 1938 League of Nations Mission to Latin America," in Mcpherson and Wehrli, eds., *op. cit.*

第五章

（1）　中東欧において、民族自決原則によって帝国が解体された後に地域統合や広域圏の構想が現れてくる過程については、福田宏「ポスト・ハプスブルク期における国民国家と広域論」（池田嘉郎編『第一次世界大戦と帝国の遺産』山川出版社、二〇一四年）、遠藤乾「ヨーロッパ統合にむけて――起点としての第一次世界大戦」（山室信一ほか編『現代の起点 第一次世界大戦4 遺産』岩波書店、二〇一四年）。

（2）　植田隆子『地域的安全保障の史的研究――国際連盟時代における地域的安全保障制度の発達』（山川出版社、一九八九年）、第一章。

（3）　W. Wilson, An Address in the Metropolitan Opera House, September 27, 1918, in Arthur S. Link, ed., *The Papers of Woodrow Wilson*〔以下 *PWW* と略〕, Vol. 51, Princeton University Press, 1985, p. 130.

（4）　William C. Widenor, *Henry Cabot Lodge and the Search for an American Foreign Policy*, University of California Press, 1980, pp. 316–317.

（5）　パン・アメリカ連合は、一九一〇年の第四回パン・アメリカ会議（ブエノスアイレス会議）で「米州諸国国際事務局（International Bureau of American Republics）」をパン・アメリカ会議の常設委員会として改組したものである。本部はワシントンDCにあり、事務総長（director-general）が置かれ、理事会（Governing Board）は各国の駐米大公使及び議長としてのアメリカの国務長官により構成された。閉会後の事務処理や情報収集、次回会議の準備などパン・アメリカ会議の常設事務局としての役割のみならず、通商や知的協力の発展を任務としていた。J. Lloyd Mecham, *The United States and Inter-American Security, 1889–1960*, University of Texas Press, 1961, pp. 71–72. Samuel Guy Inman, *Inter-American Conferences 1826–*

1954: History and Problems, University Press of Washington, D.C. and the Community College Press, 1965, pp. 79–80.

（6）Special Explanatory Statement, April 12, 1919; John Barrett, "The League of Nations in Relation to American Questions and the Monroe Doctrine," April 1919, 40/1011/1011, R1572, League of Nations Archives［以下 LNA と略］, United Nations Office at Geneva, Geneva. 後者の主要な部分は、バレットによれば一九一八年一二月にウィルソンにも送ったものの転載だという。

（7）E. Drummond, "Notes on Pan American Union Scheme," May 14, 1919, *ibid*.

（8）After Dinner Remarks by W. Wilson, *PWW*, Vol. 59, pp. 521–522. 西崎文子「モンロー・ドクトリンの普遍化——その試みと挫折」（『アメリカ研究』第二〇号、一九八六年）。篠田英朗「ウッドロー・ウィルソン——介入主義、国家主権、国際連盟」（遠藤乾編『グローバル・ガバナンスの歴史と思想』有斐閣、二〇一〇年）。

（9）植田、前掲書、第一章。

（10）Memorandum by E. Drummond, July 20, 1920; Minutes by V. Hammel, July 24, 1920, 11/5549/5549, R 574, LNA.

（11）I. Nitobe, "The Role of American Countries in the League of Nations," July 24, 1920, *ibid*. 新渡戸は後に連盟から独立した「パン・パシフィック連盟（Pan Pacific League of Nations）」形成の可能性に触れつつ、「地域的国家連合（regional union of nations）は普遍的な連盟（universal League）よりも、厳格に後者の軌道内で活動するならば、いずれ多くの点でより実際的かつ有用となるであろうというのが私の変わらぬ信条である」と記すなど、地域主義への傾倒を強めていく。I. Nitobe to E. Drummond, October 27, 1925, 40/47610/47610, R 1603, LNA. これは連盟事務次長退任後における太平洋問題調査会（ＩＰＲ）への尽力の伏線と言ってよいかもしれない。

（12）Minutes of the Directors' Meeting, July 8［sic］, 1921, Directors' Meetings Papers and Confidential Circulars, LNA.

（13）Minutes of the Directors' Meeting, March 14, 1923, *ibid*.

（14）Minutes of the Directors' Meeting, July 8［sic］, 1921, *ibid*.

（15）Minutes of the Directors' Meeting, March 14, 1923, *ibid*.

（16）鳳岡及門弟子編『民国梁燕孫先生士詒年譜』（台湾商務印書館、一九七八年）、八二四—八二五頁。パン・アメリカ会議へのオブザーヴァーは公式な任命ではなく、「準個人（semiprivate）」としての資格による参加だとされている。Egon F. Ranshofen-Wertheimer, *The International Secretariat: A Great Experiment in International Administration*, Carnegie Endowment for International Peace, 1945, pp. 186–187. 山岡道男編『太平洋問題調査会関係資料――太平洋会議参加者名簿とデータ・ペーパー一覧』（早稲田大学アジア太平洋研究センター、二〇一〇年）、六―八頁によれば、連盟は第二回ホノルル会議（一九二七年）から第九回ホット・スプリングス会議（一九四五年）まで毎回オブザーヴァーを派遣していた。配布されたパンフレットの実例は、"Notes on Certain Aspects of the Work of the League of Nations of Interest to the Pacific Countries," June 10, 1927（「高木八尺文庫IPR関係資料」リール5、東京大学アメリカ太平洋地域研究センター所蔵）。第二章注39も参照。

(17) 第四章注18と同じ。この会議と同時に「米州児童保護機関」（Instituto Interamericano de Protección de la Infancia）が創設された。第二回会議にも連盟保健機関を代表してオットー・オルセン（Otto Olsen, ドイツ）が参加している。

(18) 前掲『民国梁燕孫先生士詒年譜』、八二四―八二五頁。

(19) Note by the Secretary-General, March 24, 1927, Confidential Circular 13, 1927, Directors' Meetings Papers and Confidential Circulars, LNA.

(20) 連盟の権威の動揺とその再建については第一章を参照。

(21) アメリカとの承認問題などで駐米大公使がいない、もしくは単純にそのポストが空席の場合には、理事会に駐米大公使以外の代表を送ってよいと決定され、またそれまで米国務長官が就くと決まっていた議長は選挙されることになった。またチリの提案を受け、経済通商、労働、衛生、知的協力について四つの常設委員会が設置されると決定した。草野大希『アメリカの介入政策と米州秩序――複雑システムとしての国際政治』（東信堂、二〇一一年）、三九〇―三九二頁。Mecham, *op. cit.*, pp. 95–96. Inman, *op. cit.*, pp. 95–96.

(22) 草野、前掲書、三九二頁。Mecham, *op. cit.*, pp. 96–97. Percy Alvin Martin, "Latin America and the League of Nations," *American Political Science Review*, Vol. 20, No. 1, 1926, pp. 28–29.

(23) クーデンホーフ（永富守之助訳）『汎ヨーロッパ』（国際連盟協会、一九二六年）[Richard N. Coudenhove-Kalergi, *Pan-Europa*, Pan-Europa-Verl., 1923]、第六章。クーデンホーフは、国民政府による中国統一後は日本と中国が主導権を競合しながら地域統合が行われていると考えた。しかし一九三〇年代に日本の中国侵略が進むと、まさに日本の進出こそがアジアに統合をもたらす試みだと捉えるようになる。北村厚「『パン・ヨーロッパ』論におけるアフリカ・アジア」（『現代史研究』第五七号、二〇一一年）、二一八―二三三頁。パン・ヨーロッパ運動の概観及びそれと関連を持つ一九二〇年代のヨーロッパ統合論については、小島健「戦間期における欧州統合構想」（『経済学季報』第五六号一・二号、二〇〇六年）、戸澤英典「戦間期ヨーロッパの「和解」と「寛容」——パン・ヨーロッパ運動とその影響を中心に」(田中孝彦・青木人志編『「戦争」のあとに——ヨーロッパの和解と寛容』勁草書房、二〇〇八年)。

(24) 安達峰一郎駐ベルギー大使から幣原喜重郎外相、一九二六年三月二五日着(「国際連盟理事会関係一件 理事会理事国選出関係(理事増員問題ヲ含ム)」第一巻、B.9.1.0.1-2、外務省外交史料館所蔵)。

(25) Carl H. Pegg, *Evolution of European Idea, 1914–1932*, University of North California Press, 1983, p. 59.「昭和五年 連盟協会ニ於テ為サレタル「ヴァンダーベルト」氏演説通訳要領書」(「牧野伸顕関係文書」R 23、書類の部 330、国立国会図書館憲政資料室所蔵)。

(26) Minute by H. B. Ames, July 5, 1926, 27/53365/53365, R 1442, LNA.

(27) 篠原初枝「国際連盟外交——ヨーロッパ国際政治と日本」(井上寿一編『日本の外交 第一巻 外交史戦前編』岩波書店、二〇一三年)。

(28) ヨーロッパ統合構想にロカルノが与えた影響については、Pegg, *op. cit.*, Chap. 8. 連盟とロカルノ条約の関係の詳細は第三章注26を参照。

(29) 北村厚『ヴァイマル共和国のヨーロッパ統合構想——中欧から拡大する道』(ミネルヴァ書房、二〇一四年)、三七、四四—四五、五一—五五、六三—七五、八四—八九、一八〇—一八二頁。

(30) 同上、九八—九九頁及び第三章。

(31) 杉村陽太郎連盟帝国事務次長から幣原、一九二六年四月三日着(外務省編『日本外交文書』〔以下『日外』と略〕大正一五年第一冊)、六一—六二頁。

(32) ブリアンの総会演説の邦訳は、遠藤乾編『原典ヨーロッパ統合史』(名古屋大学出版会、二〇〇八年)、一〇四—一〇八頁。「ブリアン覚書」の抄訳は同上、一〇八—一一三頁。後者の全文英訳が "Memorandum on the Organization of a System of European Federal Union," May 21, 1930, C. P. 180 (30), CAB 24/212, The National Archives [以下 TNA と略], Kew. 小島、前掲論文、四九—五七頁。

(33) イギリス外務省のメモランダムも、「繰り返しパン・ヨーロッパ思想への賛意を示してきたブリアンが心の奥でこれに類した考え(引用者注—非ヨーロッパ地域、特にアメリカと対抗するためのヨーロッパの金融的、産業的統合を指す)を抱いていないと信じるのは難しい」と記している。"Memorandum on M. Briand's Proposal for a European Federal Union," May 30,

1930, *Documents on British Foreign Policy 1919–1939*［以下 *DBFP* と略］, Second Series, Vol. I, p. 328.

（34） 北京師範大学・上海市档案館編『蔣作賓日記』（江蘇古籍出版社、一九九〇年）、一九二九年九月一〇日条、九〇―九一頁。

（35） R. Cecil to A. Henderson, June 1, 1930, FO 800/281: Papers of Arthur Henderson, TNA. 本来保守党員のセシルだが、労働党政権のマクドナルド首相の要請を受けて、一度離れたイギリスの連盟代表を再度務めていた。アーサー・ヘンダーソン外相の議会担当秘書官（Parliamentary Private Secretary）となったフィリップ・ノエル＝ベーカー（Philip Noel-Baker）と親しいこともあって、外相及びドールトン外務政務次官との関係も良好であり、連盟代表を務めるのみならず、外務省に部屋を与えられて関連する外交文書を読む権限を持つ、連盟や軍縮関係のアドバイザーにもなっていた。A. Henderson to R. Cecil, July 4, 1929, Add. MSS 51081, Cecil of Chelwood Papers, British Library［以下 BL と略］, London. Gaynor Johnson, *Lord Robert Cecil: Politician and Internationalist*, Ashgate, 2013, pp. 198–199.

（36） 松平恒雄駐英大使から幣原、一九三〇年五月二六日（「欧州連合組織問題一件」第一巻、B.10.1.0.1、外務省外交史料館所蔵）。

（37） 佐藤尚武連盟帝国事務局長から幣原、一九三〇年六月一二日（『日外』昭和期Ⅰ第二部第二巻）、七三八―七三九頁。

（38） 幣原から芳澤謙吉駐仏大使、一九三〇年六月三〇日（同上）、七四一頁。

（39） 「ブリアン覚書」については注32を参照。

（40） Jean Dobler to Shidehara, May 17, 1930（『日外』昭和期Ⅰ第二部第二巻）、七三三―七三五頁。

（41） “Memorandum on M. Briand's Proposal for a European Federal Union,” May 30, 1930, *DBFP*, Second Series, Vol. I, pp. 326–331.

（42） “Memorandum on the Proposals made by M. Briand on Behalf of the French Government for the Organization of a System of European Federal Union,” July 3, 1930, *ibid.*, pp. 336–345.

（43） “Reply of His Majesty's Government to M. Briand's Memorandum for a Federated Union of Europe,” July 16, 1930, *ibid.*, pp. 345–348. 内閣にもマクドナルド首相を議長に、蔵相、外相、自治領相、貿易相による検討委員会が設けられているが影響力は限定的であり、あくまで外務省が主導権を持っていたとされる。Conclusions of a Meeting of the Cabinet, May 28, 1930, CC 30（30）, CAB 23/64, TNA. Andrea Bosco, “The British Foreign Office and the Briand Plan,” in A. Fleury and Lubor Jílek, eds., *Le plan Briand d'union fédérale européenne: Perspectives nationales et transnationales, avec documents*, Peter Lang, 1998.

(44) Arthur Salter, "Preliminary Note on French Memorandum on a "Union Federal Europeenne"," May 20, 1930（前掲「欧州連合組織問題一件」第二巻、外務省外交史料館所蔵)。E. Drummond to R. Cecil, May 26, 1930, Add. MSS 51112, Cecil of Chelwood Papers, BL.

(45) 北村、前掲書、第五章。

(46) 例えばセシルがヨーロッパ連合案を連盟総会及びその下の委員会に送付することに拘ったのは、ヨーロッパ連合案のようにヨーロッパのみならず「世界のあらゆる国に重大な余波をもたらすに違いない」問題に連盟が関わらなければ、その存在意義が問われると考えたためであった。R. Cecil to A. Henderson, June 1, 1930, FO 800/281: Papers of Arthur Henderson, TNA. 第二回議事録によって、委員会の正規メンバーは全てヨーロッパ諸国であり、日本と中国の代表がオブザーヴァー扱いになっていることが確認できる。オブザーヴァーとして第三回には中国とカナダ、第四回には日本とカナダが出席している。さらに第三回からは非加盟国であるアイスランド、トルコ、ソ連、第四回にはこの三カ国に加えて国家ではないダンツィヒ自由市の代表が招請された。League of Nations〔以下 LN と略〕, Commission of Enquiry for European Union, Minutes of the Second Session of the Commission Held at Geneva from January 16 to 21, 1931, C. 144. M. 45. 1931. VII, February 16, 1931［http://biblio-archive.unog.ch/Dateien/CouncilMSD/C-144-M-45-1931-VII_EN.pdf］; LN, Commission of Enquiry for European Union, Minutes of the Third Session of the Commission Held at Geneva from May 15 to 21, 1931, C. 395. M. 158. 1931. VII, June 25, 1931［http://biblio-archive.unog.ch/Dateien/CouncilMSD/C-395-M-158-1931-VII_EN.pdf］; LN, Commission of Enquiry for European Union, Minutes of the Fourth Session of the Commission Held at Geneva from September 3 to 5, 1931, C. 681. M. 287. 1931. VII, October 30, 1931［http://biblio-archive.unog.ch/Dateien/CouncilMSD/C-681-M-287-1931-VII_EN.pdf］, "Digitized Collections: League of Nations Official Documents."［http://libraryresources.unog.ch/c.php?g=462663&p=3163194］

(47) Resolution Submitted by the French Delegation on behalf of Forty-Five Delegations to the Assembly, in LN, C. 546. M221. 1930, Commission Set up by the Assembly Resolution of September 17, 1930, Date of First Meeting［https://biblio-archive.unog.ch/Dateien/CouncilMSD/C-546-M-221-1930_EN.pdf］, *ibid.*

(48) LN, C. 395. M. 158. 1931. VII.（Extract), Commission of Enquiry for European Union, Resolutions on Economic Questions, May 28, 1931［https://biblio-archive.unog.ch/Dateien/CouncilMSD/C-395-M-158-1931-VII-Extract_EN.pdf］,

ibid.

(49) Juan Pablo Scarfi, "In the Name of the Americas: The Pan-American Redifinition of the Monroe Doctrine and the Emerging Language of American International Law in the Western Hemisphere, 1898–1933," *Diplomatic History*, Vol. 40, No. 2, 2016. ルートやスコットについては、篠原初枝『戦争の法から平和の法へ――戦間期のアメリカ国際法学者』(東京大学出版会、二〇〇三年)。Mecham, *op cit.*, p. 97.

(50) Franklin D. Roosevelt, "Our Foreign Policy: A Democratic View," *Foreign Affairs*, Vol. 6, No. 4, 1928, pp. 583–585. Walter Lippmann, "Public Opinion and the Renunciation of War," *Proceedings of the Academy of Political Science*, Vol. 13, No. 2, 1929, pp. 51–52.

(51) The Committee on Latin American Policy, *Recommendations as to the Pan-American Conference at Montevideo*, Foreign Policy Committee Reports No. 1, November 1933 (「高木八尺文庫」、東京大学アメリカ太平洋地域研究センター所蔵).「ラテンアメリカ政策委員会」は外交政策協会 (Foreign Policy Association)、世界平和財団 (World Peace Foundation) の後援を受けていた。また、ブレイクスリーはこの前年にリットン調査団に参加しており、政治外交との距離も近かった。

(52) Inman, *op. cit.*, pp. 147–148. "Relations of Pan American Organs to Other Entities," December 16, 1933, 50/13757/13757, R 5738, LNA. C. Hull to W. Phillips, December 6, 1933; C. Hull to W. Phillips, December 7, 1933, *Foreign Relations of the United States*, 1933, Vol. IV, pp. 160–161, 163.

(53) F. P. Walters to A. Sweetser, November 16, 1933; A. Sweetser to F. P. Walters and M. Hoden, November 17, 1933, 50/10918/6342, R 5708, LNA. スウィーツァーはロウの招待が、アメリカ中心的性格を拭えず、さらにロウが事務総長としてのみならずアメリカ代表としても度々会議に参加するなど、事務局の公平性が確立できていないパン・アメリカ連合にとっても学習の機会にもなると述べている。

(54) LN, C. 434. M. 189. 1934, Relations between the League of Nations and the Pan-American Union, September 26, 1934, 50/13757/13757, R 5738, LNA.

(55) LN, A. 67. 1935. XII, Relations between the League of Nations and the Pan-American Union, Report Submitted by the First Committee to the Assembly, September 26, 1935, 50/19718/13757; A. Sweetser to J. Avenol, November 15, 1935, 50/15108/13757, R 5738, LNA.

(56) Report of the Special Committee of the Governing Board on the Relations of the Pan American Union with Other International Organizations, April 25, 1936, 50/15108/13757, R 5738, LNA. 委員会の構成は駐米アルゼンチン大使、ブラジル大使、グアテマラ公使、コロンビア公使。報告書は一九三六年七月二二日の理事会で承認されたことが付記されている。

(57) "Relations of Pan American Union and League Surveyed, Report on Lima Conference Topic Transmitted to 21 American Republics," November 7, 1938, 50/15108/13757, R 5738, LNA.

(58) こうした技術機関同士の協力はこの時期においてむしろ活発化していた。例えば衛生やそれと関連した栄養問題については、Corinne A. Pernet, "Developing Nutritional Standards and Food Policy: Latin American Reformers between the ILO, the League of Nations Health Organization, and the Pan-American Sanitary Bureau," in Sandrine Kott and Joëlle Droux, eds., *Globalizing Social Rights: The International Labour Organization and Beyond*, Palgrave Macmillan, 2013, pp. 255–257.

(59) 三谷太一郎「国際環境の変動と日本の知識人」（同『学問は現実にいかに関わるか』東京大学出版会、二〇一三年〔初出、一九七二年、増補初出、一九七四年〕）。戦前戦後を貫き国際主義と地域主義の変遷と共通性を描いたものとして、酒井哲哉「「東亜共同体論」から「近代化論」へ――蠟山政道における地域・開発・ナショナリズム論の位相」（同『近代日本の国際秩序論』岩波書店、二〇〇七年〔初出、一九九九年〕）。

(60) 一四一―一四二頁で引用した来栖三郎の電文が典型であろう。また、脱退通告直前には連盟規約第二一条を根拠に、日満議定書の尊重を求めている。Statement of the Japanese Government in Virtue of Paragraph 5 of Article 15 of the Covenant of the League, February 25, 1933（『日外』満州事変第三巻）、五六九頁。和訳は五八二頁。

(61) F. P. Walters, *A History of the League of Nations*, Oxford University Press, 1960 [first published 1952], p. 711. E. Drummond to J. Simon, November 25, 1933, W 13675/13308/98, FO 371/17395, TNA.

(62) E. Drummond to J. Simon, December 1, 1933, W 13839/13308/98, *ibid*.

(63) 阪谷芳郎「世界平和を確保する有力手段につき誠意ある各国大政治家に訴ふ」（『国際知識』一九三四年五月号）。一九三二年一一月の時点で石井菊次郎国際連盟協会長が連盟規約改正を求めており、連盟改革という発想自体はイタリアの動き以前からあった。ただしそれは連盟規約への自衛権の明記（それによる小国の権利主張への反撃）、経済的ボイコットや経済断交の厳禁という要求であり、一九三四年のものとは若干位相が異なる。地域主義についても「日支共存共栄」「日支満三国に於ける協力及び和合」程度にしか触れられていない。石井菊次郎「平和記念日に際して」、一九三二年一一月一一日（渋沢青淵記念財団竜門社編『渋沢栄一伝記資料』第三七巻、渋沢栄一伝記資料刊行会、一九六一年）、三七五―三七八頁。満洲事変時の石井菊次郎の連盟批判の激しさについては、渡邉公太「石井菊次郎と満州事変」（『帝京大学文学部紀要』第四九号、二〇一八年）。

（64）杉村陽太郎『国際連盟脱退と今後のこと』（日本経済連盟会・日本工業倶楽部、一九三三年）、一三―一七頁。ここで杉村は、イタリアの主張を連盟規約の「伸縮性論」、つまりは規約の適用の著しい柔軟化、空文化論として捉えている。

（65）条約局第三課「第六十五回議会用擬問擬答」、一九三四年一月（「帝国議会関係雑件 説明資料関係（条約局）」第一巻、A.5.2.0.1-3、外務省外交史料館所蔵）〔当該簿冊は、外務省外交史料館編『外交史料館所蔵 外務省記録総目録 戦前期』（原書房、一九九二年）第二巻、一九頁では、「帝国議会関係雑件 説明資料関係」全三七巻のなかに含まれており、国立公文書館アジア歴史資料センター［https://www.jacar.go.jp/］では「帝国議会関係雑件 説明資料関係」第九巻として登録されている〕。連盟批判については、イタリアよりもイギリス帝国自治領の集団安全保障批判、特に連盟規約第一〇条及び第一六条批判が注目されている。「外交政策ノ基調」、一九三五年八月（「帝国ノ対外政策関係一件（対支、対満政策ヲ除ク）」、A.1.0.0.6、外務省外交史料館所蔵）。「重光葵関係文書」にも、修正などによる若干の異同はあるとはいえ同文書が所収されている。（「外務次官条約局長意見書 我外交方針論 連盟政策論」所収、「重光葵関係文書」書類の部 1162、国立国会図書館憲政資料室所蔵）。そちらの表紙には「栗山条約局長提出」という書き込みがあり、簿冊の表題もあわせると栗山茂条約局長によるものだと思われる。

（66）チャコ紛争については、一五四―一五五頁。連盟の中国技術協力については、冨塚一彦「一九三三、四年における重光外務次官の対中国外交路線――「天羽声明」の考察を中心に」（『外交史料館報』第一三号、一九九九年）。エチオピア戦争については、樋口真魚「国際連盟外交の終焉と連盟派外交官――対連盟関係の模索と挫折 一九三三～一九三七年」（『国際比較政治研究』第二六号、二〇一七年）。エチオピア戦争の頃には条約局も強硬な立場を取っており、出先の欧米派・連盟派との対立構図が成立していた。その構図が鮮やかに現れたのは、一九三六年のモントルー会議であった。樋口真魚「モントルー会議（一九三六年）と日本外務省――国際連盟脱退後における二つの連盟観」（『史学雑誌』第一二三編六号、二〇一四年）。

（67）「国際連盟改造新論 澤田総領事送別午餐会で発表」、一九三六年（鳥取県立公文書館編『澤田廉三と美喜の時代』鳥取県、二〇一〇年）、一一五頁。

（68）E. Drummond to A. Eden, May 14, 1936, F 4528/79/98, FO 371/20473, TNA. 杉村は満洲事変の時点から既にドラモンド連盟事務総長に対して、「日本側カ大国本位従テ理事会本位」であり、「無責任ナル小国側ノ策動ニ依リ問題ノ真ノ解決ヲ没却シ徒ニ空理論ニ終始」する総会への移管に対する失望を表明している。澤田節蔵連盟帝国事務局長から内田康哉外相、一九三二年一一月一九日着（『日外』満州事変第三巻）、四八—四九頁。満洲事変時の杉村については、拙稿「杉村陽太郎と日本の国際連盟外交——連盟事務局内外交とその帰結」（『渋沢研究』第三〇号、二〇一八年）、三五—三六頁。

(69)　近年、脱退後の連盟復帰をめぐる動きが注目されており、実際に脱退が発効する一九三五年までは英仏が日本復帰の可能性を織り込んだ想定を行っていたことが明らかになっている。それに対しいわゆる連盟派は将来の復帰を匂わせていたものの、一九三七年のわずか三カ月間の佐藤尚武外相期を除けば、それは本国と共有されたものでは全くなかったとされる。後藤春美『国際主義との格闘——日本、国際連盟、イギリス帝国』（中公叢書、二〇一六年）、一三九—一四一頁。樋口、前掲「国際連盟外交の終焉と連盟派外交官」。矢嶋光「外務省連盟派とその政策——戦前外交官のキャリアパスと「機関哲学」の形成と継承」（『名城法学』第六八巻一号、二〇一八年）、一二一—一九頁。

(70)　Yannick Wehrli, “A Dangerous League of Nations: The Abyssinian War and Latin American Proposals for the Regionalization of Collective Security,” in Alan Mcpherson and Yannick Wehrli, eds., *Beyond Geopolitics: New Histories of Latin America at the League of Nations*, University of New Mexico Press, 2015. 直接引用は、Minute by J. Troutbeck, June 6, 1936, W 5075/79/98, FO 371/20473, TNA.

(71)　Minute by A. Eden, May 28, 1936, W 4815/79/98, *ibid*. その場合イギリスも、ベルギーとフランスの国境及び地中海のみに軍事的コミットメントを限定できるという利点を見出していた。こうした連盟改革への動きについては、拙稿「「強制的連盟」と「協議的連盟」の狭間で——国際連盟改革論の位相」（『国際政治』第一九三号、二〇一八年）を参照。

(72)　Minute by J. Troutbeck, May 25, 1936, W 4960/79/98; Minute by J. Troutbeck, June 6, 1936, W 5075/79/98, FO 371/20473, TNA.

(73)　A. Eden to R. Michell, April 27, 1936, W 2966/79/98, FO 371/20472, *ibid*.

(74)　R. Michell to A. Eden, May 25, 1936, W 4902/79/98, FO 371/20473, *ibid*.

(75)　LN, Application of the Principles of the Covenant of the League of Nations, Communication from the Government of Columbia, August 31, 1936, C. 360. M. 235. 1936. VII, September 3, 1936［http://biblio-archive.unog.ch/Dateien/CouncilMSD/C-360-M-235-1936-VII_EN.pdf］, “Digitized Collections: League of Nations Official Documents.” 一九三六年一二月のブエノスアイレス特別会議において、コロンビアとドミニカが「米州連合」の設立を提案している。そこでコロンビア外相は地域

機構の設置こそが連盟の強化にもつながると力説したが、アメリカとアルゼンチンの賛成が得られず実現しなかった。しかし、具体的態様や方式では合意できなかったとはいえ、大陸の連帯や、地域安全保障にもつながる平和の不可分性が全会一致で決議されて後の米州機構（ＯＡＳ）設立への第一歩となった。Inman, *op. cit.*, pp. 173–175. 山澄亨「一九三〇年代のアメリカの西半球政策における多国間外交と二国間外交」（『社会とマネジメント』第七巻二号、二〇一〇年）、七五―七七頁。

(76) A. Eden to R. Michell, April 27, 1936; Minute by R. Makins, April 6, 1936; Minute by R. Stevenson, April 6, 1936, W 2966/79/98, FO 371/20472, TNA.

(77) Minute by Cranborne, June 16, 1936, W 5493/79/98, FO 371/20474, *ibid.*

(78) "League of Nations" in the Lords Sitting of June 30, 1937, *Hansard*, Series 5, Vol. 105, cc. 909–58, "Hansard 1803–1965." [http://hansard.millbanksystems.com/] この点に関するプリマス伯爵の回答は、予め外務省として作成した回答案通りのものであった。"League Reform," June 30 [sic], 1937, W 12698/250/98, FO 371/21242, TNA.

(79) こうした経緯は、前注の貴族院におけるプリマス伯爵の回答によくまとめられている。そのほか Walters, *op. cit.*, pp. 709–720. また M. MacDonald to A. Eden, October 10, 1936, W 14377/79/98, FO 371/20476, TNA. 提出された意見書における論点と傾向については、LN, C. 376. M. 247. 1936. VII, Application of the Principles of the Covenant of the League of Nations, Study of the Proposals Submitted by Members of the League, September 17, 1936 [http://biblio-archive.unog.ch/Dateien/CouncilMSD/C-376-M-247-1936-VII_EN.pdf], "Digitized Collections: League of Nations Official Documents."

(80) LN, C. S. P. 14, Application of the Principles of the Covenant, "Regional or Continental Organization of the League of Nations" by B. Stein, August 17, 1937 [http://biblio-archive.unog.ch/Dateien/CouncilMSD/C-364-M-246-1937-VII_EN.pdf], *ibid.*

(81) 金問泗「修改国連之盟約」、一九三六年七月二二日、「修改国連盟約」第一冊（11-11-01-02-001）、外交部档案、中央研究院近代史研究所档案館、台北。金問泗はアメリカやソ連、日本、中国、シャム、オーストラリア、ニュージーランド、英領マレー、蘭領東インド、仏領インドシナ、フィリピン、場合によってはポルトガルを構成員とした太平洋協定（「太平洋地域公約」）を締結し、制裁実行の際には締約国会議を開催することを想定していた。アメリカについてはヨーロッパの安全保障から切り離すことで、太平洋地域の安全保障へのコミットメントを受け入れさせられるという見込みであった。その背景には現行体制のままでは、連盟全体の名義でただヨーロッパの集団安全保障を求めるのみで他の地域は置き捨てられることになるという危機感があった。このメモランダムは帰国中に作成されたものであり、金問泗は蔣介石行政院長と面談した際に「修改国際《ママ》盟約問題」の研究を行っていると述べている。張力編『金問泗日記 一九三一—一九五二』上巻（中央研究院近代史研究所、二〇一六年）、一九三六年七月二九日条、二二二—二二三頁。ただし外交部全体としては地域安全保障・地域協定案により悲観的で、普遍的国際機構としての制裁に頼る度合いは強かった。参事長条約委員会「関于国連盟約之意見書」、一九三六年八月六日、「関於改善適用国連盟約原則之説帖綱要」（外交部致国連代表弁事処電、一九三六年八月一七日に付属）、「修改国連盟約」第一冊、外交部档案、中央研究院近代史研究所档案館。しかし、翌年前半にソ連やオーストラリアの「太平洋協定」「太平洋不可侵協定」構想に呼応する形で蔣介石らが「太平洋和平会議」構想を推進することとなる。だが中ソ間の協議、英中間の協議とも日中戦争勃発によって頓挫した。李君山「一九三七年「九国公約」布魯塞爾会議之探討」（黄自進・潘光哲編『中日戦争和東亜変局』下冊、稲郷出版、二〇一八年）、一九—二一頁。P・B・マーフィー（福嶋輝彦訳）「太平洋協定とオーストラリアの安全保障（一九二一—三七年）」（『国際政治』第六八号、一九八一年）及び佐藤恭三「一九三〇年代後半のオーストラリア外交——コモンウェルスと太平洋国家意識の狭間」（同上）、八七—八八頁。平野達志「解題」（河原地英武・平野達志訳『日中戦争と中ソ関係——一九三七年ソ連外交文書 邦訳・解題・解説』東京大学出版会、二〇一八年）、二五五—二五七頁。

（82） LN, C. 376. M. 247. 1936. VII, Application of the Principles of the Covenant of the League of Nations, Study of the Proposals Submitted by Members of the League, September 17, 1936, p. 13, “Digitized Collections: League of Nations Official Documents.”

（83） LN, C. S. P. 10, Application of the Principles of the Covenant of the League of Nations, “Report on Regional Pacts of Mutual Assistance” by J. Paul-Boncour, August 5, 1937 [htp://biblio-archive.unog.ch/Dateien/CouncilMSD/C-361-M-243-1937-VII_EN.pdf], “Digitized Collections: League of Nations Official Documents.” 植田、前掲書、第Ⅲ部も参照。

（84） Walters, *op. cit.*, p. 716. Amelia M. Kiddle, “Separating the Political from the Technical: The 1938 League of Nations Mission to Latin America,” in Mcpherson and Wehrli, eds., *op. cit.* ラテンアメリカ諸国の対伊制裁への不満を和らげるために技術的事業の意義が強調され、そのうえ続出する脱退国を技術機関にとどめるために、さらに政治から分離された技術的事業の比重が増大した。より詳細に検討する必要があるが、連盟における経済・社会的国際協力の拡充を提唱し一九三九年の連盟総会に提出された「ブルース・レポート」も、この延長線上に位置付けることができると思われる。

（85） 細谷雄一「国連構想とイギリス外交——普遍主義と地域主義の交錯 一九四一〜一九四三年」（同編『グローバル・ガバナン

スと日本』中央公論新社、二〇一三年)。Christopher D. O'Sullivan, *Sumner Welles, Postwar Planning, and the Quest for a New World Order, 1937–1943*, Columbia University Press, 2008, Chap. 4. 地域主義に基づいた国連構想は地域理事会(評議会)案を採用しており、大国の勢力圏内の覇権を保証しながらその上のレベルでは大国協調により普遍的国際秩序の維持を図る点で一九三六年の杉村構想と共通するところが多かった。

(86) R. A. Akindele, *The Organization and Promotion of World Peace: A Study of Universal-Regional Relationships*, University of Toronto Press, 1976. 則武輝幸「一般的地域的組織——OAS、OAU」(横田洋三編『国際組織法』有斐閣、一九九九年)。中村道「国際連合と地域的機構——冷戦後の新たな関係」〔初出二〇〇四年〕、同「国際連合と地域的機構の関係——六〇年の変遷と課題」(同『国際機構法の研究』東信堂、二〇〇九年)。冷戦後の国連と地域機構の関係を扱った特集として、日本国際連合学会編『安全保障をめぐる地域と国連』(『国連研究』第一二号、二〇一一年)。

終　章

(1) Minutes of the Fifteenth Meeting of the Commission on the League of Nations, April 11, 1919, in David Hunter Miller, *The Drafting of the Covenant*, Vol. 2, William S. Hein, 2002〔G. P. Putnam's Sons, 1928〕, p. 383.

(2) A・J・P・テイラー(吉田輝夫訳)『第二次世界大戦の起源』(講談社学術文庫、二〇一一年)〔A. J. P. Taylor, *The Origins of the Second World War*, 2nd ed., Penguin Books, 1964(1st ed., 1961)〕、第五章。

(3) Sean Lester Diaries, July 17, July 27, September 27, September 29, 1937, League of Nations Archives, United Nations Office at Geneva, Geneva. Mona Yung-Ning Hoo, *Painting the Shadows: The Extraordinary Life of Victor Hoo*, Eldridge & Co, 1998, p. 30. もちろんこれには、胡世澤が「国際世論を喚起し将来のさらなる積極的な援助の下準備をするという限りで有効だと考えられる」としたように、連盟に対する期待が限定的であったことも大きいだろう。V. Hoo〔胡世澤〕to W. Koo〔顧維鈞〕, July 31, 1937, Folder 1.10, Box 1, Victor Hoo Papers, Hoover Institution Archives, Stanford.

(4) 張力『国際合作在中国——国際連盟角色的考察、一九一九—一九四六』(中央研究院近代史研究所、一九九九年)、第三章第四節。後藤春美『国際主義との格闘——日本、国際連盟、イギリス帝国』(中公叢書、二〇一六年)、第二部。Rana Mitter, "Imperialism, Transnationalism, and the Reconstruction of Post-War China: UNRRA in China, 1944–7," *Past & Present*, Vol. 218, Suppl. 8, 2013.

（5） Amelia M. Kiddle, "Separating the Political from the Technical: The 1938 League of Nations Mission to Latin America," in Alan Mcpherson and Yannick Wehrli, eds., *Beyond Geopolitics: New Histories of Latin America at the League of Nations*, University of New Mexico Press, 2015. Corinne A. Pernet, "Developing Nutritional Standards and Food Policy: Latin American Reformers between the ILO, the League of Nations Health Organization, and the Pan-American Sanitary Bureau," in Sandrine Kott and Joëlle Droux, eds., *Globalizing Social Rights: The International Labour Organization and Beyond*, Palgrave Macmillan, 2013.

（6） ただし、勢力圏、もしくは「非公式帝国」を保持する常任理事国に与えられた拒否権と冷戦という国際環境が相まって、事実上国連の審議の対象とならない紛争が多く存在したことにも留意しなければならない。半澤朝彦「アジア・太平洋戦争と「普遍的」国際機構」（倉沢愛子ほか編『岩波講座 アジア・太平洋戦争 八巻 二〇世紀の中のアジア・太平洋戦争』岩波書店、二〇〇六年）。

（7） 「駐英大使顧維鈞自倫敦報告関於世界和平組織問題与英外長艾登等人晤談後総核英方意見及我応取立場及宜注意之処」、一九四四年八月六日、「我方基本態度与対重要問題之立場（修正案）」、一九四四年八月一四日、「蔣委員長電行政院副院長孔祥熙我方基本態度与対重要問題之立場再度修正要点請転知我代表団」、一九四四年八月一七日、「外交部長宋子文呈蔣委員長報告美方所擬国際組織方案及英美両案比較之意見」、一九四四年八月一八日、「蔣委員長電外交部長宋子文華府会議我方基本態度与対重要問題之立場再度修正之要点」、一九四四年八月一八日、「国際組織憲章中之要点」、一九四四年九月九日、「我方立場与三国建議案比較表」、一九四四年一〇月七日（葉恵芬編『中華民国与連合国史料彙編 籌設篇』国史館、二〇〇一年）、一六五、一六八—一六九、一七二、一七四、一九四、二一〇—二一一、二七一頁。

（8） Stephen C. Schlesinger, *Act of Creation: The Founding of the United Nations*, Westview Press, 2004［Paperback Edition, first published 2003］, Chap. 11. Corinne A. Pernet, "Shifting Position to the Global South: Latin America's Initiatives in the Early Years at the United Nations," in Claude Auroi and Aline Helg, eds., *Latin America 1810–2010: Dreams and Legacies*, Imperial College Press, 2012. 加藤俊作『国際連合成立史——国連はどのようにしてつくられたか』（有信堂、二〇〇〇年）、七五—七八、九八—一〇〇頁。国連憲章は国際連合広報センター「国連憲章テキスト」（http://www.unic.or.jp/info/un/charter/text_japanese/）。

（9） 第五章注86と同じ。

あとがき

本書は、東京大学大学院総合文化研究科に提出した博士学位請求論文「普遍的国際機構としての国際連盟――普遍・地域関係の構築」（二〇一七年七月学位授与）を圧縮し、加筆修正を施したものである。本書の一部は既に以下の形式で発表している。ただし、それぞれ初出からは大幅に加筆を行った。

第一章、四章　「「普遍的」な国際連盟の模索――一九二六年の理事会拡大改革とチャコ紛争（パラグアイ・ボリビア紛争）」（『国際関係論研究』第三〇号、二〇一三年）

第二章　「中国の対外紛争の国際連盟提起をめぐる国際関係、一九二〇―一九三一――中国代表権問題と日本、イギリス、中国」（『国際政治』第一八〇号、二〇一五年）

第三章　「国際連盟とアジア太平洋の多国間条約――ワシントン諸条約や不戦条約との競合と結合」（『アメリカ太平洋研究』第一八号、二〇一八年）

漫画や歴史小説をきっかけとして日本の近代史に漠然とした興味を持っていた著者がこのような国際機構史の研究を行うに至った背景には、関心を広げていくのに最適な東京大学大学院や慶應義塾大学の環境があった。当初内政史研究を志望していた私は、国際政治や地域研究の講義や演習が充実した慶應義塾大学法学部で勉強をしているうちに、日本近代史と国際関係の双方に関連する領域として、若干安易ながら日本外交史を研究対象として選んだ。卒業論文では幣原外交を扱ったが、そのなかで満洲事変に対する関心が強まっていった。

酒井哲哉先生の指導を受けるために進学した東京大学大学院総合文化研究科国際社会科学専攻は、入学前想像していた以上に、外交史・国際関係史研究を行うのに適した場所であった。酒井先生、後藤春美先生、川島真先生という、それぞれ日本、イギリス、中国の戦間期外交史の第一線の研究者の指導を受けられる環境無くして、本書は誕生しなかった。あらためて受けた恩恵の大きさを実感する次第である。

修士一年の頃、満洲事変への関心を背景に日本のいわゆる連盟派外交官の伝記的研究を行おうとしたところ（そちらの関心を博士論文提出後に形にしたのが「杉村陽太郎と日本の国際連盟外交――連盟事務局内外交とその帰結」『渋沢研究』第三〇号、二〇一八年）、酒井先生から大学院生の間はより視野を広げて大きな研究に取り組むように促された。コースワークに追われるなか暗中模索で、満洲事変と同時期の紛争として着目したのが、本書第四章で扱ったチャコ紛争であった。今から考えると日本外交史研究志望の院生として受け入れて頂きながら突拍子も無い発想だが、それを酒井先生にご寛恕頂いたのが本書の出発点である。

このように八年間の院生生活を振り返るほど、指導教員の酒井哲哉先生には折に触れてさりげなく導いて頂いたことに気づかされる。大学院進学後、ゼミで先生の視野の広さと視点の鋭さに衝撃を受け、先生の主著『近代日本の国際秩序論』の内容を何とか吸収しようと努めた。面談では断片的でまとまりのない著者の思い付きから可能性を感動的なまでに広げて下さり、お会いする度に興奮して帰ったのを思い出す。

しかし天邪鬼な私は、博士課程進学後、先生に頼る前に自らの研究の可能性を完全に引き出そうと決意し、勝手に戦いを挑むような気持ちで面談に臨むようになった。それでも先生は私の自主性を尊重しながら、やはりさりげなく方向性を示し続けて下さった。一つの章の細部にばかり拘って本筋を見失ったり、反対に叙述の粗いまま博論提出を焦ったりしてバランスを崩しかねないとき、中長期的な見通しの下でお導き頂いた。厳しい指導のみならず、本書第二章の元となった原稿を先生に思いのほか面白がって頂いたことが、多少なりとも自信を持って研究を進めていけるようになったきっかけとして強く印象に残っている。現在、新しい研究に取り組むうえでも気づくと先生のご研究やゼミにおける議論がインスピレーションになっており、あらためて先生から蒙った大きな学恩に感謝を申し上げたい。

川島真先生には、修士課程の院試であまりにも中国理解が乏しいことを指摘されて以来、継続的にご指導を頂いてきた。中国の外交档案を輪読していく川島ゼミは、史学科出身ではない私にとって史料一般の取り扱いや読解の心得を身に付ける機会であった。また、川島先生のゼミや研究会は多様な背景を持つ研究者・学生が出入りする場であり、そこでの交流は世慣れぬ私には大変刺激的であった。さらに、中国語史料の読解ができなくても学ぶところが多いと言い訳して（飲み会の楽しさ目当てもあり）ゼミに出席を続けていたのに対し、示唆と叱責を使い分けながら外交档案に取り組む重要性を説き続けて下さったおかげで、怠惰な私も本書で不十分ながら外交档案を始めとした中国語史料を用いることができた。現在も研究会にお誘い頂くなどお世話になり続けており、超人的な先生の仕事振りの足元にも及びそうにないとはいえ、今後とも先生の背中から学ばせて頂きたい。

後藤春美先生にはゼミ以外でも学会や研究会でお会いする機会が多く、その際に声を掛けて下さりご助言を頂けるのが大変有り難かった。また、博士論文予備審査（コロキアム）で毎度原稿に膨大な数の付箋が付いているのに戦々恐々としつつも、東アジアと国際連盟という研究テーマにおいては最も近い研究者であろう後藤先生に毎度ご指導頂けるのは本当に心強かった。恐る恐るイギリスの外交文書を用い始めたなかで、後藤先生から継続してご指導を頂けなければ、ここまでそれに依拠した研究を進められなかっただろう。

博士論文審査の副査は川島先生、後藤先生に加え、西崎文子先生、小川浩之先生がお引き受け下さった。西崎先生にはゼミにも出席させて頂いたが、今から考えれば見当違いのことばかり発言していたにもかかわらず粘り強く議論に応じて下さった。小川先生には筆者が当然の前提として考察するのを避けていた枠組みの問題を、柔らかな語り口ながら明晰にご指摘頂いた。また、本書の出版助成審査の査読を務めて頂いた二人の匿名の先生にも感謝を申し上げる。博論審査や出版助成審査で頂いたコメントの数々を全て本書に反映できたとは言い難く、今後の課題として研究を進めていきたい。

東京大学大学院では三谷博先生、野島（加藤）陽子先生、森肇志先生のゼミにも参加させて頂いた。三谷ゼミでは大学院レベルでの議論の仕方を学び、森ゼミで国際機構法の動態性を扱ったことで本書第三章の着想を得た。本書第一章、四章の原型である修論構想報告に対して、本来的な関心（満洲事変）を包囲しながら螺旋を描くように近づく形で研究を進めるべきというご助言を下さったのは野島先生であった。

慶應義塾大学法学部で指導教員を引き受けて下さった笠原英彦先生には、実証史学の何たるかを一から教わった。学部三年生に進級した段階でもほとんど新書や概説書程度しか読んだことが無く、史料という観念すら無かった筆者が曲がりなりにも歴史学研究を行えるようになったのは先生のおかげである。

細谷雄一先生には二度にわたって演習に出席させて頂いた。先生のお話は大変刺激的で一気に国際関係への関心を惹起された。また、その演習で戦間期国際関係史の文献を輪読したのが私の研究の時代選択の理由である。さらに、二〇一九年四月からは日本学術振興会特別研究員（ＰＤ）の受入研究者をお引き受け頂いた。国連創設に関する研究者でもある細谷先生のご指導の下で新しい研究に着手できることは何よりの幸運だと実感している。

学部一年生の頃に参加した奥健太郎先生の演習では、岡義武の諸著作を読み進めたことを覚えている。歴史小説ぐらいしか読んだことが無い筆者にとって最良の日本近代史の基礎訓練であった。笠原英彦ゼミでＴＡ役を務めていた柏原宏紀氏には生意気盛りの私を根気強く、厳しくご指導頂いた。大学院進学に当たって必要な覚悟も問うて下さり、それが無いまま安易に進学していたら長く精神的に厳しい院生生活に耐えられなかっただろう。

筆者が曲がりなりにも研究者としての第一歩を踏み出す過程では諸先生のご指導だけではなく、先輩、同輩、後輩との交流や議論が重要であった。東京大学大学院総合文化研究科ではあまりにも多くの方々にお世話になった。特に公私ともどもご恩を受けっ放しの平野達志氏、早丸一真氏にお礼を申し上げたい。初歩的な書類の書き方から教わり、さらには研究から私生活までの下らぬ愚痴を聞いて下さるなど、お二人が私の院生生活を安定させる拠り所であった。そしてゼミで勉強していくなかで、藤原敬士、小池求、薛軼群、阿部由美子、家永真幸、佐藤淳平、清水謙、馬路智仁、森万佑子、ダントン・リアリー、グレゴワール・サストル、新田龍希、周俊宇、陳柏傑、ロバート・ヘッグウッド、佐藤裕視、番定賢治、劉春暉、徐偉信、高柳峻秀、小野坂元、村瀬啓の諸氏を始めとする方々に大変お世話になった。東京大学出身者以外のゼミ参加者でも、杉浦康之氏には度々目を掛けて頂き、白戸健一郎氏や鶴園裕基氏、藤井元博氏と交流させて頂いた。

他キャンパスや学外との交流では、一〇年近く続く国際連盟研究会で受けた刺激が研究生活の糧となっている。特に山越裕太、国分航士、樋口真魚、赤川尚平、藤山一樹の諸氏には継続的にご参加頂いた。研究会後の懇親会も含めた活発な議論は本当に楽しい時間であった。樋口、赤川、藤山の諸氏には折に触れて本書の一部となった草稿にも目を通して頂いた。研究者間の議論や交流の重要性はこの会で最も実感した次第である。

学会や研究会においても、多くの先生方から報告の機会を頂き、その後の指針となるようなコメントを頂戴した。赤見友子、浅野豊美、五十嵐元道、石田憲、加藤聖文、神田豊隆、君塚直隆、古泉達矢、斎川貴嗣、篠原初枝、徐浤馨、詫摩佳代、等松春夫、中谷直司、半澤朝彦、三牧聖子の各先生に感謝申し上げたい。国際学術交流の場において張力、唐啓華、任天豪の各先生から頂いたコメントは、日本の視点を相対化できていなかった筆者の研究アプローチを改める機会となった。国際機構史や国際関係史のみならず日本やイギリス、アメリカ、中国や台湾それぞれの外交史においても意味を有する研究を行っていくことが、今後の研究者としての課題である。

世界各所の文書館、図書館で史料調査を行うのは大変楽しい作業であった。そのなかでも博士課程進学後に満洲事変研究の取り掛かり方を模索して苦戦するなか、イギリス国立公文書館の行き届いたシステムにより、第二章で利用した文書群に出会えたことは、本書が成立するうえで大きな出来事であった。一方、小さな文書館でアーキヴィストとコミュニケーションを取りながら探した史料のことも忘れ難い。右も左も分からないなか、丁寧にご対応、ご教示頂いたアーキヴィストの方々に感謝申し上げる。特に国際連盟文書室のジャック・オベルソン氏及び中国国民党文化伝播委員会党史館の王文隆氏（現南開大学）のお名前を挙げておく。王文隆先生には研究者としてもお世話になった。

また、二〇一〇年代を通して大きく進展した史料のデジタル公開は研究の大きな助けとなった。目録や検索機能も含め、イギリス国立公文書館、国際連盟文書室、中央研究院近代史研究所档案館、国史館のデジタルアーカイヴ、そして国立公文書館アジア歴史資料センターは、頻繁に利用させて頂いた。アジア歴史資料センターには、二〇一六年度からの三年間、一番辛い博士論文執筆過程から迷えるポストドクターの時期まで勤務することにもなった。研究に理解があり同僚間の雰囲気の極めて良い「アジ歴」が職場でなければ、本書の完成はかなり遅れたに違いない。波多野澄雄センター長を始めとする職員の皆さまに感謝申し上げる。

中国語の史料に取り組み、台湾で史料調査を行ううえでは、早丸一真、矢久保典良、森巧の諸氏にお世話になった。また、赤川尚平氏、村瀬啓氏には本書の原稿乃至その元となった博士論文を通して読んで頂きご助言を頂いた。無論、本書における誤りの責任は全て筆者に帰するものである。

かつて自分の本を出すことに憧れる本の虫の少年だった私にとって、博士論文の書籍化はぜひとも実現させたい目標であった。東京大学出版会の山田秀樹氏に完成間もない博士論文を読んで頂き出版をお引き受け頂いてその道が開けたのは、約一年半前であった。読者に不親切な構成を直して下さることから始まり、初めての出版で右も左も分からないところを手取り足取りご教示頂いた。また、入稿段階から奥田修一氏が入念なお仕事振りでご尽力下さったことで、ようやく本書の完成を見ることができた。学術書は共同作業者たる編集者の方々なくして成立しないのを実感した次第である。

本書は、平成二四、二五年度日本学術振興会科学研究費補助金（特別研究員奨励費）、二〇一一年度松下幸之助記念財団研究助成、平成二八、二九年度りそなアジア・オセアニア財団調査研究助成、平成二三年度東京大学グローバル・スタディーズ・プログラム（組織的な若手研究者等海外派遣プログラム・総合文化研究科・文系）、二〇一六年度大学院卓越予算による研究支援の成果の一部である。本書の出版に当たっては平成三〇年度東京大学学術成果刊行助成を頂いた。記して感謝申し上げる。

最後に、家族に感謝を述べるのをお許し願いたい。幼少時から車や鉄道、恐竜に熱中すると止まらない著者に苦笑しながら、図鑑や本を買い、博物館に連れて行ってその知的関心を伸ばしてくれたのは、祖父母を含む家族たちであった。両親と妹は、大学院に行くと言い出してろくに稼ぎもせず三〇歳まで学生を続けた著者を温かく見守ってくれた。特に両親には、生来怠惰な著者が心配を掛けることばかりだったにもかかわらず、叱咤激励しながら我儘を続けさせてくれたことに感謝したい。本書がささやかな親孝行になれば幸いである。

二〇一九年四月　桜咲く季節に

帯谷　俊輔

著者略歴
1986 年　神奈川県生まれ
2009 年　慶應義塾大学法学部政治学科卒業
2017 年　東京大学大学院総合文化研究科博士課程修了
博士（学術）
日本学術振興会特別研究員（DC），国立公文書館アジア歴史資料センター調査員，東京大学大学院総合文化研究科学術研究員を経て
現　在　日本学術振興会特別研究員（PD）

主要業績
「杉村陽太郎と日本の国際連盟外交――連盟事務局内外交とその帰結」（『渋沢研究』第 30 号，2018 年）
「「強制的連盟」と「協議的連盟」の狭間で――国際連盟改革論の位相」（『国際政治』第 193 号，2018 年）

国際連盟
国際機構の普遍性と地域性

2019 年 6 月 14 日　初　版

［検印廃止］

著　者　帯谷《おびや》 俊輔《しゅんすけ》

発行所　一般財団法人　東京大学出版会
代表者　吉見 俊哉
153-0041 東京都目黒区駒場 4-5-29
http://www.utp.or.jp/
電話　03-6407-1069　Fax 03-6407-1991
振替　00160-6-59964

印刷所　株式会社理想社
製本所　誠製本株式会社

ISBN 978-4-13-036274-0　Printed in Japan

人名索引

タ　行

ナ　行

ハ　行

マ　行

ヤ　行

ラ　行

事項索引

サ　行

タ　行

ナ　行

ハ　行

マ　行

ヤ　行

ラ　行

ワ　行

参考史料・文献

未公刊史料

日　本

外務省外交史料館

外務省記録

調書

国立国会図書館憲政資料室

外務省文書：MF

阪谷芳郎関係文書

重光葵関係文書

牧野伸顕関係文書

東京大学アメリカ太平洋地域研究センター

高木八尺文庫

イギリス

The National Archives [TNA], Kew

CAB 23: Interwar Conclusions

CAB 24: Interwar Memoranda

FO 371: General Correspondence

FO 800/256-263: Papers of Austen Chamberlain

FO 800/280-284: Papers of Arthur Henderson

Bank of England Archive, London

Committee of Treasury Minutes

British Library [BL], London

Cecil of Chelwood Papers

School of Oriental and African Studies Archives, University of London, London
Papers of Charles Stewart Addis

Bodleian Library, University of Oxford, Oxford
Papers of Gilbert Murray

Middle East Centre Archive [MECA], St. Antony's College, University of Oxford, Oxford
Sir Miles Lampson, 1st Baron Killearn Collection [Killearn Diaries]

Churchill Archives Centre, Churchill College, University of Cambridge, Cambridge
Chartwell Papers [Papers of Winston Churchill]
Papers of Philip Noel-Baker
Papers of Arthur Salter

アメリカ

National Archives II, College Park
793.94, RG 59: General Records of the Department of State（マイクロフィルム版 793.94: Records of the Department of State Relating to Political Relations between China and Japan, 1930–1944，国立国会図書館憲政資料室所蔵のものを利用）

Manuscripts and Archives, Yale University Library, New Haven
Henry Lewis Stimson Papers（マイクロフィルム版，国立国会図書館憲政資料室所蔵のものを利用）
Henry Lewis Stimson Diaries（マイクロフィルム版，国立国会図書館憲政資料室所蔵のものを利用）

Hoover Instituion Archives, Stanford
Chiang Kai-shek Diaries（蔣介石日記）
Victor Hoo Papers（胡世澤文書）

スイス

League of Nations Archives [LNA], United Nations Office at Geneva, Geneva
Papers of the League of Nations Secretariat
Directors' Meetings Papers and Confidential Circulars

Liste du personnel au secretariat［1920–1938］
Personnel Files
Private Papers
P 16: Avenol Papers
P 81: Drummond Papers
Sean Lester Papers
Sean Lester Diaries

台　湾

中央研究院近代史研究所档案館，台北

北洋政府外交部档案
外交部档案
建設委員会档案

国史館，台北

国民政府档案
外交部档案
蔣中正総統文物

中国国民党文化伝播委員会党史館，台北

漢口档案
呉稚暉档案

香　港

香港中央図書館

Royal Asiatic Society（Hong Kong Branch）Collection（皇家亜洲学会〔香港分会〕特蔵）

公刊史料

『日本外交文書』〔『日外』〕.
『昭和天皇実録』第 5 巻（東京書籍，2016 年）.
安達峰一郎博士顕彰会編『国際法にもとづく平和と正義を求めた安達峰一郎――書簡を中心にして』（安達峰一郎博士顕彰会，2011 年）.
遠藤乾編『原典 ヨーロッパ統合史』（名古屋大学出版会，2008 年）.
小川平吉文書研究会編『小川平吉関係文書』全 2 冊（みすず書房，1973 年）.

外務省編『日本外交年表並主要文書』上下巻（原書房，1965年）〔日本国際連合協会，1955年〕．

河原地英武・平野達志訳『日中戦争と中ソ関係――1937年ソ連外交文書 邦訳・解題・解説』（東京大学出版会，2018年）．

国際連盟協会編『完全復刻 リットン報告書――日支紛争に関する国際連盟調査委員会の報告（英文並に邦訳）』（角川書店，2006年）．

渋沢青淵記念財団竜門社編『渋沢栄一伝記資料』第37巻（渋沢栄一伝記資料刊行会，1961年）．

高橋勝浩編「「出淵勝次日記」（二）――大正12年―15年」（『国学院大学日本文化研究所紀要』第85輯，2000年）．

高橋勝浩編「「出淵勝次日記」（三）――昭和6年―8年」（『国学院大学日本文化研究所紀要』第86輯，2000年）．

鳥取県立公文書館編『澤田廉三と美喜の時代』（鳥取県，2010年）．

新渡戸稲造全集編集委員会編『新渡戸稲造全集』全25冊（教文館，1969-2001年）．

福永文夫・下河辺元春編『芦田均日記 1905-1945』全5巻（柏書房，2012年）．

山岡道男編『太平洋問題調査会関係資料――太平洋会議参加者名簿とデータ・ペーパー一覧』（早稲田大学アジア太平洋研究センター，2010年）．

吉田茂記念事業財団編『吉田茂書翰』（中央公論社，1994年）．

国際連合広報センター「国連憲章テキスト」（http://www.unic.or.jp/info/un/charter/text_japanese/）．

Documents on British Foreign Policy 1919-1939 [*DBFP*].
British Documents on Foreign Affairs: Reports and Papers from the Foreign Office Confidential Print.
Foreign Relations of the Unites States [*FRUS*].
League of Nations Official Journal
Chamberlain, Austen, *Peace in Our Time: Addresses on Europe and the Empire*, Philip Alan, 1928.
Doenecke, Justus, ed., *The Diplomacy of Frustration: The Manchurian Crisis of 1931-1933 as Revealed in the Papers of Stanley K. Hornbeck*, Hoover Institution Press, 1981.
Hooker, Nancy Harvison, ed., *The Moffat Papers: Selections from the Diplomatic Journals of Jay Pierrepont Moffat*, Harvard University Press, 1956.
Link, Arthur S., ed., *The Papers of Woodrow Wilson* [*PWW*], 69 Vols., Princeton University Press, 1966-1994.
Miller, David Hunter, *The Drafting of the Covenant*, 2 Vols., William S. Hein, 2002

[G. P. Putnam's Sons, 1928].
Myers, William Starr, ed., *The State Papers and Other Public Writings of Herbert Hoover*, Doubleday, Doran & Company, 1934.
Nicolson, Nigel, ed., *The Harold Nicolson Diaries, 1907–1964*, Phoenix, 2005 [Paperback Edition, first published 2004].
Self, Robert C., ed., *The Austen Chamberlain Diary Letters: The Correspondence of Sir Austen Chamberlain with His Sisters Hilda and Ida, 1916–1937*, Cambridge University Press, 1995.
"Hansard 1803–2005." http://hansard.millbanksystems.com/
"Digitized Collections: League of Nations Official Documents." http://libraryresources.unog.ch/c.php?g=462663&p=3163194

北京師範大学・上海市档案館編『蔣作賓日記』(江蘇古籍出版社，1990年).
鳳岡及門弟子編『民国梁燕孫先生士詒年譜』(台湾商務印書館，1978年).
劉国銘主編『中国国民党百年人物全書』(団結出版社，2005年).
呂芳上主編『蔣中正先生年譜長編』第1–6巻（国史館他，2014年).
上海市档案館訳『顔恵慶日記（1921–1936)』全3巻（中国档案出版社，1996年).
沈雲龍編『黄膺白先生年譜長編』(連経出版事業公司，1976年）上巻.
沈雲龍編『外交公報』第67–68期（文海出版社，1987年).
王正華他編『蔣中正総統档案——事略稿本』全82巻（国史館，2003–2013年).
葉恵芬編『中華民国与連合国史料彙編 籌設篇』(国史館，2001年).
張力編『金問泗日記 1931–1952』上巻（中央研究院近代史研究所，2016年).
中国国民党中央委員会党史史料編纂委員会編『革命文献』第19輯（中央文物供應社，1957年).
中国第二歴史档案館編『北洋政府档案』第82巻（中国档案出版社，2010年).
中華民国重要史料初編編輯委員会編『中華民国重要史料初編——対日抗戦時期 緒編（一)』(中国国民党中央委員会党史委員会，1981年).
中央研究院近代史研究所編『中日関係史料——山東問題 中華民国九年至十五年』(中央研究院近代史研究所，1987年).

新聞・雑誌類

『大阪毎日新聞』(「神戸大学附属図書館デジタルアーカイブ新聞記事文庫」http://www.lib.kobe-u.ac.jp/sinbun/)
『外交時報』
『国際知識』

『帝国大学新聞』〔復刻版，不二出版〕

American Political Science Review
Foreign Affairs
The Guardian
Japan Times & Mail
New York Times
Proceedings of the Academy of Political Science
The Times [London]

『晨報』(影印版，人民出版社，1981 年)
『申報』
『時報』(上海)
『中央日報副刊 中外評論』

事典類

外務省外交史料館編『外交史料館所蔵 外務省記録総目録 戦前期』全 2 巻 (原書房，1992 年).
戦前期官僚制研究会編，秦郁彦著『戦前期日本官僚制の制度・組織・人事』(東京大学出版会，1981 年).
秦郁彦編『日本官僚制総合事典 1868-2000』(東京大学出版会，2001 年).
秦郁彦編『世界諸国の制度・組織・人事 1840-2000』(東京大学出版会，2001 年).
秦郁彦編『日本近現代人物履歴事典 第 2 版』(東京大学出版会，2013 年).

Foreign Office Lists
Oxford Dictionary of National Biography [http://www.oxforddnb.com/]
LONSEA: Searching the Globe through the lenses of the League of Nations [http://www.lonsea.de/]

劉国銘編『中国国民党 百年人物全書』全 2 巻 (団結出版社，2005 年).
石源華編『中華民国外交史辞典』(上海古籍出版社，1996 年).
「中華民国政府官職資料庫」[http://gpost.ssic.nccu.edu.tw/]

文　献

青木節一「国際連盟の 1926 年」(『国際知識』第 7 巻 1 号〔1927 年 1 月号〕).
井口治夫『誤解された大統領――フーヴァーと総合安全保障構想』(名古屋大学出版会, 2018 年).
伊香俊哉『近代日本と戦争違法化体制――第一次世界大戦から日中戦争へ』(吉川弘文館, 2002 年).
石井菊次郎『外交余録』(岩波書店, 1930 年).
石川禎浩『シリーズ中国近現代史 3 革命とナショナリズム』(岩波新書, 2010 年).
石田憲『地中海新ローマ帝国への道――ファシスト・イタリアの対外政策 1935-39』(東京大学出版会, 1994 年).
石田憲『日独伊三国同盟の起源』(講談社選書メチエ, 2013 年).
井上寿一『危機のなかの協調外交――日中戦争に至る対外政策の形成と展開』(山川出版社, 1994 年).
入江昭『極東新秩序の模索』(原書房, 1968 年) [Iriye, Akira, *After Imperialism: The Search for a New Order in the Far East, 1921-1931*, Harvard University Press, 1965].
入江啓四郎「国連の中華人民政府容認問題」(『アジア研究』第 1 巻 1 号, 1954 年).
植田隆子『地域的安全保障の史的研究――国際連盟時代における地域的安全保障制度の発達』(山川出版社, 1989 年).
臼井勝美『満州事変――戦争と外交と』(中公新書, 1974 年).
臼井勝美「済南事件交渉経緯」(同『日中外交史研究――昭和前期』吉川弘文館, 1998 年〔初出, 1990 年〕).
臼井勝美「1929 年中ソ紛争と日本の対応」(同『日中外交史研究――昭和前期』吉川弘文館, 1998 年〔初出, 1994 年〕).
臼井勝美『満洲国と国際連盟』(吉川弘文館, 1995 年).
臼井勝美『日中外交史研究――昭和初期』(吉川弘文館, 1998 年).
臼杵英一「PKO の起源――国際連盟レティシア委員会 (1933-1934 年)」(『軍事史学』第 42 巻 3・4 合併号, 2007 年).
浦野起央ほか『国際関係における地域主義――政治の論理・経済の論理』(有信堂高文社, 1982 年).
海野芳郎『国際連盟と日本』(原書房, 1972 年).
遠藤乾編『グローバル・ガバナンスの歴史と思想』(有斐閣, 2010 年).
遠藤乾「ジャン・モネ――グローバル・ガバナンスの歴史的源流」(同編『グローバル・ガバナンスの歴史と思想』有斐閣, 2010 年).

遠藤乾「ヨーロッパ統合にむけて――起点としての第一次世界大戦」(山室信一ほか編『現代の起点 第一次世界大戦 4 遺産』岩波書店，2014 年).
大井孝『欧州の国際関係 1919-1946――フランス外交の視角から』(たちばな出版，2008 年).
大久保明『大陸関与と離脱の狭間で――イギリス外交と第一次世界大戦後の西欧安全保障』(名古屋大学出版会，2018 年).
大畑篤四郎「第三次日英同盟更新問題――ワシントン会議開催提議に関連して」(『早稲田法学』第 35 巻 1・2 号，1959 年).
大畑篤四郎「不戦条約と日本――田中外交の一側面」(『国際政治』第 28 号，1965 年).
緒方貞子『満州事変――政策の形成過程』(岩波現代文庫，2011 年)〔原題『満州事変と政策の形成過程』原書房，1966 年〕.
岡本隆司『近代中国と海関』(名古屋大学出版会，1999 年).
帶谷俊輔「戦間期における中国国際管理論の位相――列強による中国共同管理論から国際連盟の対中事業へ」(史学会第 112 回大会報告，近現代史部会，日本史部会，於東京大学本郷キャンパス，2014 年 11 月 9 日).
帶谷俊輔「「強制的連盟」と「協議的連盟」の狭間で――国際連盟改革論の位相」(『国際政治』第 193 号，2018 年).
帶谷俊輔「杉村陽太郎と日本の国際連盟外交――連盟事務局内外交とその帰結」(『渋沢研究』第 30 号，2018 年).
E. H. カー (大窪愿二訳)『新版 ナショナリズムの発展』(みすず書房，2006 年)［Carr, E. H., *Nationalism and After*, Macmillan, 1945］.
E. H. カー (原彬久訳)『危機の二十年――理想と現実』(岩波文庫，2011 年)［Carr, E. H., *The Twenty Years' Crisis 1919-1939: An Introduction to the Study of International Relations*, 2nd ed., Macmillan, 1946 (1st ed., 1939)］.
ロイド・ガードナー (河合秀和訳)「極東国際政治と英米関係」(細谷千博・斎藤真編『ワシントン体制と日米関係』東京大学出版会，1978 年).
外務省百年史編纂委員会編『外務省の百年』上下巻 (原書房，1969 年).
加藤俊作『国際連合成立史――国連はどのようにしてつくられたか』(有信堂，2000 年).
加藤陽子『シリーズ日本近現代史 5 満州事変から日中戦争へ』(岩波新書，2007 年).
神川彦松「不戦条約の価値批判」(『外交時報』第 572 号，1928 年 10 月).
神山晃令「日本の国際連盟脱退と中国の理事要求」(『外交史料館報』第 22 号，2008 年).
神山晃令「史料紹介 昭和 3 年 10 月 11 日付吉田茂宛佐藤尚武意見書」(『外交史料館報』第 25 号，2012 年).
河合秀和「北伐へのイギリスの対応――「クリスマス・メッセージ」を中心として」

（細谷千博・斎藤真編『ワシントン体制と日米関係』東京大学出版会，1978 年）.
川島真『中国近代外交の形成』（名古屋大学出版会，2004 年）.
川島真「中国外交における象徴としての国際的地位――ハーグ平和会議，国際連盟，そして国際連合へ」（『国際政治』第 145 号，2006 年）.
川島真「中華民国の国際連盟外交――「非常任理事国」層から見た連盟論」（緒方貞子・半澤朝彦編『グローバル・ガヴァナンスの歴史的変容――国連と国際政治史』ミネルヴァ書房，2007 年）.
川島真「第一次大戦後の中国と日仏関係――ワシントン体制と仏領インドシナをめぐる」（『日仏文化』第 83 号，2014 年）.
河村一夫「国際連盟と石井菊次郎（I）（II）――中国問題審議に対する配慮について」（『政治経済史学』第 162 号，第 163 号，1979 年）.
北岡伸一「ワシントン体制の崩壊とマクマリ・メモランダム」（同『門戸開放政策と日本』東京大学出版会，2015 年〔初出，1984 年〕）.
北岡伸一『後藤新平――外交とヴィジョン』（中公新書，1988 年）.
北岡伸一『門戸開放政策と日本』（東京大学出版会，2015 年）.
北村厚「「パン・ヨーロッパ」論におけるアフリカ・アジア」（『現代史研究』第 57 号，2011 年）.
北村厚『ヴァイマル共和国のヨーロッパ統合構想――中欧から拡大する道』（ミネルヴァ書房，2014 年）.
木畑洋一『20 世紀の歴史』（岩波新書，2014 年）.
クーデンホーフ（永富守之助訳）『汎ヨーロッパ』（国際連盟協会，1926 年）[Coudenhove-Kalergi, Richard N., *Pan-Europa*, Pan-Europa-Verl., 1923].
草野大希『アメリカの介入政策と米州秩序――複雑システムとしての国際政治』（東信堂，2011 年）.
草野大希「日米の台頭と地域的国際秩序の連鎖」（『国際政治』第 183 号，2016 年）.
久保亨『戦間期中国「自立への模索」――関税通貨政策と経済発展』（東京大学出版会，1999 年）.
ジェームズ・B. クラウリー（河合秀和訳）「日英協調への模索」（細谷千博・斎藤真編『ワシントン体制と日米関係』東京大学出版会，1978 年）.
小池聖一「「国家」としての中国，「場」としての中国――満州事変前，外交官の対中国認識」（同『満州事変と対中国政策』吉川弘文館，2003 年〔初出，1995 年〕）.
小池聖一『満州事変と対中国政策』（吉川弘文館，2003 年）.
高文勝「済南事件をめぐる国民政府の対応について」（『日本福祉大学研究紀要――現代と文化』第 112 号，2005 年）.
高坂正堯「国際連盟と集団的安全保障」（『国際政治』第 10 号，1959 年）.
小島健「戦間期における欧州統合構想」（『経済学季報』第 56 巻 1・2 号，2006 年）.

後藤春美『アヘンとイギリス帝国——国際規制の高まり 1906〜1943 年』(山川出版社，2005 年).

後藤春美『上海をめぐる日英関係 1925-1932 年——日英同盟後の協調と対抗』(東京大学出版会，2006 年).

後藤春美「国際連盟の対中技術協力とイギリス 1928-1935 年——ライヒマン衛生部長の活動と資金問題を中心に」(服部龍二ほか編『戦間期の東アジア国際政治』中央大学出版部，2007 年).

後藤春美「中国のロシア人女性難民問題と国際連盟——帝国の興亡の陰で」(木畑洋一・後藤春美編『帝国の長い影——20 世紀国際秩序の変容』ミネルヴァ書房，2010 年).

後藤春美『国際主義との格闘——日本，国際連盟，イギリス帝国』(中公叢書，2016 年).

小林啓治『国際秩序の形成と近代日本』(吉川弘文館，2002 年).

小林道彦『政党内閣の崩壊と満州事変 1918〜1932』(ミネルヴァ書房，2010 年).

左春梅「済南事件と蔣介石・南京国民政府の対日政策の転換 (1927-1928) ——華北問題の起点として」(『関西大学法学論集』第 67 巻 4 号，2017 年).

斎川貴嗣「国際連盟知的協力国際委員会と中国——戦間期国際文化交流における認識の転回」(『早稲田政治公法研究』第 85 号，2007 年).

斎川貴嗣「国際文化交流における国家と知識人——国際連盟知的協力国際委員会の設立と新渡戸稲造」(平野健一郎ほか編『国際文化関係史研究』東京大学出版会，2013 年).

斎川貴嗣「知的協力から国際文化交流へ——国際連盟知的協力国際委員会における理念変容」(『国際政治』第 193 号，2018 年).

斉藤孝『戦間期国際政治史』(岩波現代文庫，2015 年)〔岩波全書，1978 年〕.

酒井一臣『近代日本外交とアジア太平洋秩序』(昭和堂，2009 年).

酒井哲哉「「英米協調」と「日中提携」」(『年報近代日本研究』第 11 号，1989 年).

酒井哲哉『大正デモクラシー体制の崩壊』(東京大学出版会，1992 年)

酒井哲哉「「東亜共同体論」から「近代化論」へ——蠟山政道における地域・開発・ナショナリズム論の位相」(同『近代日本の国際秩序論』岩波書店，2007 年〔初出，1999 年〕).

酒井哲哉「古典外交論者と戦間期国際秩序——信夫淳平の場合」(同『近代日本の国際秩序論』岩波書店，2007 年〔初出，2004 年〕).

酒井哲哉『近代日本の国際秩序論』(岩波書店，2007 年).

酒井哲哉「近代日本外交史」(李鍾元ほか編『日本の国際政治学 4 歴史の中の国際政治』有斐閣，2009 年).

酒井哲哉「解説」(緒方貞子『満州事変——政策の形成過程』岩波現代文庫，2011 年).

阪谷芳郎「世界平和を確保する有力手段につき誠意ある各国大政治家に訴ふ」(『国際知識』1934年5月号).
佐藤恭三「1930年代後半のオーストラリア外交――コモンウェルスと太平洋国家意識の狭間」(『国際政治』第68号, 1981年).
佐藤誠三郎「協調と自立との間」(同『「死の跳躍」を越えて――西洋の衝撃と日本』千倉書房, 2009年〔初出, 1970年〕).
佐藤哲夫『国際組織法』(有斐閣, 2005年).
佐藤尚武『回顧八十年』(時事通信社, 1963年).
佐藤尚武監修, 鹿島平和研究所編『日本外交史 14巻 国際連盟における日本』(鹿島研究所出版会, 1972年).
澤田寿夫編『澤田節蔵回想録――一外交官の生涯』(有斐閣, 1985年).
幣原喜重郎『外交五十年』(中公文庫, 2007年)〔読売新聞社, 1951年〕.
幣原平和財団編『幣原喜重郎』(幣原平和財団, 1955年).
篠田英朗「ウッドロー・ウィルソン――介入主義, 国家主権, 国際連盟」(遠藤乾編『グローバル・ガバナンスの歴史と思想』有斐閣, 2010年).
篠原初枝『戦争の法から平和の法へ――戦間期のアメリカ国際法学者』(東京大学出版会, 2003年).
篠原初枝「戦間期国際秩序における国際連盟――ヨーロッパが育てたアメリカの構想」(田中孝彦・青木人志編『「戦争」のあとに――ヨーロッパの和解と寛容』勁草書房, 2008年).
篠原初枝『国際連盟――世界平和への夢と挫折』(中公新書, 2010年).
篠原初枝「国際連盟外交――ヨーロッパ国際政治と日本」(井上寿一編『日本の外交 第1巻 外交史戦前編』岩波書店, 2013年).
信夫淳平「不戦条約の本質(特に連盟規約との関係に就て)」(『外交時報』第578号, 1929年1月).
柴田紳一『昭和期の皇室と政治外交』(原書房, 1995年).
城山英明「アーサー・ソルター――越境する行政官の行動と思考様式」(遠藤乾編『グローバル・ガバナンスの歴史と思想』有斐閣, 2010年).
申春野「パリ講和会議と日米中関係――「山東問題」を中心に」(『国際公共政策』第9巻2号, 2005年).
申春野「「山東問題」の直接交渉をめぐる日中交渉の展開」(『国際公共政策』第10巻1号, 2005年).
杉村陽太郎『国際連盟脱退と今後のこと』(日本経済連盟会・日本工業倶楽部, 1933年).
杉村陽太郎『国際外交録』(中央公論社, 1933年).
クリストファー・ソーン(市川洋一訳)『満州事変とは何だったのか――国際連盟と外

交政策の限界』上下巻（草思社，1994年）［Thorne, Christopher, *The Limits of Foreign Policy: The West, the League and the Far Eastern Crisis of 1931–1933*, Hamilton, 1972］.
高杉洋平「国際軍縮会議と日本陸軍――パリ平和会議からワシントン会議へ」（『国際政治』第154号，2008年）.
高原秀介『ウィルソン外交と日本――理想と現実の間 1913–1921』（創文社，2001年）.
武田知己『重光葵と戦後政治』（吉川弘文館，2002年）.
武田知己「佐藤尚武」（佐道明広ほか編『人物で読む現代日本外交史――近衛文麿から小泉純一郎まで』吉川弘文館，2008年）.
武田知己「近代日本の「新秩序」構想の〈古さ〉と〈新しさ〉――国際法・外交専門誌と外務省調書を題材として」（武田知己・萩原稔編『大正・昭和期の日本政治と国際秩序――転換期における「未発の可能性」をめぐって』思文閣，2014年）.
舘葉月「難民保護の歴史的検討――国際連盟の挑戦と「難民」の誕生」（墓田桂ほか編『難民・強制移動研究のフロンティア』現代人文社，2014年）.
種稲秀司「第二次幣原外交初期の日中交渉――1929年の中ソ紛争の影響を中心に」（同『近代日本外交と「死活的利益」――第二次幣原外交と太平洋戦争への序曲』芙蓉書房出版，2014年〔初出，2008年〕）.
種稲秀司『近代日本外交と「死活的利益」――第二次幣原外交と太平洋戦争への序曲』（芙蓉書房出版，2014年）.
ジョン・ダワー（大窪愿二訳）『吉田茂とその時代』上下巻（中公文庫，2014年）〔TBSブリタニカ，1981年〕［Dower, J. W., *Empire and Aftermath: Yoshida Shigeru and the Japanese Experience, 1878–1954*, Harvard University Press, 1979］.
筒井若水「ドイツ加盟外交にみる国際連盟――国際連合における日本の地位との関連において」（『教養学科紀要』第11号，1978年）.
A. J. P. テイラー（吉田輝夫訳）『第二次世界大戦の起源』（講談社学術文庫，2011年）［Taylor, A. J. P., *The Origins of the Second World War*, 2nd ed., Penguin Books, 1964（1st ed., 1961）］.
ピーター・ドウス（浜口裕子訳）「日本／西欧列強／中国の半植民地化」（『岩波講座 近代日本と植民地 2 帝国統治の構造』岩波書店，1992年）.
等松春夫「満洲国際管理論の系譜――リットン報告書の背後にあるもの」（『国際法外交雑誌』第99巻6号，2001年）.
等松春夫「1932年未発の「満洲PKF」？――リットン報告書にみられる特別憲兵隊構想」（『軍事史学』第37巻2・3合併号，2001年）.
等松春夫「帝国からガヴァナンスへ――国際連盟時代の領域国際管理の試み」（緒方貞子・半澤朝彦編『グローバル・ガヴァナンスの歴史的変容――国連と国際政治史』ミネルヴァ書房，2007年）.

等松春夫『日本帝国と委任統治——南洋群島をめぐる国際政治 1914-1947』(名古屋大学出版会，2011 年).
戸澤英典「戦間期ヨーロッパの「和解」と「寛容」——パン・ヨーロッパ運動とその影響を中心に」(田中孝彦・青木人志編『「戦争」のあとに——ヨーロッパの和解と寛容』勁草書房，2008 年).
冨塚一彦「1933，4 年における重光外務次官の対中国外交路線——「天羽声明」の考察を中心に」(『外交史料館報』第 13 号，1999 年).
冨塚一彦「「連盟脱退ノ根本義」と日本外務省における「東亜」概念の生成——国際会議における『東亜』問題討議への拒絶方針を中心に」(『國學院大學日本文化研究所紀要』第 92 輯，2003 年).
長尾雄一郎『英国内外政と国際連盟——アビシニア危機 1935-1936 年』(信山社出版，1996 年).
中沢志保『ヘンリー・スティムソンと「アメリカの世紀」』(国書刊行会，2014 年).
中谷直司『強いアメリカと弱いアメリカの狭間で——第一次世界大戦後の東アジア秩序をめぐる日米英関係』(千倉書房，2016 年).
中谷直司「東アジアの国際秩序の変動と日中の対応」(波多野澄雄・中村元哉編『日中戦争はなぜ起きたのか——近代化をめぐる共鳴と衝突』中央公論新社，2018 年).
中村道「国際連合と地域的機構——冷戦後の新たな関係」(同『国際機構法の研究』東信堂，2009 年〔初出，2004 年〕).
中村道「国際連合と地域的機構の関係——60 年の変遷と課題」(同『国際機構法の研究』東信堂，2009 年).
西平等「連盟期の国際秩序構想におけるモーゲンソー政治的紛争論の意義 (1)」(『関西大学 法学論集』第 65 巻 6 号，2016 年).
西平等『法と力——戦間期国際秩序思想の系譜』(名古屋大学出版会，2018 年).
西崎文子「モンロー・ドクトリンの普遍化——その試みと挫折」(『アメリカ研究』第 20 号，1986 年).
西田敏宏「ワシントン体制と国際連盟・集団安全保障——日・米・英の政策展開を中心として」(伊藤之雄・川田稔編『20 世紀日本と東アジアの形成 1867-2006』ミネルヴァ書房，2007 年).
西田敏宏「戦間期日本の国際協調外交と国際連盟」(『国際政治』第 155 号，2009 年).
西田敏宏「幣原喜重郎と国際協調——北京関税会議・北伐をめぐる外交再考」(伊藤之雄・中西寛編『日本政治史の中のリーダーたち——明治維新から敗戦後の秩序変容まで』京都大学学術出版会，2018 年).
日本国際連合学会編『安全保障をめぐる地域と国連』(『国連研究』第 12 号，2011 年).
西村成雄編『中国外交と国連の成立』(法律文化社，2004 年).
則武輝幸「一般的地域的組織——OAS，OAU」(横田洋三編『国際組織法』有斐閣，

1999 年).
波多野澄雄『太平洋戦争とアジア外交』(東京大学出版会，1996 年).
波多野澄雄「戦時日本の「地域主義」と「国際主義」」(小島勝編『南方関与の論理』総合的地域研究成果報告書シリーズ第 27 号，1996 年).
波多野澄雄「「国家平等論」を超えて――「大東亜共栄圏」の国際法秩序をめぐる葛藤」(浅野豊美・松田利彦編『植民地帝国日本の法的展開』信山社，2004 年).
服部龍二『東アジア国際環境の変動と日本外交 1918-1931』(有斐閣，2001 年).
服部龍二『幣原喜重郎と二十世紀の日本――外交と民主主義』(有斐閣，2006 年).
馬場明「臨城事件と日本の対応」(同『日中関係と外政機構の研究――大正・昭和期』原書房，1983 年).
濱口學「国際連盟と上部シレジア定境紛争」(『國學院大學紀要』第 31 号，1993 年).
濱口學「ロカルノ方式の萌芽――ワシントン会議からカンヌ最高会議へ」(『国際法外交雑誌』第 93 巻 6 号，1995 年).
濱口學「ジャン・モネの中国建設銀公司構想」(『外交史料館報』第 15 号，2001 年).
濱口學「史料紹介 外務省陣容強化に関して重光次官が昭和 10 年 3 月 22 日に行った講演」(『外交史料館報』第 17 号，2003 年).
半澤朝彦「アジア・太平洋戦争と「普遍的」国際機構」(倉沢愛子ほか編『岩波講座 アジア・太平洋戦争 8 巻――20 世紀の中のアジア・太平洋戦争』岩波書店，2006 年).
坂野潤治「「連盟式外交」と「アメリカ式外交」の狭間で――戦前日本の外交と内政」(東京大学社会科学研究所編『20 世紀システム 1 構想と形成』東京大学出版会，1998 年).
樋口秀実『日本海軍から見た日中関係史研究』(芙蓉書房出版，2002 年).
樋口真魚「モントルー会議（1936 年）と日本外務省――国際連盟脱退後における二つの連盟観」(『史学雑誌』第 123 編 6 号，2014 年).
樋口真魚「国際連盟脱退後の日本と通商均等待遇問題――日英二国間交渉と連盟外交の交錯」(『国際政治』第 181 号，2015 年).
樋口真魚「近代日本と「集団安全保障外交」の模索」(東京大学大学院人文社会系研究科提出博士論文，2016 年).
樋口真魚「「連盟脱退国」としての二つの路線」(同「近代日本と「集団安全保障外交」の模索」第 2 章，東京大学大学院人文社会系研究科提出博士論文，2016 年).
樋口真魚「国際連盟外交の終焉と連盟派外交官――対連盟関係の模索と挫折 1933～1937 年」(『国際比較政治研究』第 26 号，2017 年).
平野健一郎「概念の文化触変――「〈国際〉社会」という日本語の登場と変遷」(平野健一郎ほか編『国際文化関係史研究』東京大学出版会，2013 年).
平野達志「解題」(河原地英武・平野達志訳『日中戦争と中ソ関係――1937 年ソ連外交文書 邦訳・解題・解説』東京大学出版会，2018 年).

福田宏「ポスト・ハプスブルク期における国民国家と広域論」(池田嘉郎編『第一次世界大戦と帝国の遺産』山川出版社，2014 年).
藤岡健太郎「戦間期日本の「国際主義」と「地域主義」」(『日本歴史』第 647 号，2002 年).
藤岡健太郎「「容喙拒否」の論理——国際連盟・ワシントン会議と「門戸開放主義」「モンロー主義」」(『史学雑誌』第 116 編 10 号，2007 年).
アントニー・ベスト（小舘尚文訳）「戦間期東アジアにおける国際連盟——国際協調主義・地域主義・ナショナリズム」(緒方貞子・半澤朝彦編『グローバル・ガヴァナンスの歴史的変容——国連と国際政治史』ミネルヴァ書房，2007 年).
アントニー・ベスト（武田知己訳）『大英帝国の親日派——なぜ開戦は避けられなかったか』(中公叢書，2015 年).
細谷千博「ワシントン体制の特質と変容」(細谷千博・斎藤真編『ワシントン体制と日米関係』東京大学出版会，1978 年).
細谷雄一『外交による平和——アンソニー・イーデンと二十世紀の国際政治』(有斐閣，2005 年).
細谷雄一「国連構想とイギリス外交——普遍主義と地域主義の交錯 1941～1943 年」(同編『グローバル・ガバナンスと日本』中央公論新社，2013 年).
P. B. マーフィー（福嶋輝彦訳）「太平洋協定とオーストラリアの安全保障（1921–37 年)」(『国際政治』第 68 号，1981 年).
牧野雅彦『ロカルノ条約——シュトレーゼマンとヨーロッパの再建』(中公叢書，2012 年).
マーク・マゾワー（池田年穂訳）『国連と帝国——世界秩序をめぐる攻防の 20 世紀』(慶應義塾大学出版会，2015 年)［Mazower, Mark, *No Enchanted Palace: The End of Empire and the Ideological Origins of the United Nations*, Princeton University Press, 2009].
マーク・マゾワー（依田卓巳訳）『国際協調の先駆者たち——理想と現実の 200 年』(NTT 出版，2015 年)［Mazower, Mark, *Governing the World: The History of an Idea*, Penguin, 2012].
マーク・マゾワー（中田瑞穂・網谷龍介訳）『暗黒の大陸——ヨーロッパの 20 世紀』(未来社，2015 年)［Mazower, Mark, *Dark Continent: Europe's Twentieth Century*, Knopf, 1999].
三谷太一郎「国際環境の変動と日本の知識人」(同『学問は現実にいかに関わるか』東京大学出版会，2013 年〔初出，1972 年，増補初出，1974 年〕).
三谷太一郎「日本における地域主義の概念」(同『近代日本の戦争と政治』岩波書店，1997 年).
三谷太一郎『ウォール・ストリートと極東——政治における国際金融資本』(東京大学

出版会，2009 年).
光田剛『中国国民政府期の華北政治』(御茶の水書房，2007 年).
三牧聖子『戦争違法化運動の時代――「危機の 20 年」のアメリカ国際関係思想』(名古屋大学出版会，2014 年).
ハンス・モーゲンソー（原彬久監訳)『国際政治――権力と平和』(岩波文庫，2013 年)〔Morgenthau, Hans, *Politics among Nations: The Struggle for Power and Peace*, 5th edition revised, Alfred A. Knopf, 1978（1st ed., 1948)〕.
最上敏樹『国際機構論〔第 2 版〕』(東京大学出版会，2006 年).
最上敏樹『国際機構論講義』(岩波書店，2016 年).
本橋正「満州事変をめぐるアメリカ外交」(同『日米関係史研究 II』学習院大学，1989 年〔初出，1980 年〕).
文部省『文部省著作教科書 民主主義』(角川ソフィア文庫，2018 年)〔1948 年 10 月に上巻，1949 年 8 月に下巻が刊行され 1953 年まで中学・高校で使用された教科書の合冊復刊〕.
矢嶋光「外務省連盟派とその政策――戦前外交官のキャリアパスと「機関哲学」の形成と継承」(『名城法学』第 68 巻 1 号，2018 年).
安田佳代「戦間期東アジアにおける国際衛生事業――テクノクラートによる機能的国際協調の試み」(『国際関係論研究』第 27 号，2008 年).
安田佳代「国際連盟からの機能的国際協調の継承と発展」(『国際政治』第 160 号，2010 年).
安田佳代『国際政治のなかの国際保健事業――国際連盟保健機関から世界保健機関，ユニセフへ』(ミネルヴァ書房，2014 年).
山越裕太「ヘルス・ガバナンスの胎動と国際連盟保健機関――機能的協力，国際機構の併存，世界大恐慌」(『国際政治』第 193 号，2018 年).
山澄亨「チャコ戦争をめぐるアメリカと国際連盟」(『二十世紀研究』第 4 号，2003 年).
山澄亨「国際連盟によるチャコ戦争調停交渉（1）――調査団の派遣」(『社会とマネジメント』第 1 巻 2 号，2004 年).
山澄亨「チャコ戦争終結後のアメリカの平和機構構想とブエノスアイレス会議開催の経緯」(『アメリカ史評論』第 24 号，2006 年).
山澄亨「1930 年代のアメリカの西半球政策における多国間外交と二国間外交」(『社会とマネジメント』第 7 巻 2 号，2010 年).
山田哲也『国連が創る秩序――領域管理と国際組織法』(東京大学出版会，2010 年).
芳井研一「中東鉄道問題とパリ不戦条約」(『環日本海研究年報』第 3 号，1996 年).
李修二「国際連盟によるオーストリアおよびハンガリーの金融復興計画，1922–1926 年」(『四日市大学論集』第 8 巻 1 号，1995 年).
鹿錫俊『中国国民政府の対日政策 1931–1933 年』(東京大学出版会，2001 年).

デーヴィッド・ロング，ピーター・ウィルソン編（宮本盛太郎・関静雄監訳）『危機の20年と思想家たち――戦間期理想主義の再評価』（ミネルヴァ書房，2002年）［Long, David and Wilson, Peter, eds., *Thinkers of the Twenty Years' Crisis: Inter-war Idealism Reassessed*, Clarendon Press, 1997］.

和田華子「第一次世界大戦後の国際秩序の再編と日本外交――1920年代における「国際連盟中心主義」の形成とその展開」（お茶の水女子大学提出博士論文，2013年）.

渡邉公太「石井菊次郎と満州事変」（『帝京大学文学部紀要』第49号，2018年）.

渡邊啓貴「地域集団防衛から安全保障グローバル・ガバナンスへ――米欧安全保障共同体（NATO・EU）の収斂プロセス」（グローバル・ガバナンス学会編『グローバル・ガバナンス学II 主体・地域・新領域』法律文化社，2018年）.

Akami, Tomoko, "Imperial Polities, Intercolonialism, and the Shaping of Global Governing Norms: Public Health Expert Networks in Asia and the League of Nations Health Organization, 1908–37," *Journal of Global History*, Vol. 12, No. 1, 2017.

Akindele, R. A., *The Organization and Promotion of World Peace: A Study of Universal-Regional Relationships*, University of Toronto Press, 1976.

Armstrong, David, Lloyd, Lorna and Redmond, John, *International Organization in World Politics*, 3rd ed., Palgrave Macmillan, 2004.

Barros, James, *The Corfu Incident of 1923: Mussolini and the League of Nations*, Princeton University Press, 1965.

Barros, James, *Betrayal from Within: Joseph Avenol, Secretary-General of the League of Nations, 1933–1940*, Yale University Press, 1969.

Barros, James, *Office without Power: Secretary-General Sir Eric Drummond, 1919–1933*, Oxford University Press, 1979.

Beyersdorf, Frank, ""Credit or Chaos"?: The Austrian Stabilisation Programme of 1923 and the League of Nations," in Laqua, Daniel, ed., *Internationalism Reconfigured: Transnational Ideas and Movements between the World Wars*, I. B. Tauris, 2011.

Bosco, Andrea, "The British Foreign Office and the Briand Plan," in Fleury, A. and Jílek, Lubor, eds., *Le plan Briand d'union fédérale européenne: perspectives nationales et transnationales, avec documents*, Peter Lang, 1998.

Bourneuf, Pierre-Etienne, ""We Have Been Making History": The League of Nations and the Leticia Dispute (1932–1934)," *International History Review*, Vol. 39, No. 4, 2017.

Boyce, Robert, *The Great Interwar Crisis and the Collapse of Globalization*, Pal-

grave Macmillan, 2009.

Bull, Hedley, "The Emergence of a Universal International Society," in Bull, Hedley and Watson, Adam, eds., *The Expansion of International Society*, Oxford University Press, 1985 [Paperback Edition, first published 1984].

Burkman, Thomas W., *Japan and the League of Nations: Empire and World Order, 1914–1938*, University of Hawai'i Press, 2008.

Carlton, David, "Great Britain and the League Council Crisis of 1926," *Historical Journal*, Vol. 11, No. 2, 1968.

Chaudron, Gerald, *New Zealand in the League of Nations: The Beginnings of an Independent Foreign Policy, 1919–1939*, McFarland & Co., 2012.

Clavin, Patricia, *Securing the World Economy: The Reinvention of the League of Nations, 1920–1946*, Oxford University Press, 2013.

Cohen, Warren I., *Empire without Tears: America's Foreign Relations, 1921–1933*, Alfred A. Knopf, 1987.

Cohrs, Patrick, O., *The Unfinished Peace after World War I: America, Britain and the Stabilisation of Europe, 1919–1932*, Cambridge University Press, 2006.

The Committee on Latin American Policy, *Recommendations as to the Pan-American Conference at Montevideo*, Foreign Policy Committee Reports No. 1, 1933 (「高木八尺文庫」，東京大学アメリカ太平洋地域研究センター所蔵).

Decorzant, Yann, "Internationalism in the Economic and Financial Organisation of the League of Nations," in Laqua, Daniel, ed., *Internationalism Reconfigured: Transnational Ideas and Movements between the World Wars*, I. B. Tauris, 2011.

Divine, Robert A., *The Illusion of Neutrality*, University of Chicago Press, 1962.

Dykmann, Klaas, "How International Was the Secretariat of the League of Nations," *International History Review*, Vol. 37, No. 4, 2015.

Edwards, P. G., "Britain, Mussolini and the "Locarno-Geneva System"," *European Studies Review*, Vol. 10, No. 1, 1980.

Egerton, George W., *Great Britain and the Creation of the League of Nations: Strategy, Politics, and International Organization, 1914–1919*, University of North Carolina Press, 1978.

Egerton, George W., "Collective Security as Political Myth: Liberal Internationalism and the League of Nations in Politics and History," *The International History Review*, Vol. 5, No. 4, 1983.

Elliott, A. Randle, "Regionalism in the League of Nations: To the Outbreak of World War II," Ph.D. Thesis, Harvard University, 1949.

Farcau, Bruce W., *Chaco War: Bolivia and Paraguay, 1932–1935*, Praeger, 1996.

Ferrell, Robert H., *American Diplomacy in the Great Depression: Hoover-Stimson Foreign Policy, 1929–1933*, Yale University Press, 1957.

Gorman, Daniel, *The Emergence of International Society in the 1920s*, Cambridge University Press, 2012.

Grayson, Richard S., *Austen Chamberlain and the Commitment to Europe: British Foreign Policy 1924–29*, Frank Cass, 1997.

Grigorescu, Alexandru, "Mapping the UN-League of Nations Analogy: Are There Still Lessons to Be Learned from the League?" *Global Governance*, Vol. 11, 2005.

Hecht, Robert A., "Great Britain and the Stimson Note of January 7, 1932," *Pacific Historical Review*, Vol. 38, No. 2, 1969.

Hell, Stefan, *Siam and the League of Nations: Modernisation, Sovereignty and Multilateral Diplomacy 1920–1940*, River Books, 2010.

Henig, Ruth, *The League of Nations: Makers of the Modern World*, Haus Publishing, 2010.

Hilton, Stanley E., "Brazil and the Post-Versailles World: Elite Images and Foreign Policy Strategy, 1919–1929," *Journal of Latin American Studies*, Vol. 12, No. 2, 1980.

Hoo, Mona Yung-Ning, *Painting the Shadows: The Extraordinary Life of Victor Hoo*, Eldridge & Co, 1998.

Hsia Chi-Feng, *China and the League and My Experiences in the Secretariat*, Commercial Press, 1928 [Royal Asiatic Society (Hong Kong Branch) Collection, 香港中央図書館].

Inman, Samuel Guy, *Inter-American Conferences 1826–1954: History and Problems*, University Press of Washington, D.C. and the Community College Press, 1965.

Johnson, Gaynor, *Lord Robert Cecil: Politician and Internationalist*, Ashgate, 2013.

Josephson, Harold, "Outlawing War: Internationalism and the Pact of Paris," *Diplomatic History*, Vol. 3, No. 4, 1979.

Keylor, William R., "The Rise and Demise of the Franco-American Guarantee Pact, 1919–1921," *Proceedings of the Annual Meeting of the Western Society for French History*, Vol. 15, 1988.

Kiddle, Amelia M., "Separating the Political from the Technical: The 1938 League of Nations Mission to Latin America," in Mcpherson, Alan and Wehrli, Yannick, eds., *Beyond Geopolitics: New Histories of Latin America at the League of Nations*, University of New Mexico Press, 2015.

Kimmich, Christoph M., *Germany and the League of Nations*, University of Chica-

go Press, 1976.

Kit-Ching, Chan Lau, "The Lincheng 臨城 Incident: A Case Study of British Policy in China between the Washington Conference（1921–22）and the First Nationalist Revolution（1925–28)," *Journal of Oriental Studies*（『東方文化』，香港）, X-2, 1972.

Laqua, Daniel, "Transnational Intellectual Cooperation, the League of Nations, and the Problem of Order," *Journal of Global History*, Vol. 6, No. 2, 2011.

Laqua, Daniel, ed., *Internationalism Reconfigured: Transnational Ideas and Movements between the World Wars*, I. B. Tauris, 2011.

Legg, Stephen, "An International Anomaly? Sovereignty, the League of Nations and India's Princely Geographies," *Journal of Historical Geography*, Vol. 43, 2014.

Lentin, Antony, ""Une aberration inexplicable"? Clemenceau and the Abortive Anglo-French Guarantee Treaty of 1919," *Diplomacy & Statecraft*, Vol. 8, No. 2, 1997.

Leuchars, Chris, "Brazil and the League Council Crisis of 1926," *Diplomacy & Statecraft*, Vol. 12, No. 4, 2001.

Lippmann, Walter, "Public Opinion and the Renunciation of War," *Proceedings of the Academy of Political Science*, Vol. 13, No. 2, 1929.

Lloyd, Lorna, ""Another National Milestone": Canada's 1927 Election to the Council of the League of Nations," *Diplomacy & Statecraft*, Vol. 21, No. 4, 2010.

Lloyd, Lorna, ""(O)n the Side of Justice and Peace": Canada on the League of Nations Council 1927–1930," *Diplomacy & Statecraft*, Vol. 24, No. 2, 2013.

Louis, W. Roger, "The Era of the Mandates System and the Non-European World," in Bull, Hedley and Watson, Adam, eds, *The Expansion of International Society*, Oxford University Press, 1985.

Ma, Tehyun, ""The Common Aim of the Allied Powers": Social Policy and International Legitimacy in Wartime China, 1940–47," *Journal of Global History*, Vol. 9, 2014.

Macmillan, Margaret, *Paris 1919: Six Months That Changed the World*, Random House, 2003［Paperback Edition, first published 2001］.

Martin, Percy Alvin, "Latin America and the League of Nations," *American Political Science Review*, Vol. 20, No. 1, 1926.

Mcpherson, Alan, "Anti-Imperialism and the Failure of the League of Nations," in Mcpherson, Alan and Wehrli, Yannick, eds., *Beyond Geopolitics: New Histories of Latin America at the League of Nations*, University of New Mexico Press, 2015.

Mcpherson, Alan and Wehrli, Yannick eds., *Beyond Geopolitics: New Histories of Latin America at the League of Nations*, University of New Mexico Press, 2015.

Mecham, J. Lloyd, *The United States and Inter-American Security, 1889–1960*, University of Texas Press, 1961.

Miller, David Hunter, *The Peace Pact of Paris*, Ulan Press, 2012 [G. P. Putnam's Sons, 1928].

Miller, David Hunter, "The Settlement of Political Disputes through Conference, Conciliation and Diplomacy," *Proceedings of the Academy of Political Science*, Vol. 13, No. 2, 1929.

Mitter, Rana, "Imperialism, Transnationalism, and the Reconstruction of Post-War China: UNRRA in China, 1944–7," *Past & Present*, Vol. 218, Suppl. 8, 2013.

Muschik, Eva-Maria, "Managing the World: The United Nations, Decolonization and the Strange Triumph of State Sovereignty in the 1950s and 1960s," *Journal of Global History*, Vol. 13, No. 1, 2018.

Neilson, Keith, *Britain, Soviet Russia and the Collapse of the Versailles Order, 1919–1939*, Cambridge University Press, 2009 [Paperback Edition, first published 2005].

Neilson, Keith, and Otte, T. G., *The Permanent Under-Secretary for Foreign Affairs, 1854–1946*, Routledge, 2012 [Paperback Edition, first published 2008].

Nish, Ian, *Alliance in Decline: A Study in Anglo-Japanese Relations 1908–1923*, Athlone Press, 1972.

Nishida, Toshihiro, "U.S.-Japanese Relations and the Increasing Influence of the League of Nations in East Asia, 1927–1931"（『藝』第 2 号，2005 年）.

Northedge, F. S., *The League of Nations: Its Life and Times, 1920–1946*, Holmes & Meier, 1986.

Osterhammel, Jürgen, ""Technical Co-operation" between the League of Nations and China," *Modern Asian Studies*, Vol. 13, No. 4, 1979.

Ostrower, Gary B., *Collective Insecurity: The United States and the League of Nations during the Early Thirties*, Associated University Presses, 1979.

O'Sullivan, Christopher D., *Sumner Welles, Postwar Planning, and the Quest for a New World Order, 1937–1943*, Columbia University Press, 2008.

Pan, Liang, "National Internationalism in Japan and China," in Sluga, Glenda and Clavin, Patricia, eds., *Internationalisms: A Twentieth-Century History*, Cambridge University Press, 2017.

Pedersen, Susan, "Back to the League of Nations: Review Essay," *American Historical Review*, Vol. 112, No. 4, 2007.

Pedersen, Susan, *The Guardians: The League of Nations and the Crisis of Empire*, Oxford University Press, 2015.

Pegg, Carl H., *Evolution of European Idea, 1914–1932*, University of North California Press, 1983.

Pernet, Corinne A., "Shifting Position to the Global South: Latin America's Initiatives in the Early Years at the United Nations," in Auroi, Claude and Helg, Aline, eds., *Latin America 1810–2010: Dreams and Legacies*, Imperial College Press, 2012.

Pernet, Corinne A., "Developing Nutritional Standards and Food Policy: Latin American Reformers between the ILO, the League of Nations Health Organization, and the Pan-American Sanitary Bureau," in Kott, Sandrine and Droux, Joëlle, eds., *Globalizing Social Rights: The International Labour Organization and Beyond*, Palgrave Macmillan, 2013.

Ranshofen-Wertheimer, Egon F., *The International Secretariat: A Great Experiment in International Administration*, Carnegie Endowment for International Peace, 1945.

Roosevelt, Franklin D., "Our Foreign Policy: A Democratic View," *Foreign Affairs*, Vol.6, No. 4, 1928.

Salter, Arthur, *Recovery: The Second Effort*, rev. ed., G. Bell and Sons, 1933 [1st ed., 1932].

Scarfi, Juan Pablo, "In the Name of the Americas: The Pan American Redifinition of the Monroe Doctrine and the Emerging Language of American International Law in the Western Hemisphere, 1898–1933," *Diplomatic History*, Vol. 40, No. 2, 2016.

Schlesinger, Stephen C., *Act of Creation: The Founding of the United Nations*, Westview Press, 2004 [Paperback Edition, first published 2003].

Stahn, Carsten, *The Law and Practice of International Territorial Administration: Versailles to Iraq and Beyond*, Cambridge University Press, 2008 [Paperback Edition, first published 2008].

Steiner, Zara, *The Lights That Failed: European International History 1919–1933*, Oxford University Press, 2007 [Paperback Edition, first published 2005].

Walters, F. P., *A History of the League of Nations*, Oxford University Press, 1960 [first published 1952].

Webster, David, "Development Advisors in a Time of Cold War and Decolonization: The United Nations Technical Assistance Administration, 1950–1959," *Journal of Global History*, Vol. 6, No. 2, 2011.

Wehrli, Yannick, "Sean Lester, Ireland and Latin America in the League of Nations, 1929–1946," *Irish Migration Studies in Latin America*, Vol. 7, No. 1, 2009.

Wehrli, Yannick, "Latin America in the League of Nations: Bolívar's Dream Come True?" in Auroi, Claude and Helg, Aline, eds., *Latin America 1810–2010: Dreams and Legacies*, Imperial College Press, 2012.

Wehrli, Yannick, "A Dangerous League of Nations: The Abyssinian War and Latin American Proposals for the Regionalization of Collective Security," in Mcpherson, Alan and Wehrli, Yannick, eds., *Beyond Geopolitics: New Histories of Latin America at the League of Nations*, University of New Mexico Press, 2015.

Weindling, Paul, "The League of Nations Health Organization and the Rise of Latin American Participation, 1920–1940," *História, Ciências, Saúde‐Manguinhos*, Vol. 13, No. 3, 2006 [http://www.scielo.br/pdf/hcsm/v13n3/en_01.pdf].

Widenor, William C., *Henry Cabot Lodge and the Search for an American Foreign Policy*, University of California Press, 1980.

Wilde, Ralph, *International Territorial Administration: How Trusteeship and the Civilizing Mission Never Went Away*, Oxford University Press, 2010 [Paperback Edition, first published 2008].

Wimer, Kurt and Sarah, "The Harding Administration, the League of Nations, and the Separate Peace Treaty," *Review of Politics*, Vol. 29, No. 1, 1967.

Wood, Bryce, *The United States and Latin American Wars 1932–1942*, Columbia University Press, 1966.

Wright, Jonathan, *Gustav Stresemann: Weimar's Greatest Statesman*, Oxford University Press, 2007 [Paperback Edition, first published 2002].

Yearwood, Peter J., *Guarantee of Peace: The League of Nations in British Policy, 1914–1925*, Oxford University Press, 2009.

Yearwood, Peter J., ""A Genuine and Energetic League of Nations Policy": Lord Curzon and the New Diplomacy, 1918–1925," *Diplomacy & Statecraft*, Vol. 21, No. 2, 2010.

Zanasi, Margherita, "Exporting Development: The League of Nations and Republican China," *Comparative Studies in Society and History*, Vol. 49, No. 1, 2007.

Zendejas, Juan H. Flores and Decorzant, Yann, "Going Multilateral? Financial Markets' Access and the League of Nations Loans, 1923–8," *Economic History Review*, Vol. 69, No. 2, 2016.

川島真（廖敏淑訳）「再論華盛頓体制」（金光耀・王建朗編『北洋時期的中国外交』復旦大学出版社，2006 年）.

顧維鈞（中国社会科学院近代史研究所訳）『顧維鈞回憶録』全 13 冊（中華書局，1983-1994 年）．
洪嵐『南京国民政府的国連外交』（中国社会科学出版社，2010 年）．
金光耀『顧維鈞伝』（河北人民出版社，1999 年）．
金以林『国民党高層的派系政治——蔣介石「最高領袖」地位的確立〔修訂版〕』（社会科学文献出版社，2016 年）．
李君山『蔣中正与中日開戦（1935-1938）——国民政府之外交準備与策略運用』（政大出版社，2017 年）．
李君山「1937 年「九国公約」布魯塞爾会議之探討」（黄自進・潘光哲編『中日戦争和東亜変局』下冊，稲郷出版，2018 年）．
馬長林・黎霞・石磊等『上海公共租界城市管理研究』（中西書局，2011 年）．
上海租界志編纂委員会編『上海租界志』（上海社会科学院出版社，2001 年）．
申曉雲『民国政体与外交』（南京大学出版社，2013 年）．
唐啓華「北洋時期的北洋外交——北洋外交与奉系軍閥処理外交事務的互動関係初探」（中華民国史専題第一届討論会秘書処編『中華民国史専題論文集第一届討論会』国史館，1992 年）．
唐啓華「英国与北伐時期的南北和平（1926-1928）」（『興大歴史学報』第 3 期，1993 年）．
唐啓華『北京政府与国際連盟（1919-1928）』（東大図書公司，1998 年）．
唐啓華「北洋外交与「凡爾賽 - 華盛頓体系」」（金光耀・王建朗編『北洋時期的中国外交』復旦大学出版社，2006 年）．
唐啓華『被「廃除不平等条約」遮蔽的北洋修約史（1912-1928）』（社会科学文献出版社，2010 年）．
唐啓華『巴黎和会与中国外交』（社会科学文献出版社，2014 年）．
汪朝光「臨城動車案及其外交交渉」（金光耀・王建朗編『北洋時期的中国外交』復旦大学出版社，2006 年）．
王敏「上海何去何従？——論南京国民政府初期英美的「上海問題」政策」（『近代史研究』2014 年第 5 期）．
王文隆「囲繞満洲国成立的幾個国際法問題及其影響」（周恵民編『国際法在中国的詮釈与運用』政大出版社，2012 年）．
王文隆「中東路事件期間国民政府尋求国際調解的嘗試」（周恵民編『国際秩序与中国外交的形塑』政大出版社，2014 年）．
張力『国際合作在中国——国際連盟角色的考察，1919-1946』（中央研究院近代史研究所，1999 年）．
周緯「退出或利用国際連盟会問題」（『中央日報副刊 中外評論』第 7 期〔1929 年 4 月 5 日号〕．